政府绩效信息使用:
理论与实证

Government Performance Information Use :
A Theoretical and Empirical Research

张红春　著

社会科学文献出版社
SOCIAL SCIENCES ACADEMIC PRESS (CHINA)

本著作由贵州大学公共管理学院和贵州省"欠发达地区政府治理体系和治理能力现代化"协同创新中心联合资助出版；

本著作为教育部人文社会科学研究青年基金项目（17YJC30209）的研究成果。

总　序

黄其松

今日之中国，已处于从站起来、富起来到强起来的新时代。今日之中国，人民热爱生活，对美好生活充满向往，期盼有更好的教育、更稳定的工作、更满意的收入、更可靠的社会保障、更高水平的医疗卫生服务、更舒适的居住条件、更优美的环境。如何建设富强中国、美丽中国、健康中国、平安中国？古人云：治大国若烹小鲜。然而，今日中国规模之巨、转型之艰、困难之大，恐怕难以以"烹小鲜"的理念与技艺来应对。因此，如何在顶层设计与底层实践、高层智慧与基层创新之间走出中国治理的道路、提炼出中国治理的模式、发展出中国治理的理论，成为当下中国的官员与学人共同的责任与使命。

我们这群生活在偏远之隅——贵州的读书人、教书匠，大抵可以称得上兹纳涅茨基在《知识人的社会角色》里所说的"学者"。所谓学者，不仅承担知识与文明的传承与创新，也负有不可推卸的社会责任。我们虽处江湖之远却心有庙堂，希望能用记录我们所学、所思的文字参与这个伟大的新时代，为国家治理现代化做出微薄的贡献。为此，贵州大学公共管理学院联合贵州省欠发达地区政府治理体系和治理能力现代化协同创新中心，共同资助出版"格致"系列学术丛书。"格致"源于贵州大学公共管理学院"格物，以明事理；致行，以济天下"的院训。因此，本丛书关注实践，即地方政府治理生动实践的经验反思与学理分析，也关注理论，即政治学与公共管理理论的发展与创新。学术乃天下之公器，希望学界同仁对本丛书不吝赐教，以期共同推动知识创造与学术发展。

序

政府绩效评估和政府绩效管理主题的学术研究兴起至今已有十余年历史，这一主题的知识生产和知识需求已经开始从初始阶段的知识数量需求逐渐转变为高质量绩效知识的需求。与此同时，绩效评估和绩效管理在我国各级政府的管理活动中得到广泛使用，政府绩效评估实践的纵深推进也呼唤学术领域能够提供有效的绩效知识以满足绩效评估实践转型和质量提升的现实需求。这需要政府绩效评估的研究人员立足于国内绩效评估实践，聚焦研究小问题，开展深入调查和分析，为学术界和实践者提供真知灼见。

张红春博士所撰写的《政府绩效信息使用：理论与实证》一书，选取了政府绩效评估中的一个小而真实的问题，选取具有代表性的政府绩效评估案例进行了深入调查和实证分析，得出研究结论，其研究成果为我们理解国内政府绩效评估运行中的绩效信息使用或绩效评估结果运用这一主题提供了有针对性的新知识。

政府绩效信息使用是政府绩效评估领域中的一个新兴和前沿的重大问题，对这一主题开展研究具有较大的价值。在政府绩效评估的实践和研究初期，学术界的任务是要阐明绩效评估的内涵和价值，绩效评估的方法、指标和体系构建等问题，这一时期的研究目的在于呼吁实践部门重视和导入绩效评估工具，并帮助实践部门建立绩效评估制度与体系。在学界的政策呼吁以及绩效评估实践的自下而上和自上而下的创新扩散模式下，绩效评估实践已经日益走上了大规模的制度化运行轨道。实践背景的转型也促使学界的研究任务和研究视角随之转换，学术界应当更加关注政府绩效评估机制的运行效果与运行质量，以及政府绩效评估实践如何持续优化和改进。政府绩效信息使用主题可以部分回答绩效评估运行效果与质量如何，并为检验绩效评估运行效果提供了测试剂。如果一个绩效评估系统建立后，政府内部和外部的绩效利益相关者并没有认真对待和使用绩效评估系统所生产的绩效信息，则表明了绩效评估系统运行的低效和不可持续。因此，关注绩效评估活动中产生的绩效目标和绩效评估结果等关键绩效信息内容是否被认真使用、为什么没有被使用、如何促进其利用等一系列相关问题是绩效评估领域的重大问题。

这本书基于我国地方政府绩效评估实践中组织主体和评估对象相对分离的现实背景，构建了一个绩效信息供给和使用的分析框架，将政府绩效评估中的组织机构界定为绩效信息生产者、供给者，将评估对象界定为绩效信息的接收者和使用者，这一分析框架契合地方政府绩效评估的实际情况。该书以评估对象的绩效信息使用及其影响因素为核心研究问题，并选取组织信任理论来阐释评估对象对绩效信息供给者的组织信任是否会影响评估对象使用来自信息供给者的绩效信息，即评估对象对绩效评估组织主体的组织信任态度对评估对象绩效信息使用的影响，其选取的理论解释视角具有创新性。作者围绕这一研究问题对湖南、福建、广东和浙江等地县区级政府绩效评估案例进行深入的田野调查，收集了大量第一手的问卷调查数据和访谈资料。作者采用科学的定量分析方法，应用了因子分析和结构方程模型对研究假设进行系统检验，研究结论具有较高的可信度。

本书的研究分析及其研究结论对于政府绩效评估实践的改进具有参考价值。政府绩效评估应以绩效信息的充分利用为导向，这一实践最终指向绩效目标达成与绩效改进这一根本目的。实现绩效信息的高效利用，特别是促进评估对象对绩效信息的高度重视和有效使用，需要在评估对象和政府绩效评估的组织机构之间建立有效的绩效信任关系与合作关系，需要作为绩效评估的领导者、组织者和绩效信息主要生产者的组织主体展现出组织能力、组织公正、组织公开、组织善意等一系列组织可信任度特征。这需要政府绩效评估的组织主体变革其绩效领导与组织方式，实施基于评估对象认同和信任的绩效领导与组织，这是一种超越传统科层式绩效评估模式的合作治理导向的绩效评估模式。从这里可以窥见作者理论视野的前瞻性。

我是红春的硕士和博士导师，见证了他的成长过程。红春特别吃苦耐劳，勤奋好学。在七年硕士和博士学习生涯中，他在政府绩效管理这个新兴领域，不断积累学术知识，迅速成长。尚在读研期间，他就在重要的学术刊物上和我合作发表了学术论文；参加了我主持的多项纵向和横向课题，前往十余个地方政府开展实地调研、收集数据资料、撰写研究报告，具有较强的调查能力、分析能力和研究能力。读博期间，我和他一起在核心刊物上发表了多篇关于政府绩效的研究性论文，他已在学界初露头角，希望他在政府绩效管理这个学术领域，百尺竿头，更进一步！

是为序。

卓越

2017 年 5 月 20 日

目录
CONTENTS

第一章

研究背景与问题

第一节　研究背景

一　政府绩效评估实践的进展与反思

自 20 世纪 80 年代新公共管理（New Public Managment，NPM）改革兴起以来，以结果为导向的绩效评估工具在各国公共部门管理实践中，特别是在政府部门的管理实践中得到了推广和使用。[①] 各国中央和地方政府对绩效评估工具抱有极大的兴趣并纷纷将其导入政府部门，希望通过政府绩效评估以提升政府绩效，提升公民满意度。

在国外，相关研究指出，美国、英国、加拿大、新西兰、瑞士、瑞典、荷兰、丹麦、澳大利亚、意大利、爱尔兰等 17 个国家的中央和地方政府都建立了不同形式的政府绩效评估制度。[②] 例如，美国早在 1993 年就颁布了《政府绩效与结果法案》（Government Performance and Results Act，GPRA），该

[①] 本书将绩效评估、绩效评价、绩效考核等同使用。引用相关文献时，使用该文献作者文中的用法；作者阐述时，主要使用绩效评估这一词组。

[②] Brusca, I., Montesinos, V., "Implementing Performance Reporting in Local Government," *Public Performance & Management Review* 3 (2015): 506 – 534.

法案规定政府机构必须开展战略规划、绩效评估和绩效报告，该法案的效力以及政府绩效评估实践持续至今。英国审计署从 2001 年开始实施全面绩效评价（Comprehensive Performance Assessment，CPA），对地方政府的绩效进行综合测评。这一政府绩效评估实践于 2009 年又调整为全面区域评价（Comprehensive Area Assessment，CAA），不断对地方政府绩效评估实践进行创新和改革。① 在爱尔兰，其环境、遗产和地方政府部从 2004 年之前就采取部分绩效评估指标对地方政府绩效进行评价，并于 2004 年开始引入正式绩效评估指标体系对地方政府进行系统评价，该指标体系包含 10 个一级指标，61 个二级指标，196 个三级指标，基于该指标体系每年定期发布《地方政府服务绩效指标报告》。

在我国，政府绩效评估作为一项政府管理创新的方式日益受到中央和地方政府的重视并走向制度化阶段。在绩效评估工具被导入政府部门实践以前，我国各级政府已经采用了相关非正式绩效评估工具，例如目标责任制。② 21 世纪以来，政府绩效评估改革逐渐提上各级政府议程，政府绩效评估以自下而上和自上而下的两种创新扩散模式在我国政府系统内部推广。

中央政府在不同时期都强调要建立政府绩效评估和绩效管理制度，③ 特别是在 2011 年 6 月，监察部印发了《关于开展政府绩效管理试点工作的意见》，选择北京市、吉林省、福建省、广西壮族自治区、四川省、新疆维吾尔自治区、杭州市、深圳市 8 个地区开展政府绩效评估与绩效管理试点，以及在 6 个相关中央部委开展部门、项目的绩效评估与绩效管理试点工作。④ 政府

---

① 包国宪、周云飞：《英国政府绩效评价实践的最新进展》，《新视野》2011 年第 1 期。
② 周志忍：《公共组织绩效评估：中国实践的回顾与反思》，《兰州大学学报》（社会科学版）2007 年第 1 期；Chan, Hon S., and Gao Jie, "Can the Same Key Open Different Locks? Administrative Values Underlying Performance Measurement in China," *Public Administration* 2 (2013): 366 – 380.
③ 在温家宝总理任职期间，三份重要的政府官方报告或文件中都阐述了要建立政府绩效评估或政府绩效管理制度，例如 2005 年的政府工作要点，2008 年和 2013 年的政府工作报告，参见国务院网站，http://www.gov.cn。
④ 《国务院批准开展政府绩效管理试点工作》，新华网，http://news.xinhuanet.com/2011 – 06/29/c_121602424.htm，最后访问日期：2017 年 3 月 1 日。

绩效评估开始作为一种管理创新实践受到国家层面的关注和重视。

地方政府是我国开展政府绩效评估管理创新的主体和先驱。国内较早开展政府绩效评估试点的是厦门市思明区，其在 2001 ~ 2004 年间就形成了一种有效并具有特色的绩效评估模式，后来被学界称为"思明模式"。① 在这之后，以绩效评估、绩效评价、绩效考核或绩效考评为名称的各种政府绩效评估模式迅速在地方政府中应用起来。研究者对华南 5 个副省级城市政府绩效评估案例（包括深圳市、南宁市、长沙市、福州市和厦门市）的实地调查结果显示，这些地方政府于 2005 年左右开始试点政府绩效评估，于2010 年左右建立起正式的政府绩效评估制度。根据相关研究的最新统计，目前全国共有二十余个省（自治区、直辖市）级政府不同程度地探索开展了政府绩效评估与绩效管理工作。② 自上而下的绩效评估压力会促使省域内的市级地方政府和县级地方政府纷纷导入绩效评估工具。有学者估计全国有三分之一的地方政府不同程度地开展政府绩效评估工作。③ 不论是纳入中央试点的地方政府绩效评估案例，还是自始至终自主创新探索的各级地方政府都积极导入政府绩效评估工具，都形成了各具特色并以省、市、区（县）等区域政府命名的政府绩效评估实践模式，例如"福建模式"、"甘肃模式"、"杭州模式"、"长沙模式"、"青岛模式"、"珠海模式"、"深圳模式"、"思明模式"等。④ 可以说，政府绩效评估的管理创新在地方政府中呈方兴未艾的情景。

在政府绩效评估实践顺利进行的同时，也不乏来自学术界的冷思考。有学者认为，看似顺利进行的政府绩效评估运动也存在"形式化"、"走过场"

---

① 郑云峰、卓越：《21 世纪行政发展的新亮点——福建省厦门市思明区开展公共部门绩效评估的探索》，《中国行政管理》2003 年第 2 期。

② 包国宪：《公共管理学报》2012 年第 2 期"政府绩效管理"专栏导语；卓越、张红春：《政府绩效信息透明度的标准构建与体验式评价》，《中国行政管理》2016 年第 7 期。

③ 郑方辉、尚虎平：《中国地方政府绩效评价红皮书》，新华出版社，2011，第 165 页。

④ 包国宪、曹西安：《我国地方政府绩效评价的回顾与模式分析》，《兰州大学学报》（社会科学版）2007 年第 1 期。

的隐忧。[①] 学界对我国政府绩效评估实践的反思和批评主要集中在以下四个方面。

第一，政府绩效评估演变成了官僚制下的压力型考评体制和控制手段，并产生了负面效应。我国政府体系具有非常典型的科层制特征，上级和下级之间的隶属、指导关系较强。在这样的背景下开展的政府绩效评估实践，一般都是自上而下的政绩考核，自上而下的绩效目标和考核任务层层分解是其主要特征。[②] 政府绩效评估的主要目的在于目标任务分解和责任监督，一级地方政府领导通过绩效考核将上级的目标任务分解给政府组成部门以及区域内的下级政府。基于这种行政体制和绩效体制的融合，行政上级处于绩效评估组织者和评价者的地位，政府组成部门和下级政府处于被考核地位。评估主体和评估对象之间的科层体制使得政府绩效评估过程缺乏谈判和协商机制，政府绩效评估主要依靠"命令－服从"机制运行，忽略了评估对象的诉求和自主性地位。由此可以看出，地方政府绩效评估并没有再造和改革官僚制，反而强化了科层制的优势，绩效评估成为一种新的政治控制手段。[③] 在绩效考核的高压下，作为评估对象的政府部门和官员往往靠杜撰假数据、假信息来应付，或者生产与社会公众期望相违背的政绩工程、形象工程，[④] 由此而造成政府绩效和公共利益的巨大损失。

第二，政府绩效评估的封闭性特征突出，政府绩效信息透明度不足，忽略了政府对外部社会的公共责任及其责任履行。随着行政改革的深入，政府责任的重心逐渐从投入与过程转向产出与结果，政府责任的重点转向绩效责任，组织绩效成为判断组织有效性与合法性的核心标准。责任的履行需要组织向利益相关者充分披露信息以反映组织的运作过程和结果。为了履行政府面向社会公众的绩效责任，政府应将绩效信息向公众公开和报

---

① 陈汉宣、马骏、包国宪：《中国政府绩效评估 30 年》，中央编译出版社，2011，第 3 页。
② 倪星：《反思中国政府绩效评估实践》，《中山大学学报》（社会科学版）2008 年第 3 期。
③ 陈小华：《异化与复归：政府绩效评估的反思性研究》，《中共浙江省委党校学报》2012 年第 1 期。
④ 战旭英：《我国政府绩效评估的回顾、反思与改进》，《山东社会科学》2010 年第 2 期。

告，提升政府绩效信息透明度。周志忍教授认为，我国公共组织的绩效评估实践中，公民参与范围有限且明显具有被动性，绩效评估主要是一种政府的内部行为，由政府部门发动和实施，评价结果主要用于内部消费，社会公众难以对政府的绩效进行监督和问责。① 政府绩效评估缺乏政府与社会公众有效互动的过程，容易变成政府自导自演的内部活动，降低政府绩效信息的使用效率，侵蚀绩效评估与绩效结果的合法性基础。

第三，对政府绩效评估有效性的质疑。作为一种管理工具，政府绩效评估能够有效发挥其功能和作用是其存在和推广的合法性基石。政府绩效评估的根本目的在于促进政府组织绩效目标实现和组织绩效持续改进。这需要政府绩效评估的相关主体对政府绩效评估的过程及其活动高度重视，将评估活动生产的绩效信息用于绩效决策与改进之中。然而，据一些学者的理论观察与判断来看，政府绩效评估实践存在形式主义的特征，"响应领导号召"的运动式绩效考评，"上有政策、下有对策"式的消极抵制，"轰轰烈烈华而不实"的表面文章，"形式化、走过场"的形式评估，② 评估结果信息不用于管理改进③等都使得政府绩效评估与政府组织的管理决策过程相脱节。当绩效评估所产生的绩效信息没有和政府管理过程紧密联系起来时，政府绩效评估实践漂浮于组织运行表层，其也就失去了长期存续的根基。

第四，对政府绩效评估活动可持续性的质疑。由于政府绩效改革尚缺乏中央层面的顶层设计和制度支持，政府绩效评估总体仍处于地方政府试点探索和自发创新的阶段。这使得开展政府绩效评估所需的政治支持、政策依据和资源保障等外部条件与环境存在非常大的不确定性。再加上政府

---

① 周志忍：《公共组织绩效评估：中国实践的回顾与反思》，《兰州大学学报》（社会科学版）2007 年第 1 期。

② 尚虎平：《大国崛起的地方政府激励与效率之路——我国改革 30 年地方政府绩效评估厘清、反思与展望》，《经济体制改革》2008 年第 3 期；陈汉宣、马骏、包国宪：《中国政府绩效评估 30 年》，中央编译出版社，2011 年第 3 期；杜娟：《我国地方政府绩效评估实践回顾与展望》，《黑龙江社会科学》2009 年第 2 期。

③ 刘蕊、刘佳、吴建南：《中国地方政府绩效评估结果使用现状——基于德尔菲法的研究》，《情报杂志》2009 年第 10 期。

绩效评估本身的有效性不足，很容易导致地方政府导入绩效评估工具之后又中途放弃继续使用政府绩效评估工具。地方政府的短期利益考虑以及形式化的绩效评估活动，容易导致绩效评估实践戛然而止，继而导致政府绩效评估实践不可持续的困境。

二 政府绩效评估研究的反思

与政府绩效评估实践的如火如荼相对应，学术界关于政府绩效评估的研究也一直保持增长态势。如图1-1所示，2000~2015年政府绩效评估主题的期刊文献数量一直呈线性增长态势，政府绩效评估的研究成果颇丰。从行政学诞生之日起，政府绩效就是公共行政研究的一个重要问题。[①] 公共管理学界对政府绩效主题投入了极大的研究热情，政府绩效及政府绩效评估的研究也一直是公共管理学科中的热点话题之一。

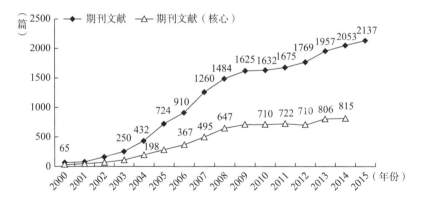

图1-1 2000~2015年政府绩效评估主题的期刊文献数量增长情况

数据来源：中国知网，检索日期为2016年12月31日。

在政府绩效主题与政府绩效评估研究不断发展的同时，学界也及时对现有研究进行了总结和反思，指出了政府绩效评估学术研究存在以下三个方面的问题，并提出了相应研究展望。

---

① 包国宪、〔美〕道格拉斯·摩根：《政府绩效管理学：以公共价值为基础的政府绩效治理理论与方法》，高等教育出版社，2015，第1页。

　　第一，应从研究技术性和单一环节的政府绩效评估向关注系统的政府绩效管理过程转变。学者认为，绝大多数研究者存在为评估而评估的倾向，集中于讨论评估指标设计、数据收集、评估主体选择、评估方法和评估结果使用等方面的单一问题，而很少有人从管理过程和管理系统的角度去探讨政府绩效评估问题。① 为此，学界呼吁政府绩效评估应走向系统的政府绩效管理，政府绩效评估的称谓也应由政府绩效管理代替。② 政府绩效管理不仅仅是管理思维、管理方式的转变，它注重发展一种有机的、整体的、生态的管理方式。③ 政府绩效管理是一个由许多环节组成的循环往复的系统，④绩效评估是绩效管理系统的核心工具和环节，而一个完整的政府绩效管理系统还包括绩效战略与计划、绩效目标、绩效执行、绩效评估、绩效激励、绩效沟通、绩效改进等。因此，对政府绩效的研究应具有系统和过程的基本观念，将政府绩效评估放在循环的政府绩效管理系统中进行研究，从狭窄的评估环节向系统的绩效管理视角转变是政府绩效评估研究亟须的第一个研究转型。

　　第二，政府绩效评估的理论基础应从管理主义视角向治理视角转变，以建构和完善政府绩效治理的理论体系为研究目的。学者认为，学术界在政府绩效评估的相关研究中，存在就事论事和缺乏系统思考的问题，未将政府绩效评估放在政府治理范式转型的高度进行整体考察。⑤ 政府绩效是政府绩效治理过程的核心追求，政府绩效具有最大的社会公共性，是公共利益集合。政府绩效治理是实现公共责任和公共价值的一种管理系统，它立

①　陈天祥：《基于治理过程变革的政府绩效管理框架——以福建省永定县为例》，《中国人民大学学报》2009 年第 5 期。
②　李阳：《从绩效评估到绩效管理：地方政府管理的转向》，《江苏行政学院学报》2007 年第 5 期。
③　卓萍、卓越：《政府创新的前沿路向：从目标考核走向绩效评估》，《中国行政管理》2013 年第 1 期。
④　包国宪、曹西安：《论政府绩效管理中的绩效沟通》，《经济体制改革》2007 年第 1 期。
⑤　陈天祥：《不仅仅是"评估"：治理范式转型下的政府绩效评估》，《公共管理研究》2008 年第 0 期。

足于政府治理过程和治理结果的根本变革。政府绩效治理在本质上要体现基本的公共价值追求，并在此基础上对公共行政过程进行管理和治理。① 这种治理变革使得政府绩效有着广泛的利益相关群体，促使政府的绩效生产从控制导向走向合作导向，从政府内部导向走向内部和外部结合导向。政府绩效评估的实践和研究需要突破传统囿于体制内的管理机制，在治理的范式下反思传统的科层管理机制，构建适应公民社会发展现实的、现代的政府绩效治理机制以促进政府绩效的提升。② 为此，政府绩效评估中的不同主体之间的绩效合作生产应成为绩效评估新的研究重点。治理理论、公共治理理论、合作治理理论等新公共治理理论族群为政府绩效评估提供了更广阔的研究背景、理论视野和研究内容，是新时期政府绩效评估相关研究应采取的理论视角，这是政府绩效评估主题研究第二个应有的理论视角转变。

第三，加强对政府绩效评估的实证研究，提升政府绩效评估的研究质量和研究贡献度。学者的文献统计结果显示，政府绩效评估的研究中，运用定性分析和规范研究方法的成果占 93.75%，运用定量分析和实证研究方法的只占 6.21%，对定量分析和实证研究没有予以应有的重视。③ 对实证研究方法使用的不足，直接削弱了研究可信度，降低了学术研究的质量和贡献度。我国政府绩效评估实践案例为开展高质量的政府绩效评估实证研究提供了丰富的实践基础。强化实证研究是政府绩效评估研究走向深入的迫切需求，高度聚焦和"小题大做"是政府绩效主题知识积累的必然途径。④

随着政府绩效评估研究与实践的深入推进，需要学术研究进一步回应政府绩效评估理论和实践中的根本问题，需要聚焦政府绩效评估的重大关键问题进行创新研究，通过深入和规范的研究提出问题的解决之道，以此

---

① 包国宪、王学军：《以公共价值为基础的政府绩效治理——源起、架构与研究问题》，《公共管理学报》2012 年第 2 期。

② 包国宪、曹惠民、王学军：《地方政府绩效研究视角的转变：从管理到治理》，《东北大学学报》（社会科学版）2012 年第 5 期。

③ 彭国甫：《中国政府绩效评估研究的现状及展望》，《中国行政管理》2006 年第 11 期。

④ 周志忍：《我国政府绩效管理研究的回顾与反思》，《公共行政评论》2009 年第 1 期。

提升政府绩效评估实践效果，促进政府绩效生产的理论范式转型，这是政府绩效评估研究的价值和目的所在。

三 政府绩效信息使用主题的兴起

在政府绩效评估理论与实践的众多潜在问题中，政府绩效信息使用逐渐受到学术界的关注。[①] 学界认为，绩效信息使用是政府绩效评估与政府绩效管理中的大问题。[②] 政府绩效信息使用是诊断与破解绩效评估实践问题的切入点，也是学术领域研究政府绩效评估问题的有效分析视角。

政府绩效评估活动中产生的绩效信息在公共管理和政府绩效管理过程中具有重要使用价值。界定政府绩效信息的使用价值应与政府绩效评估和绩效管理的使命相联系，应将其放在管理循环和绩效管理循环中进行系统考察。管理控制是组织运行中必不可少的一项重要职能，控制是管理者调控组织目标、计划、行为及其结果的一系列行动的总称。实施管理控制必须衡量组织实际绩效，将实际绩效与标准进行比较，并采取行动纠正偏差。[③] 组织绩效评估与绩效管理正是开展组织控制的一种必须管理工具，它可以为组织及其成员设置绩效目标与绩效指标，并通过绩效评估活动获取反映组织绩效水平和状况的绩效信息，这些绩效信息可以全面反映组织在目标和结果方面的实现程度，绩效信息为组织的控制决策以及其他管理职能的履行提供了重要的基础。作为政府绩效评估活动的直接产出，政府绩效信息为政府管理者设定了组织目标方向，并能够衡量政府绩效目标的实现程度。政府绩效信息将政府组织的绩效目标和绩效状况由未知变为已知，由不确定变为确定，它能够消除政府管理过程中利益相关者对政府绩效方

---

① 本书将绩效信息使用、应用、运用、利用等表示主体对绩效信息的行动和行为的词等同视之，引用相关文献时，使用该文献作者文中的用法；作者阐述时，主要使用绩效信息使用这一词组。

② Moynihan, D. P., "The Big Question for Performance Management: Why do Managers Use Performance Information?" *Journal of Public Administration Research & Theory* 4 (2010): 849–866.

③ 〔美〕斯蒂芬·P·罗宾斯、玛丽·库尔特：《管理学》，孙键敏、黄卫伟译，中国人民大学出版社，2003，第535页。

向、绩效状况与绩效水平的不确定性。由此，政府绩效信息为政府自身调控组织行为和做出科学的公共管理决策提供了依据。

发挥政府绩效信息的巨大效用价值离不开政府绩效评估中的利益相关主体在公共管理活动中对绩效信息的充分使用。国内外的诸多学者都认为，政府绩效信息使用是否充分是判断政府绩效评估实践成功与否的一个关键标准。霍利（Wholey）认为一个成功的绩效评估系统要求政府管理者使用绩效信息支持管理决策。[①] 凯思·麦基认为政府中的监控与评估可以提供关于政府政策和项目绩效的独特信息，它可以识别什么有效、什么无效以及原因何在。他据此认为一个成功的政府监控与评估系统应达到三个标准：优质的绩效监控与评估信息、绩效监控与评估信息的使用以及绩效监控与评估的可持续性，[②] 可见绩效信息使用是成功组织监控系统的重要标识之一。莫尼汉（Moynihan）认为一个成功的绩效管理与绩效评估系统要求使用绩效信息支持管理决策，并增强组织的责任感。[③] 政府绩效评估不是以生产绩效数据和信息本身为目的，而是旨在持续提高组织和组织成员的绩效。公共管理及公共管理者的终极使命是绩效改进，[④] 公共部门导入绩效评估的核心宗旨也是在进行各项公共决策时使用绩效信息以改进绩效。[⑤] 实现政府组织绩效的持续改进需要政府管理者对绩效信息的足够重视与充分使用，将绩效信息融入政府管理循环和绩效管理循环，促进政府管理循环和绩效管理循环前后相继并螺旋上升。

以政府绩效信息使用为标准来评价和反思政府绩效评估的实践，开启

---

① Wholey, J. S., "Performance-based Management: Responding to the Challenges," *Public Productivity & Management Review* 3 (1999).

② 〔澳〕凯思·麦基：《建设更好的政府》，丁煌译，中国人民大学出版社，2009，第 32 页。

③ Moynihan, D. P.：《结果管理》，载 The Maxwell School of Citizenship and Public Affairs 编《政府绩效评估之路》，邓淑莲等译，复旦大学出版社，2008，第 154 页。

④ Behn, R. D., "Why Measure Performance? Different Purposes Require Different Measures," *Public Administration Review* 5 (2003): 586 - 606.

⑤ Bouckaert, G. and Van Dooren W., "Performance Management in Public Sector Organizations," in Bovaird, T. and Löffler, E., eds., *Public Management and Governance* (London: Routledge, 2003), p. 132.

了一系列值得政府绩效主题学术领域系统解答的研究问题：在政府绩效评估活动中产生的绩效信息应该被哪些利益相关主体所使用，应该如何使用，是否被相关主体充分使用，这些主体为什么使用或者为何不使用。这些研究问题的根本宗旨就在于发现促进或阻碍特定群体使用政府绩效信息的影响因素及其影响机制，据此构建有效的政府绩效信息使用的治理机制，促进政府绩效信息的高效与长效利用，进而增强政府绩效评估的有效性和持续性。

政府绩效信息使用的问题是政府绩效评估实践存在诸多问题的集中反映。信息是人类认识事物的工具和分析视角，政府绩效评估实践活动存在的问题都可以从政府绩效信息生产、传播和使用的视角予以分析和解释。首先，压力型政府绩效评估体制问题从绩效信息的角度来看就是忽略了评估对象在绩效目标信息、绩效评估结果信息等内容生产中的话语权，忽视了评估对象对绩效信息生产和使用的积极性和主动性。通过赋予评估对象在绩效信息生产中的话语权，并调动评估对象绩效信息使用的积极性，促进政府绩效评估组织机构和评估对象充分进行绩效信息合作生产与利用就是理想的问题解决之道。其次，政府绩效评估的封闭性从绩效信息流动和传播的角度来看，一方面表现在政府绩效评估组织机构面向评估对象的绩效信息垄断。组织机构作为绩效评估活动的领导者、组织者和实践者，其在绩效信息生产与加工过程中处于信息优势地位，其面向评估对象时不充分分享信息与供给信息会造成评估对象对绩效评估过程与结果的封闭性。另一方面表现在政府绩效评估组织机构及其评估对象作为政府组织整体面向社会公众的绩效信息垄断。在面向社会公众时，评估对象与政府绩效评估组织机构具有相同的利益与动机，两者更倾向将绩效信息在政府系统内部进行传递和使用，而不向社会公众公开和传递绩效信息。政府面向社会公众时绩效信息的公开程度不足，难以体现政府绩效评估公共性与公共责任性特征，也阻碍了公众对政府绩效信息的潜在使用。由此，政府面向社会公众及时公开和报告政府绩效信息，既能提升政府绩效信息利用率，又能促进政府绩效评估从内部导向走向公共责任导向。再次，质疑政府绩效评估的可持续性和有效性的问题实质就是政府绩效评估活动中产生的绩效数据和信息并没有融入政府管理循环和绩效管理循环，政府绩效信息没有服务于政府组织绩效决策与绩效改进，没有显著改善公众对政府的满意度。政府绩效评估形式化的根本症结在于利益相关主体对政府绩效信息使用不足，这可以通过提高绩效信息的使用效率和质量进行改善。可见，政府绩效信息使用是实现政府绩效和持续改进政府绩效的根本路径，它为化解政府绩效评估的压力型体制，解决内部性、有效性和可持续性等诸多问题提供了一个有效途径。

尽管政府绩效信息具有重要的使用价值且理应被政府绩效评估活动中的相关主体充分使用，然而国内外的相关研究都表明实践中绩效信息的使用程度与利用效率并不高，政府绩效信息使用不足成为政府绩效学界对政府绩效评估实践批判与反思的焦点。

在国外，公共部门特别是政府绩效评估活动中的绩效信息使用情况逐渐受到学界的关注。西方发达国家是新公共管理改革的先驱，也最先在公共部门导入绩效评估工具，政府管理者也面临较多的绩效信息数量与来源选择。尽管理论上绩效信息应在公共管理者的决策中充分使用，但是国外学者的研究也表明绩效信息实际使用程度并不是很高，[1] 绩效信息使用不足的问题已经成为绩效评估系统的"阿喀琉斯之踵"[2]（寓指致命的弱点）。无论是行政机关中的公共管理者，还是作为民选代表的政治家，其对绩效信息的实际使用远远落后于绩效信息生产。[3] 在美国，根据联邦政府责任办

---

[1] Van Dooren, W., and Van de Walle, S., *Performance Information in the Public Sector：How it is Used*（Basingstoke：Palgrave Macmillan, 2008）, p. 2；Hammerschmid, G., Van de Walle, S., and Stimac, V., "Internal and External Use of Performance Information in Public Organizations：Results from an International Survey," *Public Money & Management* 4（2013）：261 – 268.

[2] Laegreid, P., Roness, P. G. and Rubecksen, K., "Performance Management in Practice：The Norwegian Way," *Financial Accountability and Management* 3（2006）：251 – 270.

[3] Pollitt, C., "Performance Information for Democracy the Missing Link？" *Evaluation* 1（2006）：38 – 55；Askim, J., "How do Politicians Use Performance Information? An Analysis of the Norwegian Local Government Experience," *International Review of Administrative Sciences* 3（2003）：453 – 472.

公室（Government and Accountability Office，GAO）的调查，仅有 50% 的政府管理者在项目管理和绩效改进中使用了绩效信息，这一比例持续了十多年都没有变化。[①] 从国外学者的研究结论来看，公共管理者对绩效评估活动产生的绩效信息的使用远远不够，这已成为制约绩效评估有效性的一大障碍。

在国内，相关研究从政府绩效评估结果运用的角度论述了我国政府绩效评估实践中对目标信息、结果信息等绩效信息内容的使用状况，学术界关于绩效信息使用程度总体呈悲观判断。政府绩效评估具有计划辅助、预测判断、监控支持、激励约束和资源优化等功能，相应的绩效评估产生的绩效信息也可以在这些具体领域加以利用。[②] 评估目标信息和评估结果使用是绩效评估系统的重要内容。[③] 然而，相关研究认为在实践中政府绩效评估相关信息的利用是非常有限的。王义认为我国政府绩效评估结果运用并没有完全与干部任用机制结合起来，考核的激励功能有限。[④] 刘蕊、刘佳和吴建南认为地方政府绩效评估结果信息使用现状并不理想，使用上多出于政治考虑，偏重将结果用于实施奖惩和控制下级，提高政府管理水平以及改进绩效的效果有限。[⑤] 王爱冬认为我国地方政府绩效评估结果应用是"雷声大、雨点小"。[⑥] 陈汉宣等认为中国政府绩效评估在实践中存在评估的激励与约束机制不健全等问题……评估重形式、轻结果，容易走过场。[⑦] 倪星基于广东的案例研究得出地方政府绩效评估中存在着绩效评估结果运用不到位的问题，虽然各地规定绩效评估要与干部使用、评先评优、物质奖励等挂钩，但事实上除了物质奖励能够较好兑现之外，其他方面的关联度并不是很明显。[⑧]

---

① Bosin，M.，"Making Performance Information More Useful," *Public Manager* 2（2012）：38-42.

② 鲍静：《政府绩效管理理论与实践》，社会科学文献出版社，2012，第 73~75 页。

③ 蔡立辉：《政府绩效评估的理念与方法分析》，《中国人民大学学报》2002 年第 5 期。

④ 王义：《困境与变革：政府绩效评估发展论纲》，湖南人民出版社，2007。

⑤ 刘蕊、刘佳、吴建南：《中国地方政府绩效评估结果使用现状——基于德尔菲法的研究》，《情报杂志》2009 年第 10 期。

⑥ 王爱冬：《政府绩效评估概论》，高等教育出版社，2010。

⑦ 陈汉宣、马骏、包国宪：《中国政府绩效评估 30 年》，中央编译出版社，2011。

⑧ 倪星：《中国地方政府绩效评估创新研究》，人民出版社，2013。

从这些学者的观点中可以看出，政府绩效评估中的目标信息与结果信息在政府部门的人事晋升、财务预算、资源配置等重要管理职能中的使用还非常有限，在政府政策制定和绩效改进等方面的使用价值被忽视或尚未被开发。但应指出的是，国内研究者的上述论点较多是从理论预判的角度提出，缺乏实践调查和经验证据支持，上述相关文献并未对绩效评估结果信息使用现状及程度进行系统可靠的测量和验证。

鉴于政府绩效信息使用的重要性以及政府绩效信息使用率不高的现实问题，国际政府绩效主题的学术领域开始了对政府绩效信息使用主题的关注。① 国外学者认为绩效信息使用是公共部门绩效评估与绩效管理的大问题（Big Question）②。21 世纪以来，特别是 2008 年以来已有数十篇关于政府绩效信息使用的高水平实证研究论文刊载在国际公共管理领域的核心期刊上。相关研究开始探讨谁应该使用政府绩效信息（Who），政府绩效信息该如何使用（How）以及哪些因素会影响政府绩效信息使用（Why）。③

在国内，政府绩效信息使用主题的相关研究正处于起步阶段。一方面，国内学者开始从绩效评估结果运用的角度来研究政府绩效信息使用，这方面的直接研究文献为 2 篇，更多的间接文献是在探讨政府绩效评估相关问题时将评估结果信息的使用作为其中一个问题进行理论阐述。另一方面，国内少数研究者开始直接就政府绩效信息使用主题进行研究，少量文献对政府绩效信息失真及其治理的问题进行了探讨，④ 1 篇文献对绩效信息在预算

---

① 美国威斯康星大学麦迪逊分校 Moynihan 教授于 2009 年创立了 Performance Information Project（PIP）项目，其将绩效信息及其使用的英文文献进行了系统整理，2000～2014 年的各类直接与间接相关的文献共 90 篇，显示已经具有一定的学术共同体规模，参见 http：// www. lafollette. wisc. edu/research-public-service/performance-information-project。

② Moynihan，D. P.，Pandey，S. K.，"The Big Question for Performance Management：Why do Managers Use Performance Information？" *Journal of Public Administration Research and Theory* 4（2010）：849 – 866.

③ 代表性的著作参见 Wouter Van Dooren 和 Steven Van de Walle 主编的 *Performance Information in the Public Sector：How it is Used*（Basingstoke：Palgrave Macmillan，2008）。

④ 吴建南、章磊、孟凡蓉：《政府绩效信息失真的博弈分析》，《统计与决策》2008 年第 19 期；张创新、芦刚：《地方政府绩效评估信息失真的成因及其治理》，《学术探索》2006 年第 6 期。

改革中的使用问题进行了理论分析,① 1 篇文献对政府绩效信息使用主题进行了综述，仅有 1 篇文献采取实证研究方法就绩效激励对绩效信息使用的影响进行了经验分析。② 总体来看，国内对政府绩效信息使用主题进行研究的文献数量和质量都还有较大发展空间，该主题的研究仍处于起步阶段。政府绩效信息使用这一主题需要得到国内政府绩效评估的实践者和研究者的共同关注和深入分析，需要他们剖析和解决关键症结与问题，并由此推动学术研究和实践领域的范式转变。

四 政府绩效信息使用研究的实践背景

归纳我国政府绩效评估实践特征，其显著的评估体制设计和运行机制特征是政府绩效评估组织机构与评估对象组织实体的相对分离与独立。绩效评估组织机构（又可称为组织主体）和评估对象是政府绩效评估活动中最基本的行动者与角色划分。

在政府绩效评估体制和机制下，评估对象是承担具体组织职责与功能的组织实体，表现为广义政府的组成部门或下级整体政府，他们承担绩效生产与绩效任务执行的责任。政府绩效评估中的评估对象履行特定政府组织的职能与职责，开展特定公共管理活动，提供具体公共产品和服务，并对其公共管理行为的产出、效果和影响负责。政府绩效评估中的评估对象多以政府组成部门以及下级整体政府的组织实体形式存在，其承担行政上级的任务分配与目标配置，需要使用来自行政上级的绩效信息以执行绩效任务、改进绩效，并对行政上级以及社会公众负责。

政府绩效评估的组织机构是绩效评估工具的发起者和导入者，绩效评估活动的领导者和组织实施主体，绩效评估制度与规则的决策者和设计主

① 马媛、卓越：《政府绩效预算中的绩效信息使用探析》，《北京交通大学学报》（社会科学版）2013 年第 1 期。

② 卓越、张红春：《绩效激励对评估对象绩效信息使用的影响》，《公共行政评论》2016 年第 2 期。

体，还是评估对象绩效结果的评价主体和决定者。行政上级直接参与绩效评估活动的领导和组织工作，绩效评估组织机构也集中反映和代表行政上级的利益。政府绩效评估中组织机构代表行政上级领导和部门制定绩效评估制度和规则，设置绩效目标，并设计评估指标，同时对评估对象的绩效产出进行评分和评定，鉴于其担任绩效评估活动的组织者和执行者角色，其是政府绩效信息的主要生产者和供给者。

实践当中，政府绩效评估的组织机构主要由领导机构和执行机构共同组成。为了强力推动政府绩效评估工作，各级政府首先会成立政府绩效评估工作的领导小组，该领导小组由地方政府核心党政领导以及核心部门领导组成，是一级政府的行政权力中心和上级权威中心，维护和代表一级政府中的行政上级。政府绩效评估工作的领导小组（有的地方政府又将其称为"绩效考评委员会"）作为高级别的议事、协调和决策机构，对一级地方政府的绩效评估制度设计与运行机制设计具有最终的决策权和话语权。为了执行和推动政府绩效评估工作，各级地方政府还会成立一个常设性或临时性的绩效评估执行与运转机构，最常见的是绩效评估（考核）办公室（实践中常简称为"绩效办"、"考核办""目标办""效能办"等），该机构作为政府绩效评估领导小组的执行机构，代表上级的利益，具体执行、组织和推动绩效评估活动。绩效办是一级广义地方政府中的一个组成部门，与其他作为评估对象的政府部门平级平行，是一级地方政府中专业和独立的内部政府绩效评估组织。政府绩效评估办公室接受政府绩效评估领导小组的授权并对其负责，代表地方政府中整体绩效利益和行政上级利益，两者是高度一致的，可被视为一个政府绩效评估决策与执行的有机整体，也可被视为政府绩效评估的组织机构或组织主体。在政府绩效评估领导小组的领导下，绩效办负责执行绩效评估制度，开展绩效评估活动，为地方政府的组成部门和下级政府设定绩效目标和绩效指标，并监督评估对象的绩效执行情况，通过各种渠道收集评估对象的绩效数据，对评估对象开展绩效监测与绩效评估，形成绩效评估结果并向政府绩效评估领导小组汇报。

在我国政府绩效评估实践当中，组织主体是主要的政府绩效信息生产者，在政府绩效信息生产以及面向评估对象的绩效信息传播和供给活动中处于主导地位。

在评估对象和政府绩效评估组织机构相对分离的背景下，评估对象是否认真使用组织主体生产的绩效信息尤为关键。在地方政府绩效评估体制中，组织机构本身可以将其生产的绩效信息用于监督和激励评估对象，例如组织主体可以在针对评估对象的干部人事晋升激励、财政资源分配决策、工作监督控制等方面使用其自身生产的绩效信息。按照信息所有权理论，管理者更加偏好使用自己生产和加工的信息，可以假设政府绩效评估组织机构使用自身产生和加工的绩效信息的可能性也较大。由于评估对象和组织机构的相对分离，以及相伴随的绩效信息使用者和生产者的分离，评估对象是否认真和高效地使用来自政府绩效评估组织机构的绩效信息直接关系到整个绩效评估系统的有效性和可持续性。这是因为评估对象负责绩效目标的执行和绩效持续改进。如果处于评估对象地位的政府部门和下级政府不认真使用组织机构赋予的绩效计划、绩效目标、绩效评估结果等关键绩效信息，意味着行政上级赋予的绩效目标与绩效任务没有得到真实的执行和贯彻，进而影响到政府组织体系的执行力和绩效结果。当政府绩效评估系统的运行没有与评估对象组织的日常运行深度结合时，绩效评估活动必然走向形式化的困境。因此，在政府绩效评估组织机构与评估对象存在组织分离的背景下，以及政府绩效信息生产主体与消费主体、供给主体和使用主体相对分离的实践背景下，关注处于评估对象地位的政府部门和部门成员的绩效信息使用行为以及使用行为的影响因素有着根本性的意义。

第二节　研究问题与理论视角

一　影响因素：政府绩效信息使用主题的关键议题

政府绩效信息使用主题研究的目的在于促进政府绩效信息的高效利用。

政府绩效信息被生产出来后并不一定会被利益相关者自动和主动地利用，需要构建有利于促进绩效信息使用的制度和机制。明确政府绩效信息使用的影响因素是政府绩效信息使用的治理路径选择、促进机制设计和治理制度优化所需要的关键知识点。只有科学识别促进政府绩效信息利用的积极因素，识别阻碍绩效信息利用的消极因素，并明确这些关键影响因素的作用条件和作用过程，才能有针对性地提出政府绩效信息使用的提升机制设计与制度优化的对策建议，进而为实践领域的绩效信息使用的促进提供有效理论指引。由此，识别政府绩效信息使用的影响因素应成为政府绩效信息及政府绩效信息使用这一新兴学术领域的研究焦点。

鉴于政府绩效信息使用主题的研究目的以及国内外前期研究所表明的政府绩效信息使用不足的现状与困境，揭示政府绩效信息使用潜在的影响因素和影响机理是学术研究需要直面的重要议题。通过系统的文献回顾发现，国外已有多篇实证研究文献直接探讨政府绩效信息使用的影响因素，而国内目前只有1篇研究文献从绩效激励的视角实证分析其对评估对象绩效信息使用的影响程度。国内对政府绩效信息使用影响因素的实证分析与系统阐释还非常不足，实证研究数量偏少，并且缺乏研究结论交叉和重复验证。处于起步阶段的政府绩效信息使用研究，应该关注最重要的绩效信息使用主体，即关注评估对象的绩效信息使用行为；应该将研究焦点继续放在本土实践背景下重点使用主体的绩效信息使用影响因素验证，特别是发现有利于促进评估对象绩效信息使用的积极因素及其培育策略，发现阻碍评估对象绩效信息使用的消极因素及其消除策略。以提升评估对象政府绩效信息使用质量为根本目的，从培育促进政府绩效信息使用的积极因素和消除阻碍政府绩效信息使用的消极因素两个角度出发构建政府绩效信息使用的促进机制。

回答政府绩效信息使用的影响因素这一问题需要立足于本土实践和经验证据的高质量实证研究。为了保证政府绩效信息使用促进机制设计的科学性和有效性，必须对政府绩效信息使用的相关影响因素进行科学分析和系统论证。哲学思辨、规范研究等非实证研究方法难以科学回答政府绩效信息使用的影响变量和影响机理。实证研究方法的经验性、精确性和可重复性特征可以深入系统地分析论证政府绩效信息使用的影响变量，所以这成为本研究的研究方法与设计选择。国外实证研究的调查样本及其研究结论在研究背景、政治体制、绩效评估体制等方面都与我国政府绩效评估实践背景存在显著差异，这决定了不能直接用西方学者的研究结论来解释我国政府评估实践中评估对象及其相关主体的绩效信息使用行为。因此，开展政府绩效信息使用影响因素研究需要立足于本土实践和经验证据的实证研究，系统深入分析政府绩效评估相关主体使用或不使用政府绩效信息的深层次原因，据此提出有效的解决之道。

开展政府绩效信息使用影响因素的本土实证研究还需解决一系列相关的问题，为影响因素研究奠定扎实的基础。首先，在政府绩效评估活动中有多元化的利益相关者和参与主体，谁是政府绩效信息的生产者和供给者，谁是政府绩效信息的接收者和使用者，绩效信息使用的这些核心主体及其角色需要结合本土实践背景进行科学合理的确定。其次，需要确定政府绩效信息的使用价值以及对具体利益相关主体的利用价值，阐明这些主体应该如何使用和开发绩效信息的使用价值。再次，需要对使用主体绩效信息利用的现状水平进行实证分析，对研究因变量进行科学测量，以此把握政府绩效信息使用的现实状况及其差距。最后，政府绩效信息使用作为一种组织行为，其潜在影响因素众多，需要基于具有解释力的理论框架并精准选取和锚定政府绩效信息使用的关键影响因素。这需要学术研究选取适合本土实践背景的理论基础和理论视角，科学构建理论假设并进行实证验证。因此，开展政府绩效信息使用主题的研究必须建构和解释政府绩效信息的使用主体、使用价值、使用方式、使用程度、影响因素及影响机理。

基于政府绩效评估的本土实践，围绕政府绩效信息使用影响因素这一关键研究议题，本研究拟重点回应和解决如下问题。

（1）界定政府绩效信息、政府绩效信息使用及相关概念的内涵，阐明绩效信息的使用价值。

（2）确立评估对象在政府绩效信息使用中的关键主体地位，明确评估对象的绩效信息使用方式与使用途径。

（3）建构政府绩效信息使用的分析框架，选取合适的理论视角和关键影响因素对评估对象的绩效信息使用行为进行理论阐释。

（4）基于地方政府绩效评估的经验证据，验证评估对象政府绩效信息使用行为的影响因素及影响机理。

（5）根据研究结果与结论，提出针对评估对象的政府绩效信息使用促进机制设计与制度优化建议。

二　组织信任：解释政府绩效信息使用的理论视角

在政府绩效信息生产主体与消费主体相对分离、供给主体和使用主体相对分离的实践背景下，绩效信息使用者与绩效信息生产者和供给者的组织信任关系对于政府绩效信息使用具有较大的理论解释潜力。在政府绩效评估活动中，绩效信息生产主体与使用主体的相对分离使得相关主体对绩效信息的使用行为对于绩效信息生产者来说是一种支持性和合作性行为。信任是解释多元主体间合作行为与互动关系的有效理论视角，组织信任可以解释组织间的各种合作行为是否成功。无论是我国政府绩效评估的实践背景，还是先验研究的理论预判，都使信任和组织信任理论非常适合解释我国政府绩效评估活动中处于评估对象地位的政府官员的绩效信息使用行为。

已有研究指出，绩效信息使用在一定程度上由政府管理者的态度所决定。[①] 在国外绩效信息使用的经验研究文献中，政府管理者的心理和态度因素对绩效信息使用的潜在影响逐渐受到研究者的重视。已有实证研究表明了公共管理的动机、价值观和对特定绩效对象的态度会对绩效信息使用产

---

① Kroll, A., Why Public Managers Use Performance Information (University of Potsdam, 2012), p. 43.

生影响。例如，公共管理者的公共服务动机和亲社会价值观已经被证实与绩效信息使用正相关①；政府管理者在绩效评估和绩效管理过程的态度，例如官员绩效比较的意愿、② 对绩效评估的积极态度、③ 对绩效信息的积极态度④等都被视为绩效信息使用的正向预测变量。虽然态度视角逐渐被国外研究者所重视，但系统地从态度视角解释绩效信息使用的影响因素的直接研究还相对较少。

态度是组织行为学、社会心理学的一个重要概念。根据社会心理学和组织行为学的基本理论，态度决定行为倾向及实际行动。积极的态度促进人类的目的性行为而消极的态度阻碍人类的行动，这是相关学术研究和人类社会生活经验的共识。由此可以提出一个合理的假设，即政府管理者的态度会直接影响绩效信息使用行为，积极的态度促进绩效信息使用，而消极的态度阻碍绩效信息的使用。但这种一般性理论假定及其推论并不能为我们理解和解决问题提供更多的价值，因为这还不能回答政府管理者的态度对象、态度构成及其影响机制，特别是这种态度到底是如何决定其绩效信息使用行为的等问题。同时，态度的对象、程度是变化的，需要在具体主题领域进行具体分析。因此，从态度视角寻找绩效信息使用的解释变量必须具体化态度的对象，态度的类型和构成，并深入论证其对绩效信息使用行为的影响。

信任和组织信任理论是态度理论的一个分支流派。信任是一种积极态

---

① Moynihan, D. P. , Pandey, S. K. , "The Big Question for Performance Management: Why do Managers Use Performance Information?" *Journal of Public Administration Research and Theory* 4 (2010): 849 – 866; Kroll, A. , Vogel, D. , "The PSM-Leadership Fit: A Model of Performance Information Use," *Public Administration* 4 (2014): 974 – 991.

② Ammons, D. N. , Rivenbark, W. C. , "Factors Influencing the Use of Performance Data to Improve Municipal Services: Evidence from the North Carolina Benchmarking Project," *Public Administration Review* 2 (2008): 304 – 318.

③ Taylor, J. , "Factors Influencing the Use of Performance Information for Decision Making in Australian State Agencies," *Public Administration* 4 (2011): 1316 – 1334.

④ Kroll, A. , Why Public Managers Use Performance Information (University of Potsdam, 2012), p. 45.

度，信任理论是一种系统和成熟的态度理论，可以用来分析态度对象及积极态度的形成过程。本研究中将绩效信息的生产者和供给者界定为政府绩效评估的主体，指向实践中的政府绩效评估的组织实施机构，将绩效信息的使用主体界定为组织化的评估对象，这些主体之间的关系是组织间的互动关系。在政府绩效信息使用者组织和生产者组织相对分离的背景下，信任理论为分析绩效信息使用主体对绩效信息生产主体的态度及其影响提供了可供选择的理论视角，为解释处于绩效信息接收者、使用者和评估对象地位的政府管理者是否认真使用来自绩效评估组织机构的绩效信息提供了合适的理论分析视野。为此，本研究从组织信任的视角出发，探讨评估对象对政府绩效评估组织机构的组织信任态度如何对政府管理者的绩效信息使用行为产生影响。

国内外现有的关于绩效信息使用的研究较多从绩效信息使用者及绩效信息需求侧寻找解释变量，却较少关注绩效信息的来源与生产者，也较少从绩效信息的供给侧寻找解释变量。国内外现有文献缺乏对绩效信息的供给者（生产者）的关注和分析，绩效信息供给者的特征和行为如何影响绩效信息接收者的绩效信息使用行为也缺乏经验证据。这与国外学者的研究预设和国外政府绩效评估的实践背景有关。国外研究文献的前提假设是认为公共管理者自行设定组织目标、监控组织绩效，组织自身收集绩效指标的数据并形成评估结果。绩效评估活动由组织自身开展，绩效信息也由组织自身收集、生产和使用。也就是说，国外研究者普遍假设整个绩效信息的生产和使用发生在一个单一和完整的组织系统内。这种研究预设被看作理所当然的。事实上，特定政府组织的绩效信息往往是由外部组织或团体生产和确定的，例如政府内部的独立绩效评估小组、独立的绩效评估组织或者是政府外部的第三部门等。这些现象都表明了一个被绩效信息使用文献忽略的现实，即绩效信息的生产者组织和使用者组织相对分离，绩效信息的供给主体和绩效信息的需求主体相对独立。

特别是在我国政府绩效评估中明显存在绩效评估组织机构与评估对象

组织分离的现实情况下，绩效评估组织机构负责绩效目标和绩效评估结果等关键绩效信息的生产，而评估对象被要求使用来自组织机构的绩效目标和结果信息进行绩效执行和绩效改进，两者之间存在明显的绩效信息生产与使用、供给与需求的关系。当政府绩效信息生产和绩效信息使用分离时，处于评估对象地位的政府部门及其成员对绩效信息供给活动的态度对于解释其绩效信息使用行为具有重要理论价值。

探讨作为政府绩效信息使用者的评估对象对作为绩效信息生产者的政府绩效评估组织机构的信任态度与二者之间的信任关系具有现实价值。在政府绩效评估的组织主体和评估对象的互动关系中，组织主体处于绩效评价权力、绩效信息和激励资源的优势和主动地位，而评估对象处于绩效评价权力、绩效信息和管理资源的劣势和被动地位。评估对象对绩效信息的使用是对政府绩效评估组织机构的一种合作与支持行为，处于劣势地位的评估对象最有可能因为不信任政府绩效评估组织机构而采取非合作行为或者机会主义行为，进而不认真或不会真正地利用绩效评估组织机构提供的绩效信息。因此，在政府绩效评估组织机构与评估对象的互动关系中，相对于研究政府绩效评估组织机构对评估对象的信任态度来说，研究评估对象对政府绩效评估组织机构的信任态度更具有现实意义。政府绩效评估的组织机构是评估对象最重要的信任客体和信任对象，可以预期评估对象对政府绩效评估组织机构的组织特征与组织活动的信任态度会促使评估对象产生绩效信息使用的支持行为和合作行动，可以促使评估对象认真履行职责并完成绩效任务，这反过来会提升评估对象的绩效信息使用水平。信任机制研究的关键在于探究信任态度形成的机理及其结果影响，也就是要解释评估对象是否信任政府绩效评估的组织机构，组织信任或不信任的态度如何形成，又对其绩效信息使用行为产生了何种影响。通过解释评估对象的信任态度的决定因素及其对绩效信息使用的影响，改善评估对象和组织机构之间的合作互动关系的重点，这种合作关系改善又会促进评估对象主动和积极地使用来自组织机构的绩效信息。

鉴于组织信任是影响政府绩效评估中评估对象与组织主体合作的关键因素，政府绩效信息使用是评估对象对组织主体的一种支持性和合作性行为，可以据此假设评估对象对政府绩效评估组织机构的组织信任与评估对象的政府绩效信息使用行为存在理论和实证关系。通过系统的文献回顾发现，从信任、组织信任的角度解释绩效信息使用的影响因素还未曾受到国内外学者关注，缺乏先验研究的基础。本研究旨在针对政府绩效信息使用这一新兴主题，采取新的研究视角展开探索性研究，从信任视角建构理论框架和研究假设，并采用经验证据对组织信任态度和绩效信息使用行为之间的关系进行实证验证。

一些相关研究的结论为本文研究视角选取和研究假设建立的合理性提供了文献支持。里奇（Rich）和凯奥尔（Cheol）认为，相较于组织外部的信息，决策者更偏好使用组织内部生产的信息，组织内部的信息往往被认为是可信赖的、可靠的，因为组织内部的活动者基于共同的目标和价值观生产了信息，相反，组织外部的信息则不具备这些生产条件。[①] 可以据此推断，由于政府绩效评估的组织机构主导生产了政府绩效信息，其使用绩效信息的可能性较大；相反，由于评估对象和组织主体的组织实体相对分离，组织主体生产的绩效信息对评估对象来说是外生的，组织之间体制、文化和信息间隔会使得评估对象的绩效信息使用行为难以主动和自发形成。在信息不对称的条件下，组织之间的信息交换和信息使用将会遇到更多的组织障碍。此时，组织之间的信任关系与信任程度对能否促成彼此的合作行为至关重要。曹科岩等的研究表明，组织信任对知识分享、知识交换与知识使用行为有显著的正向影响，并影响组织的绩效水准。[②] 政府绩效信息本质上也是一种知识，是由政府绩效评估组织机构主导生产的绩效知识，有

---

① Rich，R. F. ，Oh Cheol H. ，"Rationality and Use of Information in Policy Decisions a Search for Alternatives，" *Science Communication* 2（2000）：173 – 211.

② 曹科岩、龙君伟、杨玉浩：《组织信任、知识分享与组织绩效关系的实证研究》，《科研管理》2008 年第 5 期。

理由假设绩效信息使用者对绩效信息生产者的信任，即评估对象对政府绩效评估组织机构的组织信任会影响评估对象的绩效信息和绩效知识的使用行为。

本研究立足于政府绩效评估组织机构和评估对象相对分离的实践特征，基于政府绩效信息使用者和生产者相对分离的实践现实，建构政府绩效评估组织机构和评估对象之间的绩效信息"生产－使用"的合作关系，从信任和组织信任的基本理论出发，分析评估对象对组织机构的组织信任态度如何影响评估对象对外生绩效信息的使用行为。因此，除了政府绩效信息使用影响因素实证研究必须回答的基本问题，本研究还将特别阐述以下两个方面的具体问题：第一，地方政府绩效评估实践中评估对象对组织机构的组织信任水平与现实状况；第二，作为绩效信息使用者的评估对象对绩效信息生产者的绩效评估组织机构的组织信任态度对其绩效信息使用行为的影响程度及其作用机理。

第三节　研究价值与意义

从组织信任视角开展政府绩效信息使用影响因素的实证研究，理论结合实证分析组织信任对政府绩效信息使用的影响机理和作用过程，并据此建立有效的政府绩效信息使用的促进制度安排，不论是对于促进政府绩效评估的治理转型，还是对提升实践中绩效信息利用程度都有积极意义。

一　理论价值

本研究的理论价值表现在以下三个方面。

1. 完善以信任与合作为本质的政府绩效治理理论体系

政府绩效学界普遍认为政府绩效评估的相关研究应该被放在更为广阔的治理和公共治理的理论范式下进行。合作是治理、新公共治理与合作治理等前沿理论的本质，合作治理是不同于传统科层管理的一种目标实现路径。从传统科层式的政府绩效评估走向合作导向的政府绩效治理是政府绩效生产理论范式的转型路径。然而从已有的研究来看，政府绩效治理的理论研究和应用相对偏少，部分原因是这一理论视角的新颖性，从政府绩效评估向政府绩效治理的转型还缺乏理论构建与实现路径。本研究选取政府绩效信息使用这一微观视角，基于信任理论，探索性地在政府绩效评估的关键主体间构建并验证合作与信任机制，对政府绩效治理的理论建构、理论应用和理论验证具有一定的创新价值。

本研究的目的和视角对于政府绩效治理的理论体系具有探索和创新价值。从组织信任视角分析政府绩效信息使用的影响因素的根本目的在于促进政府绩效评估相关主体之间的有效合作，实现对政府绩效信息的合作生产与使用，评估对象和组织主体之间的组织信任关系是促进政府绩效生产范式变革的一种关键合作机制。信任对于合作治理而言，既是首要前提，也是一种手段或方式。[①] 信任是合作的前提，没有信任就没有合作，信任的建立过程也就是合作治理过程。信任是任何交换和互动关系的润滑剂，信任在合作关系的建立、维持和修护中处于关键地位。不同于传统科层制管理模式下"命令－服从"的运行机制，信任是以合作为导向的治理机制。政府绩效评估不仅需要显性的制度约束和刚性要求，还需要相关主体间柔性的信任机制促成实质合作，信任机制的存在是确保评估对象与评估主体有效合作的关键因素。本研究从信任与组织信任视角建构政府绩效评估中评估对象与组织主体之间的合作模型，从组织信任视角分析评估对象对政府绩效评估组织机构的信任态度如何影响其信息使用行为，最终的研究目的是构建评估对象和政府绩效评估组织机构间基于平等信任的合作关系。构建评估对象与政府绩效评估组织机构的合作关系并促成彼此的合作行动，将有助于实现从政府绩效评估到政府绩效治理的范式转型。

---

① 颜佳华、吕炜：《协商治理、协作治理、协同治理与合作治理概念及其关系辨析》，《湘潭大学学报》（哲学社会科学版）2015 年第 2 期。

2. 构建绩效信息使用导向的政府绩效评估系统

本研究有助于构建绩效信息使用导向的政府绩效评估系统，为如何提升政府绩效评估的有效性、合法性和可持续性这一理论难题提供了解决思路和视角。将以结果为导向的绩效评估工具引入公共部门是新公共管理运动以来政府改革的关键举措。政府绩效评估是否有效实施并持续开展，取决于其是否能实现其绩效改革的目标，能否验证其自身的有效性、合法性。这些问题是开展政府绩效评估实践必须回答的理论与实践问题，而政府绩效信息使用为回答这些问题提供了方案。

政府管理者是否在管理过程中使用了绩效信息是衡量政府绩效评估是否存在价值的最好标准。① 政府绩效管理是一个以绩效评估为核心、由诸多管理环节组成的循环往复的系统。要实现一个绩效管理环节与另一个绩效管理环节的衔接，实现一个绩效管理循环与下一个绩效管理循环的"尾"、"首"衔接，关键在于将绩效评估过程中产生的绩效信息充分运用到下一个绩效管理环节和下一个绩效管理循环中去。绩效信息的使用是绩效管理环节环环相扣、承前启后的纽带，是新旧绩效管理循环的连接点，是绩效管理循环闭合的关键。缺少对绩效信息的使用意味着绩效评估与绩效管理循环的设置目标、采取措施、搜集数据、绩效评估、绩效报告等一系列评估链条和管理环节并没有闭合。开展政府绩效评估工作必然会消耗组织的人力、物力和财力等各类组织资源。如果仅仅以绩效信息或绩效数据的生产本身作为终点而缺乏对这些信息与数据的充分利用，就意味着政府绩效改革是失败的，政府绩效评估的存在价值也就值得商榷。没有绩效信息的使用，意味着绩效循环并没有连接和闭合，这使得以结果为导向的组织绩效改革变得多余和流于形式，没有达成绩效管理改革的最初目的。研究政府绩效信息使用的影响因素并据此提出促进绩效信息利用效率提升的制度设计，可以提升政府绩效评估的有效性、可持续性和合法性。

---

① Moynihan, D. P., "The Big Question for Performance Management: Why do Managers Use Performance Information?" *Journal of Public Administration Research and Theory* 4 (2010): 849–866.

3. 丰富国内政府绩效信息使用主题的实证研究

开展基于我国政府绩效评估实践背景的政府绩效信息使用实证研究，拓展了国内政府绩效评估主题研究与实践关注的视角，增加了政府绩效信息使用研究的本土经验证据。

在国外公共绩效研究的学术领域，绩效信息使用这一主题从 2000 年左右逐渐兴起，并日益受到国外学者的关注。特别是 2008 年以来，政府绩效信息使用的直接研究和高水平研究成果屡屡刊载于国际公共管理领域的核心期刊，其多采取实证研究方法对政府绩效信息使用的影响机理进行阐述。总体来看，国外学界对政府绩效信息使用的主体、方式、影响因素等关键问题的研究较为全面和深入。在绩效信息使用的英文文献中，已有来自美国、英国、荷兰、澳大利亚、印度尼西亚等不同国家的研究证据。受政治与行政体制的差异以及不同的文化环境的影响，各国政府开展绩效评估的国情背景、体制设计、运行机制与实践做法都存在较大差异。波利特（Pollitt）等的一项跨国比较研究证实了不同国家的绩效体制存在不同，绩效信息使用也存在巨大的差异。[①] 我国政府绩效评估的实践背景与体制机制都与西方国家显著不同，政府绩效信息使用的主体、问题表现形式和潜在影响因素等也极有可能与国外研究存在差异。西方学者已有的研究背景与研究结论不能契合我国的政府绩效评估实际，也不能充分解释和说明我国政府绩效评估中的绩效信息使用问题及其成因。政府绩效信息使用的实证研究需要基于具体国家实践背景并收集情景化的经验证据而展开，而本研究旨在收集来自中国地方政府绩效评估实践中的经验证据来解释本土化的政府绩效信息使用问题。同时，鉴于在政府绩效信息使用的国际学术领域缺乏基于中国实践经验和证据的实证研究，也尚未有从信任与组织信任视角来解释绩效信息使用的文献，本研究有助于开展中西方学术领域关于绩效信

---

① Pollitt, C., Harrison, S., Dowswell, G., et al., "Performance Regimes in Health Care: Institutions, Critical Junctures and the Logic of Escalation in England and the Netherlands," *Evaluation* 1 (2010): 13 – 29.

息使用主题的理论与实践对话，丰富已有政府绩效信息使用影响因素研究的理论视角与研究结论。

与国外的研究相比，国内对政府绩效信息使用的研究总体不足，特别是关于绩效信息使用影响因素的实证研究偏少，本研究将丰富国内对政府绩效信息使用主题的实证研究。通过研究者系统的文献回顾发现，目前国内只有 1 篇文献采用实证研究方法直接探讨政府绩效信息使用的影响因素，其他相关文献主要为理论探讨和间接研究，国内学术界针对政府绩效信息使用影响因素的经验研究非常不足。立足于中国本土政府绩效评估实践的绩效信息使用研究非常少，因此缺少中西方同主题研究的对话可能。国内相关成果总体以文献研究、理论研究和描述性研究为主，对规范的实证研究方法的使用不足，削弱了研究结论的可信度和贡献度，减小了不同研究之间的对话可能性。研究质量直接关系到研究的价值以及研究成果的可靠性和有效性，实证研究是提升研究质量的有效途径，因此开展高质量的政府绩效信息使用的本土实证研究显得尤为必要。政府绩效评估是一个实践性很强的学科领域，学术研究与实践进展互相印证，而目前学术界对政府绩效信息使用关注度不足也间接反映了实践领域对绩效信息使用的不够重视。因此，学术研究非常有必要立足于我国政府及政府绩效评估实践背景来建构绩效信息使用的术语概念与理论框架，构建政府绩效信息使用主体、使用方式并深入探索其影响因素和提升机制，进而对政府绩效评估实践者和参与者给予理论指导。因此，本项研究是对国内外现有绩效信息使用影响因素的发展和有益补充。

二　实践价值

政府绩效评估是一个实践性很强的学科领域，学术研究与实践进展一直有着互相呼应、互相印证和互相促进的关系。政府绩效信息使用是政府绩效评估中的一个理论性与实践性相结合的重大问题。开展政府绩效信息使用影响因素的实证研究的根本目的在于提升实践中的绩效信息使用程度，有针对性地提出政府绩效信息使用的促进机制设计和政策建议，研究结果对于提高政府绩效信息利用率、促进政府绩效评估实践优化具有决策参考价值。因此，开展绩效信息使用影响因素的本土实证研究将有益于更好地理解、检视和服务于我国政府管理和政府绩效评估的实践完善。

1. 提升政府绩效信息的使用水平

确定政府绩效信息使用的影响因素和影响机制，为实践者进一步提升政府绩效信息的利用程度提供了制度构建思路。当政府绩效信息使用成为一种应予以鼓励的管理行为和评价标准后，哪些因素及制度安排可以促进这种积极行为是理论者和实践者共同关注的重要问题。本书的研究问题旨在发现政府绩效信息使用的影响变量，剖析这些影响变量的内在机制，据此提出政府绩效信息使用的提升机制与制度优化建议。本研究重点关注和解释处于评估对象地位的政府部门及其成员的绩效信息使用行为，评估对象的绩效信息使用行为是政府绩效评估中的难点和重点。本研究提出和验证评估对象绩效信息使用行为的关键影响变量及其主要政策建议，可以通过实践者的经验反思和现实观照转化为实践领域提升评估对象政府绩效信息使用效率的政策制定与制度建设，进而优化政府绩效评估实践。

2. 改善评估对象和政府绩效评估组织机构之间的合作信任关系

本研究将有助于改善政府绩效评估组织机构与评估对象的互动关系，促进两者从科层官僚关系转向合作信任关系。从信任和合作的视角分析政府绩效信息使用的影响机制，并据此设计评估对象与组织主体之间的合作机制，为政府绩效评估走向政府绩效合作治理的实践转型提供了操作思路。本研究将促进绩效评估的领导者和组织者维护其在评估对象心目中的组织信任特征，促使组织机构注意提升绩效评估过程、绩效信息生产过程的公信力，不断提高政府绩效信息的生产质量。从压力型绩效控制走向合作型绩效评估与绩效治理，可以提升政府绩效治理的能力。本研究从组织信任理论视角系统构建政府绩效信息的供给和使用模型，验证信任机制在政府绩效评估组织主体和评估对象合作中的重要性，为实践领域如何提高两者之间的信任水平、提升两者之间的合作有效性提供了可供参考的解决思路。

3. 为实践领域检视政府绩效评估有效性提供检测工具

政府绩效评估实践需要不断优化和改进，这离不开实践者自身的反思和诊断。政府绩效评估活动消耗了人力与物力资源，实践者和研究者都应该思考绩效评估活动的成败，分析政府绩效评估产生的效果和影响，思考绩效评估活动产生的绩效信息是否被认真对待和使用，分析评估对象与组织主体的合作关系与信任水平。政府绩效信息使用及其影响因素分析为实践者科学评价政府绩效评估的运行效果提供了思路和检测标准。实践者通过分析政府绩效信息使用的现状、程度或范围可以评价一个政府绩效评估系统成功与否，可以通过分析组织主体与评估对象的信任关系现状进而开展信任态度的重构与修复。本研究对政府绩效信息使用的主体、方式以及测量标准进行了科学设计与分析，并对评估主体和评估对象的信任关系现状进行了测量，本研究所构建的测量指标、量表与评价结果为实践领域提供了一个反思政府绩效评估的分析工具和评价标准，为政府绩效评估实践的自我诊断和自我改进提供了理论指导和操作工具。

第四节 研究主题界定

目前国内外学术界对于政府绩效信息和绩效信息使用并没有一个统一的定义。相关概念在不同组织背景下有着内涵差异，导致政府绩效信息使用的研究和对话困难重重。[1] 因此，对政府绩效信息和政府绩效信息使用的概念、内涵与范畴进行合理的界定是展开研究与分析的基础。由于政府绩效信息使用的概念与政府绩效评估和绩效管理紧密相关，有必要同时对政府绩效信息使用的外围术语的内涵进行界定。

---

[1] Hammerschmid, G., Van de Walle, S., Stimac, V., "Internal and External Use of Performance Information in Public Organizations: Results from an International Survey," *Public Money & Management* 4 (2013): 261 – 268.

一 政府绩效评估

绩效评估作为一种管理工具和方法，最先起源和应用于私人部门的管理活动。在 20 世纪 80 年代，开始于西方国家的新公共管理改革将诸多私人部门的管理方法和工具用于再造政府等公共部门的管理过程，绩效评估就是在这样的背景下被引入公共部门特别是政府部门，并在全球范围的公共部门中不断扩散、改进和延续。国外学术领域对政府等公共部门绩效评估的大规模研究始于 20 世纪 90 年代，而国内对政府绩效评估的关注则始于 21 世纪。无论是在国内还是在国外，政府绩效评估的主题都逐渐成为公共管理中的热点。诸多国内外研究者也从不同视角对政府绩效评估或公共部门绩效评估的内涵与外延进行阐述和界定。

欧特尔·万德瑞（Wouter Van Dooren）等认为公共部门绩效评估是一系列量化公共部门产出、效率、效果与效能的缜密行为活动。[①] 波伊斯特指出公共部门绩效评估致力于提供关于公共项目和组织绩效的各种客观的信息，这些信息可以用来强化管理和为决策提供依据，达成工作目标和改进整体绩效以及增加责任感。[②] 国内学者蔡立辉教授认为，政府绩效评估就是依据绩效目标，运用评估指标对政府公共部门履行行政职能所产生的结果及其影响进行评估、划分绩效等级、提出绩效改进计划和运用评估结果来改进绩效的活动过程。[③] 范柏乃教授认为，政府绩效评估就是依据统一的评估指标和标准，按照一定的程序，通过定量定性分析，对某评估对象一定时期的业绩作出客观、公正和准确的综合评判过程。[④] 卓越教授提出了公共部门绩效评估的内涵，认为公共部门绩效评估就是对广义的政府组织、

[①] Van Dooren, W., Bouckaert, G., & Halligan, J., *Performance Management in the Public Sector* (Abingdon: Routledge, 2010), pp. 18 – 21.

[②] 〔美〕西奥多·H·波伊斯特：《公共与非营利组织绩效考评：方法与应用》，肖鸣政译，中国人民大学出版社，2005，第 4 页。

[③] 蔡立辉：《政府绩效评估的理念与方法分析》，《中国人民大学学报》2002 年第 5 期。

[④] 范柏乃：《政府绩效评估与管理》，复旦大学出版社，2007，第 12 页。

非营利组织以及公共企业等特定公共组织在积极履行公共责任的过程中获得的公共产出进行的评审界定。① 这些概念从不同视角对政府绩效评估的对象、标准、内容等要素进行了界定，对于理解政府绩效评估的内涵具有参考价值。

综合和归纳上述国内外学者对政府绩效评估的理解，本研究认为政府绩效评估是为了系统测量评估对象绩效产出和结果而收集形成绩效信息的组织过程。上述政府绩效评估内涵界定蕴含了如下特点。第一，政府绩效评估是一个系统过程，需要开展一系列的评估活动。绩效评估过程一般包括确定评估目标、确定评估对象、选择评估指标、收集评估数据、分析评估数据、形成评估结果、撰写评估报告等多个阶段，这些评估过程前后相继，需要完成特定的评估任务。第二，政府绩效评估具有制度化与正式性特征。政府绩效评估是规则和制度导向的组织活动，评估制度、评估过程与评估结果具有法定性，为利益相关者所认可。第三，政府绩效评估过程的直接产出是绩效信息，绩效信息是对评估过程与评估结果的真实反映，而绩效信息的价值在于支持政府组织的管理与决策。政府绩效评估是政府管理与政府绩效管理中起承上启下作用的核心环节，贯穿政府绩效管理循环的整个过程。缺乏绩效评估环节的政府管理与绩效管理，将使得组织难以掌握绩效目标的实现程度，也难以为组织科学管理与绩效改进提升提供决策依据。因此，政府绩效评估是政府组织以绩效目标为导向的管理变革，通过测量政府组织绩效并将绩效评估结果传递给政府组织的利益相关者，可以增强政府的绩效责任感。

二 政府绩效信息

国内外相关研究从狭义、中观和广义三种不同视角理解绩效信息和政府绩效信息。狭义视角的绩效信息指反映公共组织绩效状况的数据。例如，

① 卓越：《公共部门绩效评估》，中国人民大学出版社，2011，第7页。

波利特认为绩效信息是由制度与相应的过程所产生的、被系统收集用来描述公共组织的项目产出与效果的信息，包括绩效监控系统产生的数据、内部和外部评估的数据、绩效审计的数据等。[1] 狭义视角的政府绩效信息可以和绩效评估结果等同，它是以数据文字等形式反映政府组织在特定时期内的绩效水平和绩效状况的信息。还有一种学者从中观视角理解绩效信息，认为绩效信息是绩效评估和绩效管理活动中所产生的各种数据资料的综合。莫尼汉认为，政府绩效信息是由一系列相似类型信息构成的信息体系，包括政府有关前景计划的声明、核心价值的声明、各政府部门职能声明、对政府活动目标的详细描述、量化的绩效指标及各项目标，绩效信息是政府战略计划 - 行为 - 评估等环节构成的信息体系。[2] 朱国玮等认为政府绩效信息泛指政府在进行绩效评估过程中产生、收集、整理、传输、发布、使用、存储和清理的所有信息，它既包括绩效评估所需的原始信息，又包括经过评估之后所产生的后果性信息。[3] 张创新、芦刚也认为绩效信息是指政府绩效评估过程中收集、处理、储存和传递的所有绩效数据。[4] 这些定义对政府绩效信息的理解主要指向了政府绩效评估与绩效管理整个过程的所有信息产出，包括原始信息、过程信息和结果信息等，是较为宽泛的政府绩效信息界定。而广义的绩效信息则等同于组织管理中与绩效有关的一种管理信息，例如卓越从管理信息及其作用视角出发，认为公共部门的绩效信息是指那些可以提高公共部门管理绩效和管理水平的信息。[5] 颜佳华等从政务信息的视角出发，认为政府绩效信息是指政府在公共管理和服务过程中所形成的，为满足社会公共需求而产生的，以有效业绩为内容，以数字代码传

---

① Pollitt, C., "Performance Information for Democracy the Missing Link?" *Evaluation* 1（2006）: 38 - 55.

② Moynihan, D. P.:《结果管理》，载 The Maxwell School of Citizenship and Public Affairs 编《政府绩效评估之路》，邓淑莲等译，复旦大学出版社，2008，第 159 页。

③ 朱国玮、黄珺、汪浩:《政府绩效信息的获取、使用与公开制度研究》，《情报科学》2005年第 4 期。

④ 张创新、芦刚:《地方政府绩效评估信息失真的成因及其治理》，《学术探索》2006 年第 6 期。

⑤ 卓越:《公共部门绩效管理》，福建人民出版社，2004，第 85 页。

输和存储为形式的各种信息的集合。① 总体来看，国内外学界对绩效信息以及政府绩效信息的定义差异较大，上述定义分别立足于特定的研究主题、背景、问题和目的。政府绩效信息的内涵需要根据具体的研究背景和情景合理界定。

本研究以介于微观和宏观之间的中观层次为视角将政府绩效信息的含义界定如下：政府绩效信息是在政府绩效评估活动中系统收集和形成的反映绩效评估过程和政府绩效状况的正式数据。可以从以下几个方面理解政府绩效信息的具体内涵。

第一，政府绩效信息本质上属于信息，具有信息的一般属性。信息是人类社会生活普遍存在的，是一种无形的物质，是一种特殊的人造之物。科学的各个领域都存在信息的问题，并可以用信息的视角来分析问题。特别是在信息论和信息科学诞生之后，信息的概念几乎进入了所有的学科，并在通信、经济、政治、管理等多个领域得到广泛运用。信息论的创始人申农（Shannon）在 1948年发表的《通信的数学理论》中指出：一个系统所接收的信息是"能够用来消除不确定性的东西。"② 这一立论明确了信息的本质功能，被人们看作经典性定义而加以引用。从本体论或信息哲学层次来看，信息是事物运动的状态与方式，③ 是人类一切认识对象在时空上的存在属性、运动状态和变化规律的反映。实践生活中的信息指的是消息、新闻、情报、资料、图像以及语言、文字等所揭示或反映的内容。信息的本质属性还衍生出信息的一般特征，信息具有客观性、普遍性、抽象性、价值性、时效性、共享性、可加工性、可传递性等特征。政府绩效信息本质上是一种信息类型，具有信息的一般性属性特征与功能。

第二，政府绩效信息是一种管理信息。在应用信息科学的层面，心理

---

① 颜佳华、盛明科：《基于网络技术的政府绩效信息资源开发与共享研究》，《电子政务》2006 年第 6 期。
② 转引自邹志仁《信息学概论》，南京大学出版社，2007，第 1 页。
③ 钟义信：《论信息：它的定义与测度》，《自然辩证法研究》1986 年第 5 期。

学、经济学、管理学、通信科学等学科领域都将信息作为一个重要的研究问题和研究视角。本研究侧重从管理学的视角理解信息的含义，这是因为本研究所讨论的绩效信息属于绩效管理、公共管理以及更为广阔的管理科学的背景范畴。管理视角下的信息是对人们决策提供有益帮助的一种特定形式的数据，是组织在管理活动过程中生成、采集，并经过加工处理后为管理和决策提供证据支持的有效数据。① 管理信息是组织在管理活动过程中采集到的，经过加工处理后对管理决策产生影响的各种数据的总称。② 这里的数据不仅指狭义的数字，还可以是文字、图像、声音及其综合载体等所揭示或反映的内容。管理信息具有依附于管理职能和过程的特征，它通过组织管理活动生产出来，并反映组织管理过程和结果。

政府绩效信息是一种具有决策价值的管理信息，它产生于组织绩效评估与绩效管理活动中。政府绩效信息就是通过对评估事实所获得的数据汇总、分类、利用数据统计方法进行加工整理得出评估结果，并用数字、文字、图线等表示评估结果的过程。③ 政府绩效信息反映政府组织绩效评估过程，是政府管理者在绩效评估活动中生产的有用数据。政府绩效信息必须依附于政府绩效评估制度及其运行，是在政府绩效评估运行过程中所产生的对公共管理决策有帮助的数据或文字的总称。绩效信息是一种管理信息，反映绩效评估与绩效管理活动过程与产出，载荷绩效目标、绩效结果与绩效价值是绩效信息区别于一般信息的特性。因此，理解政府绩效信息的内涵必须结合绩效评估活动及其产出，政府绩效信息是按照科学评估方法系统收集、处理和生产的反映绩效评估过程以及组织绩效状况的正式数据。

第三，政府绩效信息是一个完整的信息体系与系统，具有多维的具体信息内容。政府绩效信息是政府绩效评估系统在信息视角下的存在和运行形态。政府绩效评估与绩效管理具有多环节、多阶段的特征，这决定了绩效信息内

---

① 杨善林、胡笑旋：《管理信息学》，高等教育出版社，2010，第16页。
② 傅泽田：《管理信息系统》，清华大学出版社，2009，第7页。
③ 卓越：《政府绩效管理概论》，清华大学出版社，2007，第45～46页。

容的多样性。一个完整的政府绩效评估与管理活动一般包括绩效管理和评估制度建立、绩效计划和绩效目标制定、绩效实施、绩效评估及结果、绩效反馈和绩效改进等环节，这些构成了一个完整的管理循环。在不同的绩效评估和绩效管理阶段，都会有相应的正式信息产出，这些信息产出的集合形成系统的政府绩效信息体系。例如在绩效计划阶段的绩效目标信息，在绩效执行和监测阶段的绩效监控数据，在绩效评估阶段的绩效评估结果等，不同绩效评估与绩效管理阶段所产生的绩效信息对于组织管理具有不同的效用价值，并导向组织绩效实现和绩效改进。因此，政府绩效信息是一个完整的信息体系，一般包括绩效管理评估制度信息、绩效评估计划信息、绩效评估目标信息、绩效监测信息、绩效评估结果信息、绩效改进信息等多项具体内容。

第四，政府绩效信息体现政府组织的绩效过程与绩效状况。绩效评估对象有个体和组织之分。本书对政府绩效评估进行狭义的理解，仅指向政府组织层面的绩效评估实践。政府组织层面的绩效评估，既可指向一级政府的整体绩效评估，也可指向一级政府组成部门的绩效评估，还可指向政府系统内部的项目等跨组织群体的绩效评估。政府绩效信息不同于政府内部的岗位绩效信息、公务员绩效信息，它反映完整职能的单个组织、组织群体或者跨组织间的政府组织绩效。同时，在价值上绩效是一个综合性、复杂性的范畴。[①] 无论是在理论中还是实践中，政府绩效的目标价值是多元多维的，包括产出、效率、效果、质量、公平、责任、公众满意度等。政府绩效信息也综合承载、反映这些多元的绩效价值追求过程与结果。

第五，政府绩效信息是正式信息，它不同于绩效资料、绩效证据和绩效（原始）数据。信息是指已经转化为对人类有意义和有用的数据，而数据则是表达发生于组织及其环境中事件的原始事实的符号串。[②] 虽然信息和数据紧密联系，但信息并不等于数据。信息与数据的关系是原材料与产品

---

① 卓越：《公共部门绩效评估》，中国人民大学出版社，2011，第 5 页。
② 〔美〕肯尼斯·C. 劳顿、简·P. 劳顿：《管理信息系统》，薛华成译，机械工业出版社，2011，第 12 页。

之间的关系。数据是客观的，数据只有经过加工后通过人们的解释才成为有使用价值的信息并用于人类的决策活动中。数据是信息的一种最佳表现形式，数据能够书写，因而它能够被记录、存储和处理，从中挖掘出更深层的信息内涵。数据是最原始的信息表达方式，信息是有价值的数据。绩效信息的正式属性在实践中表现为通过正式制度、政策、文件、文本等载体所传播体现的具体绩效信息内容。政府绩效信息不同于原始绩效数据，绩效数据转换后才能成为信息。① 这其中的转换过程包括对数据的分析、加工和解释。绩效信息的产生依赖于政府公职人员系统收集和报告，它基于事前制度、评估指标、绩效数据收集和分析，最后以正式文件和文本的方式呈现。克罗尔（Kroll）指出，除了系统收集、正式绩效报告的绩效信息之外，还有很多非正规绩效信息，包括口头的、事前的和定性的反馈。② 为了体现政府绩效信息的正式性和制度性，本研究不考虑这些非正式的绩效信息。本研究关注绩效评估活动各个阶段产生的各类具体和正式的绩效信息内容，它是关于政府绩效评估过程及其结果的确定性的和正式的描述。

政府绩效信息与政府绩效评估结果既有联系也有差异。当对政府绩效信息作狭义理解并指向绩效评估活动产生的结果数据时，绩效信息和绩效评估结果的内涵和范围是一致的，即通过正式、系统的绩效评估活动所产生的反映政府组织绩效状况的各类最终数据的综合。狭义的绩效信息内涵割裂了政府绩效信息生产过程的系统性，从信息系统和信息体系的角度理解政府绩效信息更能体现绩效信息对绩效评估过程的依附性和反映性，能够较为综合地反映绩效信息的综合价值。

信息与绩效信息提供了一个看待政府绩效评估系统的不同视角。从绩效信息的视角来看政府绩效评估系统与管理循环，就是一个绩效数据输

---

① 〔美〕西奥多·H·波伊斯特：《公共与非营利组织绩效考评：方法与应用》，肖鸣政译，中国人民大学出版社，2005，第108页。

② Kroll, A., "The Other Type of Performance Information: Nonroutine Feedback, its Relevance and Use," *Public Administration Review* 2 (2013): 265 - 276.

入－收集－加工－处理生产绩效信息、传递绩效信息、使用绩效信息的一个动态循环过程。上述对政府绩效信息的界定对于深化政府绩效信息的研究，构建完整的政府绩效评估系统和政府绩效信息系统循环链条具有积极意义。

三　政府绩效信息使用

尽管国际学术界已有较多关于绩效信息使用的文献，但这些文章都没有对政府绩效信息使用进行清晰界定。很多研究者理所当然地把它当作一个常识性概念去使用，这显然是不科学的。定义的模糊性会造成术语障碍，限制了主题研究的深入发展。本研究从组织行为的视角理解政府绩效信息使用，认为政府绩效信息使用是处于特定公共组织环境中的政府管理者将绩效评估活动产生的绩效信息用于公共管理与决策的一种目的性行为。理解政府绩效信息使用的内涵，需要明确政府绩效信息使用的主体、目的、价值和方式等关键要素。

第一，政府绩效信息使用必须有相关主体，是相关主体的一种组织行为。使用是行为主体对有利用价值的使用对象所采取的目的性行为，信息使用是相关主体基于信息效用与价值判断所采取的积极的信息处理行为，政府绩效信息使用也离不开相关行动主体。政府绩效信息源于政府组织管理过程中制度化的绩效评估活动，并将绩效信息传播给政府管理过程中的相关主体。实践中，政府绩效信息使用主体不是独立的个体，而是存在于特定政府组织系统或公共组织环境当中并承担特定公共管理职责的组织及其中的成员。莫尼汉等认为绩效信息使用是一种组织行为，发生在特定的社会背景与正式的组织系统中。[①] 政府绩效信息是公共管理和绩效评估过程中产生的公共信息产品，这也意味着政府绩效信息在公共组织内部或外部

---

① Moynihan, D. P. , Pandey, S. K. , "The Big Question for Performance Management: Why do Managers Use Performance Information?" *Journal of Public Administration Research and Theory* 4 (2010): 849 – 866.

有多元的信息接收和使用主体，这些使用主体的属性需要具体分析和界定。政府绩效信息使用是一种正式的组织行为，个体对绩效信息的使用受到组织与环境因素的影响。

第二，绩效信息具有使用价值是政府绩效信息使用主体利用绩效信息的根本动机。政府绩效信息使用作为人类一种有目的性的组织管理行为，其使用主体的根本动机在于通过绩效信息使用消费绩效信息的内在使用价值和效用利益。绩效信息本身作为人造之物，其使用价值只有符合使用者的需求、利益才能被使用，具有效用价值是政府绩效信息能够被使用的前提。政府绩效信息是政府绩效评估主体生产的绩效信息，绩效信息不仅具有一般意义信息的价值，更具有管理学、绩效管理方面的特殊功能价值。政府绩效信息价值的逻辑源于绩效信息消除了政府组织在绩效生产过程和绩效状况方面的不确定性，为政府组织管理提供了绩效目标、结果等关键信息，具有重要的决策价值。组织绩效信息是组织极为重要的管理信息资源，是实施管理控制的依据，也是组织开展下一步管理、决策的基础和核心。政府绩效信息也同样具有这样的价值特点，并为学者所认同。波伊斯特认为，通过对产出、生产力、效率、效果、服务质量和顾客满意度等绩效指标的考评，我们能够得到各种信息，这些信息的有效提供可以帮助公共部门和非营利组织更好地进行管理，更加有效地运作，支持更加周全的决策制定。[1]因此，绩效信息使用是使用主体利益与绩效信息效用价值匹配一致的信息价值消费过程。政府绩效信息针对不同角色的使用主体具有不同效用价值和作用功能，这会进一步导致政府绩效信息的不同利益相关者对绩效信息使用领域和使用方式的差异。

第三，政府绩效信息使用是一种目的性、功能性和正当性的信息利用行为，而非消极与不合目的的使用行为。政府绩效信息使用主体及行为在态度、程度和积极性上存在显著差别。总体来看，绩效信息使用者的态度

---

① 〔美〕西奥多·H·波伊斯特：《公共与非营利组织绩效考评：方法与应用》，肖鸣政译，中国人民大学出版社，2005，第4页。

和行动可以分为积极使用和消极被动使用两种。积极的政府绩效信息使用，是指政府绩效评估的相关主体基于职责功能，为了实现特定管理目的而对绩效信息的真实和充分利用，而不是象征性的或不正当的信息使用。有学者阐述的绩效信息系统使用（System Use）属于积极使用，意味着组织及其成员在组织运行的过程中将绩效信息用于各种管理决策之中，真实地使用绩效评估系统及其信息产出，重视它的价值和功能，实施以结果为导向的管理。[①] 学术研究所概括和归纳的一系列描述政府绩效信息的正当使用行为，例如目的性使用（Purposeful Use）、功能性使用（Functional Use）、管理途径使用（Managerial Use）、日常的使用（Daily Use）等都被称为积极绩效信息使用行为。[②] 而在先验研究中学界所归纳的绩效信息不使用（Non Use）、象征性的使用（Symbolic Use）、机会主义使用（Opportunistic Use）、假装使用（Disguised Use）等都可以被称为消极的绩效信息使用行为。显然，本研究所指的政府绩效信息使用是指使用主体，特别是处于评估对象地位的政府管理者在公共管理过程中的积极、主动和有效地利用绩效信息支持公共管理决策的组织行为，诸多使用动机、目的和态度不端的绩效信息使用行为与本研究的宗旨不符也不予以考虑。

---

① Moynihan, D. P., Ingraham, P. W., "Integrative Leadership in the Public Sector: A Model of Performance-Information Use," *Administration & Society* 4 (2004): 427 – 453.

② Moynihan, D. P., Pandey, S. K., "The Big Question for Performance Management: Why do Managers Use Performance Information?" *Journal of Public Administration Research and Theory* 4 (2010): 849 – 866; Mimba, N. P. S. H., Helden, G. J., Tillema, S., "The Design and Use of Performance Information in Indonesian Local Governments Under Diverging Stakeholder Pressures," *Public Administration and Development* 1 (2013): 15 – 28; Moynihan, D. P., Ingraham, P. W., "Integrative Leadership in the Public Sector A Model of Performance-Information Use," *Administration & Society* 4 (2004): 427 – 453; Askim, J., "How do Politicians Use Performance Information? An Analysis of the Norwegian Local Government Experience," *International Review of Administrative Sciences* 3 (2003): 453 – 472.

第二章

文献综述

政府绩效信息使用作为一种目的性的组织行为，对该主题的研究应重点回答以下三个方面的问题：谁来使用（Who）、如何使用（How）、为何使用（Why），也就是要说明政府绩效信息的使用主体、使用方式和影响因素。本部分通过对国内外政府绩效信息使用的直接和间接研究文献进行系统回顾，综述国内外相关研究中关于绩效信息使用主体、方式和影响因素的已有研究成果，运用文献归纳、演绎和比较的方法对已有研究进行系统评述，得出已有国内外先验研究的主要结论和有益研究启示，为构建符合本土实践背景的政府绩效信息使用的主体、方式和影响因素提供研究思路。

第一节　政府绩效信息使用的研究现状

全面搜寻和选择研究主题的文献样本，系统掌握国内外学术界针对政府绩效信息使用主题的研究现状是开展文献综述和文献研究的第一步。本研究采用相同的文献检索策略和查询步骤去系统收集国内外政府绩效信息使用领域的研究文献。鉴于国内尚无关于政府绩效信息使用的图书著作，而国外也只有一本关于政府绩效信息使用的图书著作，本研究主要以国内外的期刊论文作为文献研究和综述的样本。期刊论文是科学知识发布、累积、扩散的重要渠道，具有前沿性和代表性，特别适合追踪新兴研究主题的发展历程与发展现状。本研究分别以中国知网和 Web of Science（WOS）为数据源，以标题词和关键词为检索方式，以 2000~2016 年为文献检索的时间区间，对国内外的政府绩效信息使用主题文献及其全文进行全面获取。通过文献的初步筛选和全文阅读识别，最终确定国外与绩效信息使用领域相关的直接文献和间接文献 29 篇，国内与政府绩效信息使用相关的直接文献和间接文献 9 篇，这些样本文献是本研究文献综述的来源。

一 国外研究总体状况

通过对国外样本文献年度分布的整理和统计，发现国外政府绩效信息使用的研究文献数量呈波动增长的态势。国外政府绩效信息使用的相关研究在 2009 年、2013 年分别形成了两个相对研究高点，在 2015 年又反弹增长。从样本文献的主题针对性来看，国外样本研究文献的针对性较强，29 篇样本文献中 90% 以上的论文标题直接使用了"绩效信息使用"（Performance Information Use，PIU）这一词组，余下文献也在摘要或关键词有表明"绩效信息使用"的术语。可见，国际学术界对政府绩效信息使用的直接研究和系统研究较多，关于绩效信息使用的直接研究和有针对性的文献比例较高。从国外学者针对这一主题的研究的术语使用来看，其更多是直接使用"绩效信息使用"这一词组，较少有"评估结果运用"等相关表述。这表明绩效信息使用的主题认同度较高，国外绩效信息使用的学术共同体日渐形成。

二 国内研究总体状况

与国外政府绩效信息使用的研究相比，国内关于政府绩效信息使用的研究还处于起步阶段。国内关于政府绩效信息使用的直接和间接文献呈零星分布与渐进增长的态势。国内关于政府绩效信息使用的直接论述较少，在 9 篇相关文献中只有 4 篇文献直接采用"绩效信息使用"或者"评估结果运用"作为标题词，其他文献均为间接文献，只是在论文中的某个章节或具体部分阐述"绩效信息使用"或"评估结果运用"的相关问题。国内关于政府绩效信息的直接研究文献最早于 2008 年出现，相关文献开始探讨绩效信息失真及其治理问题，而关于政府绩效信息使用主题的直接研究文献于 2014 年首次出现，在 2015～2016 年有 2～3 篇直接研究文献出现，其他文献均为间接文献。在政府绩效评估主题国际学界的呼吁下，国内学者也开始关注"政府绩效信息使用"这一主题，国内主题文献数量增长趋势与国际政府绩效信息使用早期文献数量增长趋势基本吻合，预示国内对政府绩效信息使用主题的关注将会持续增加。

通过文献学习可以发现，国内外学者关于政府绩效信息使用主体的研究话语和术语用法存在一定差异。不同于国外学者直接使用"绩效信息使用"这一术语，较多国内研究者采用"评估结果运用"、"评估结果应用"、"评估结果使用"、"评价结果利用"等词组来表达对政府绩效评估结果信息的功能性使用，少数学者在较新的研究成果中引入了"绩效信息使用"这一术语。国内外学者对这一学术名词使用的主要差异在宾语上，即"绩效评估结果"与"绩效信息"上。"绩效评估结果"与"绩效信息"存在联系也存在差异。根据前文对绩效评估结果与绩效信息的区分，绩效信息包含绩效评估结果信息，绩效信息的范畴比绩效评估结果的范畴更宽广。鉴于两者的联系，绩效信息使用与绩效评估结果信息具有相似性，国内外的文献也就具有一定的可比性。但是，绩效信息使用和绩效评估结果运用作为两个不同的术语，也有可能意味着两个术语之下的研究关注点、研究取向上存在差异性，这需要对国内外文献进行系统比较和分析。为此，本章的后续部分对国内外研究文献界定的政府绩效信息的使用主体、使用方式和影响因素三个方面进行系统综述，对国内外的研究共识和差异进行归纳，进而为本研究的使用主体界定、使用方式测量和影响因素确定提供理论与文献基础。

第二节　政府绩效信息使用主体的研究回顾

确定绩效信息使用的主体及其角色是理解政府绩效信息使用这一研究

主题的起点，也是本研究聚焦研究对象并合理地将研究对象实体化和操作化的基础。政府绩效信息使用离不开特定的主体，即信息的使用者。政府绩效信息的使用主体是政府绩效信息主题的研究对象。绩效信息是人造之物，必须依赖于特定行动主体利用信息才能实现其价值和使用价值。政府绩效信息使用是政府绩效评估中的利益相关者将政府绩效信息用于公共管理过程的目的性行为。政府绩效产出与结果是政府组织履行公共管理职能的结果，政府绩效是整个社会的公共产品。政府绩效评估活动中所产生的反映政府组织绩效状况的绩效信息也是公共管理过程中的公共信息产品，这意味着任何公共管理过程中利益相关者对于政府绩效信息都具有潜在的监督、消费和使用的权利。这又决定了绩效信息在政府内部和外部都存在多元、多维的利益相关者，也就具有了潜在的多元和多维的政府绩效信息使用主体。政府绩效信息的使用主体分散在公共管理过程中的多元利益相关者群体中，构成了一个多元、多维的使用主体网络群。不同的绩效信息使用者具有不同的组织角色及使用动机，不同使用主体又有不同的绩效信息使用方式。① 使用价值和使用方式的差异根源于不同使用主体在政府绩效评估、政府绩效管理以及公共管理中的权力、权利、职责和义务的区别设置。

一 国外研究中的政府绩效信息使用主体

国外研究文献从不同角度提出了较多具体的政府绩效信息使用者。哈特里（Hatry）认为政府绩效信息使用者可以分为三类群体：一是政府执行机构中的官员，它又包括三个不同层级的使用者，即高级别官员、中层官员以及一线员工；二是立法机构中的立法者；三是社会公众和媒体。② 欧特尔·万德瑞等基于西方的政治行政背景列举了近十种潜在的政府绩效信息

---

① Van Dooren, W., Bouckaert, G., & Halligan, J., *Performance Management in the Public Sector* (Abingdon: Routledge, 2010), p. 116.

② Hatry, H., "Epilogue: The Many Faces of Use," in Wouter Van Dooren and Steven Van de Walle edited *Performance Information in the Public Sector: How it is Used* (Basingstoke: Palgrave Macmillan, 2008), pp. 227 – 240.

使用群体：项目管理者、中央部门的高级官员、服务提供者、部长、议会中的议员、市民、媒体、国际组织、利益集团等。① 结合西方的政治行政结构体系以及国外学者的阐述，归纳和总结这些学者所列举的政府绩效信息使用主体，可以将相关研究中论述的政府绩效信息使用者分为三类群体：政府（行政机构）中的管理者，立法机构（代议机构）中的政治家（议员）以及政府外部的广义社会公众。

在国外研究文献中，行政机关或狭义政府系统内部的各层级公共管理者的绩效信息使用行为是国外学者重点关注的领域。在国外绩效信息使用主题的样本文献中，绝大多数文献都是关于行政机构中各类公职人员绩效信息使用的研究。在政府管理者这一群体中，从高级别的行政首长到公共项目主管和公共经理再到一般的公共雇员，这些群体的绩效信息使用现状及影响因素被国外学界重点讨论。在政治－行政二分的体制下，行政机关负责法律与政策的执行，不同层级的政府组织负责管理具体公共事务和提供公共产品，政府组织需要对其行为的产出和结果负责，承担绩效责任。各级政府及部门也是导入和实施绩效评估工作的主体，其自身是绩效信息的生产主体，政府组织及其成员是否使用绩效信息以支持政府的内部管理决策并履行政府的外部绩效责任，是国外学界在政府绩效信息使用主题关注的焦点。

在国外研究中，立法机构对绩效信息的使用主要以"政治家"（Politician）的使用主体概念来阐述，政治家主要指不同层级立法机构中的各类议员，他们的核心共同点在于他们都是民选的代表。② 由此，从立法机构与政府的监督关系来看，政府必须以其绩效状况向立法机构及其民选的代表负

① Van Dooren, W., Bouckaert, G., & Halligan, J., *Performance Management in the Public Sector* (Abingdon: Routledge, 2010), p.116.

② Nielsen, P. A., Baekgaard, M., "Performance Information, Blame Avoidance, and Politicians' Attitudes to Spending and Reform: Evidence from an Experiment," *Journal of Public Administration Research and Theory* 2 (2015): 545 – 569; Brun, M. E., Siegel, J. P., "What does Appropriate Performance Reporting for Political Decision Makers Require? Empirical Evidence from Switzerland," *International Journal of Productivity and Performance Management* 6 (2006): 480 – 497.

责，立法机构中的民选代表可以使用政府绩效信息来制约和监督政府。立法机构及其成员代表选民的意志，并向选民负责，立法机构监督和制衡政府是西方代议制民主的主要内容。政府必须向议会负责，因此立法机构是政府最重要的外部利益相关组织。政府的绩效状况是立法机构监督政府的重要内容，政府定期向立法机构报告绩效、及时向立法机构提供政府组织的绩效信息是立法监督实现的重要途径。政治家在立法决策、预算决策以及政府监督中是否使用政府部门提供的绩效报告和绩效信息是国外学者探讨政治家绩效信息使用行为的关键问题。在西方国家中，立法机构中的政治家使用绩效信息的根本目的在于监督和约束政府行为，政治控制和督促政府履行民主责任是立法者使用绩效信息的目的。①

除了立法机构和行政机构中的各类不同级别和角色的政府绩效信息使用主体之外，还有一些国外学者开始关注公共部门系统之外的社会公众对绩效信息的潜在利用机会。公众是广义政府系统外部最重要的利益相关者。政府的行政权力归根到底来自公民的授权，政府需要向公民负责，公众也可以监督政府。政府绩效信息可以成为政府面向公众履行民主责任的一种途径。② 政府绩效评估活动生产的绩效信息让观察和监督政府组织的绩效变得容易，让公众监督政府成为可能，也让政府向公众报告绩效信息变得可行。政府履行面向公众的绩效责任需要政府组织及时向社会公众提供可靠的组织绩效信息，据此实现公众对政府组织的实时监督，这需要政府和公众同时使用政府绩效信息。为了使政府绩效评估过程向治理过程转变，需要促进公众对政府绩效评估的实质参与。而公民参与政府绩效评估活动的前提是让公众接收和使用绩效信息。公民角度的绩效信息使用较多是从公民民主、公共责任方面阐述其使用的价值，但国外政府绩效信息使用主题

---

① Askim, J. , "How do Politicians Use Performance Information? An Analysis of the Norwegian Local Government Experience," *International Review of Administrative Sciences* 3 (2007): 453 – 472.

② Pollitt, C. , "Performance Information for Democracy the Missing Link?" *Evaluation* 1 (2006): 38 – 55.

关于这方面的直接研究还相对偏少。

二　国内研究中的政府绩效信息使用主体

和国外学界在研究中明确指向具体的绩效信息使用者及其角色相比，国内学者在政府绩效信息使用的直接和间接研究中更倾向于用组织层面的总括术语指代政府绩效信息的使用主体。在国内相关研究中，学者常用政府、地方政府、政府部门等整体性政府概念以及个别政府内部的组成部门，如组织人事部门，来强调这些组织应加强对政府绩效信息或绩效评估结果的利用。国内相关研究之所以采用组织整体层面的使用主体，而不像国外学者那样指出具体使用者的角色，部分原因是考虑到了这些评估结果使用行为是组织行为，部分原因是国内相关研究以间接研究和宏观研究为主，并以问题和对策研究居多。这类研究不需要进行实证调查，进而不需要对政府绩效信息使用的主体及其研究对象进行操作化和具体化。国内基于特定和具体绩效信息使用主体的调查研究偏少，因此文献中也较少提及具体的使用者。这一现象应在未来的研究中加以改进，需要结合我国的行政制度与政府绩效评估实践特征，构建和提出具体的政府绩效信息使用主体，厘清绩效信息使用主体存在背景、场域与扮演角色，主体的职责与功能等。

第三节　政府绩效信息使用方式的研究回顾

一　国外研究对政府绩效信息使用方式的讨论

国外研究文献就绩效信息对政治家、政府管理者和社会公众的使用价值及使用方式进行了系统阐述，对政府绩效信息的使用价值和使用方式进行了重点研究。

对于立法机构中的政治家来说，国外学者认为关于政府组织的绩效信息可以用于一系列的立法机构活动，包括以下几种。①政治决策前的辩论和讨论，如绩效信息可以用于议员之间的民主辩论。① ②政治决策。作为以立法决策为核心职能的立法机构，政府组织的绩效信息可以用于政治决策的全过程，用于决策议程设置，并实现最终的政治决策，包括立法决策。② ③预算与绩效预算。政府的预算、审核和批准是西方国家议会控制政府的一个重要方式。学者普遍认为政府绩效信息可用于立法机构对政府资源分配决策和绩效预算改革，也可以运用于预算的全过程，包括预算讨论、预算审议、预算修改、批准预算。③

对公众来说，公众不仅是政府绩效信息的接收者，也是政府绩效信息重要的使用者和反馈者。詹姆斯（James）的研究讨论了公民在选举投票中是否使用绩效信息，以实现公众对政府的奖惩和制约；④ 波利特和詹森（Jansen）的研究认为公民可以将绩效信息用于公共服务选择等方面；⑤ 万德·韦尔（Van de Walle）等也认为公众可以使用绩效信息做出理性的公共服务质量判断与评价，基于此可以进行公共服务选择与决策；⑥ 伯曼（Berman）认为公众可以使用政府绩效信息实时监督政府绩效；⑦ 梅杰（Meijer）认为公众

① Pollitt, C. , "Performance Information for Democracy the Missing Link?" *Evaluation* 1 (2006): 38 – 55.

② Askim, J. , "How do Politicians Use Performance Information? An Analysis of the Norwegian Local Government Experience," *International Review of Administrative Sciences* 3 (2007): 453 – 472; Brun, M. E. , Siegel, J. P. , "What does Appropriate Performance Reporting for Political Decision Makers Require? Empirical Evidence from Switzerland," *International Journal of Productivity and Performance Management* 6 (2006): 480 – 497.

③ Bourdeaux, C. , "Integrating Performance Information into Legislative Budget Processes," *Public Performance & Management Review* 4 (2008): 547 – 569; Raudla, R. , "The Use of Performance Information in Budgetary Decision-Making by Legislators: Is Estonia Any Different?" *Public Administration* 4 (2012): 1000 – 1015.

④ James, O. , "Performance Measures and Democracy: Information Effects on Citizens in Field and Laboratory Experiments," *Journal of Public Administration Research and Theory* 21 (2010): 399 – 418.

⑤ Pollitt, C. , "Performance Information for Democracy the Missing Link?" *Evaluation* 1 (2006): 38 – 55; Jansen, E. P. , "New Public Management: Perspectives on Performance and the Use of Performance Information," *Financial Accountability & Management* 2 (2008): 169 – 191.

⑥ Van Dooren, Wouter, and Steven Van de Walle, eds. ,*Performance Information in the Public Sector: How it is Used* (Springer, 2016).

⑦ Cohn Berman, B. J. , "Involving the Public in Measuring and Reporting Local Government Performance," *National Civic Review* 1 (2008): 3 – 10.

对绩效信息的使用会给政府组织带来绩效改进的压力与激励。① 可见，政府组织绩效信息对于公众具有众多潜在的使用价值，但其上述使用价值和使用的方式，既依赖于政府组织提供客观真实的绩效信息，也依赖于社会公众在绩效信息利用中的主动参与。

总体来看，国外已有主题文献对政治家和公众的绩效信息使用行为和使用方式的系统研究总体相对偏少，国外学者将更多的研究关注点放在了政府部门中公共管理者的绩效信息使用价值及使用方式，并提出了众多政府管理者的具体绩效信息使用方式与用途。贝恩（Behn）较早提出了8种管理用途的绩效信息使用方式，他认为绩效信息可以用于评价、控制、预算、激励、晋升、庆祝、学习与改进。② 万德瑞等甚至列举了44种具体的绩效信息使用方式，并将其按使用功能分为学习、激励与控制、责任三个大类。③ 凯思·麦基提出，政府监控与评估信息的四大类使用方式对政府大有裨益：支持政策制定；帮助政府部委进行政策开发、政策分析及项目开发；帮助政府部委和机构在部门和项目层面进行管理；增强透明度和支持问责关系。莫尼汉等指出绩效信息的五个潜在的使用领域：资源配置、绩效合同、提供绩效努力方向、增加问责性、增强管理能力。刘（Liu）等从组织管理与组织文化的角度认为绩效信息可以用于组织管理控制。④ 从上述国外研究对绩效信息使用价值与使用方式的阐述可以看出，绩效信息对于公共管理者的使用功能多与公共组织管理活动相关。哈默施密德（Hammerschmid）等、萨里特尔（Saliterer）等在研究中以绩效信息的内部使用和外部使用两个维度

---

① Meijer, A. J., "Publishing Public Performance Results on the Internet: Do Stakeholders Use the Internet to Hold Dutch Public Service Organizations to Account?" *Government Information Quarterly* 1 (2007): 165－185.

② Behn, R. D., "Why Measure Performance? Different Purposes Require Different Measures," *Public Administration Review* 5 (2003): 586－606.

③ Van Dooren, W., Bouckaert, G., & Halligan, J., *Performance Management in the Public Sector* (Abingdon: Routledge, 2010), p. 96.

④ Liu X., Van Dooren, W., "Use of Performance Information as an Organizational Routine in Management Control," *Performance Improvement* 10 (2013): 28－36.

来考察政府绩效信息使用方式，并认为内部使用主要指将绩效信息用于管理控制和组织运作改进，外部使用主要指政府对外展示部门业绩、承担外部责任。[①] 这一划分方式区别了政府组织系统内部管理和外部责任的绩效信息使用场域和使用功能，具有较为合理清晰的边界，为系统观察政府部门的绩效信息利用方式提供了一个较好的分析与测评框架。

政府绩效信息对于政府组织内部管理决策具有重要价值和多元管理途径的使用方式。国外学者认为绩效信息的首要使用价值是绩效信息作为一般信息和管理信息所具有的决策价值，在管理决策中使用绩效信息是国外学者关注的焦点领域。西蒙认为管理就是决策。决策的本质是一个信息处理过程。[②] 无论哪一类决策都离不开信息的获取和分析，信息在决策中的重要性不言而喻。波伊斯特认为，通过对产出、生产力、效率、效果、服务质量和顾客满意度等绩效指标的考评，我们能够得到各种信息，这些信息的有效提供可以帮助公共部门和非营利组织更好地进行管理，更加有效地运作，支持更加周全的决策制定。[③]

国外研究从管理决策、合同管理、项目管理、计划管理、监控评估和组织学习文化等多个视角阐述了绩效信息对于改善政府组织内部决策和运作的使用价值及使用方式。政府组织的绩效信息是公共管理过程中极为重要的管理信息资源，是实施管理控制和组织管理调适的依据，为政府组织开展下一步的管理决策提供信息基础。国外学者认为绩效信息使决策过程中的信息更加充分和完备，因此可以支持更好的决策过程和

---

① Saliterer, I., Korac, S., "Performance Information Use by Politicians and Public Managers for Internal Control and External Accountability Purposes," *Critical Perspectives on Accounting* 7 (2013): 502 - 517; Hammerschmid, G., Van de Walle, S., Stimac, V., "Internal and External Use of Performance Information in Public Organizations: Results from an International Survey," *Public Money & Management* 4 (2013): 261 - 268.

② 王延飞、秦铁辉：《信息分析与决策》，北京大学出版社，2010，第 1 页。

③ 〔美〕西奥多·H·波伊斯特：《公共与非营利组织绩效考评：方法与应用》，肖鸣政译，中国人民大学出版社，2005，第 4 页。

决策制定。① 国外学者还认为绩效信息可以用于合同管理。② 公共服务的市场化与合同外包是西方国家政府公共管理改革的主要举措，对公共服务合同和项目的绩效评估及收集的信息可以用于公共服务的合同签订、合同监督、合同变更等合同管理的各环节。此外，政府组织的绩效信息还可以用于项目管理，包括将绩效信息用于项目决策、削减项目、确认项目问题、采纳新的项目及采取正确的行动解决项目问题。③ 将绩效信息用于组织战略规划、计划和目标的设定是国外研究针对绩效信息在管理循环中的重点使用方式。设置组织计划与目标是管理循环和新管理循环的起点。绩效信息可以如实反映组织上一个管理循环的效果和结果，也可以反映组织长远战略目标的实现程度、组织中期计划与短期目标的实现程度。这些信息为组织制订新战略计划提供了决策依据，为新的组织目标提供了参照。因此，国外学者认为绩效信息可以用于组织战略计划的制订和调整，也可以用于组织目标的设定。④ 除了在管理循环和目标设置中具有重要使用价值，绩效信息还在组织结果监控与评估方面发挥直接的管理控制作用。国外学者认为绩效信息可用于评估目标实现，可以监控组织和项目的运行和结果状态。⑤ 绩效评估结果也提供了同类组织间绩效比较的可能性。特别是在实施

---

① Askim, J., Johnsen, Å., Christophersen, K. A., "Factors behind Organizational Learning from Benchmarking: Experiences from Norwegian Municipal Benchmarking Networks," *Journal of Public Administration Research and Theory* 2 (2008): 297 – 320; De Lancer Julnes, P. ,& Holzer, M., "Promoting the Utilization of Performance Measures in Public Organizations: An Empirical Study of Factors Affecting Adoption and Implementation," *Public Administration Review* 6 (2001): 693 – 708.

② Melkers, J. ,Willoughby, K., "Models of Performance-Measurement Use in Local Governments: Understanding Budgeting, Communication, and Lasting Effects," *Public Administration Review* (2005): 180 – 190.

③ Moynihan, D. P. ,Lavertu, S., "Does Involvement in Performance Management Routines Encourage Performance Information Use? Evaluating GPRA and PART," *Public Administration Review* 4 (2012): 592 – 602.

④ Ho, A. T-K. ,"Accounting for the Value of Performance Measurement from the Perspective of Midwestern Mayors," *Journal of Public Administration Research and Theory* 2 (2006): 217 – 237.

⑤ Hammerschmid, G. ,Van de Walle, S. ,Stimac, V., "Internal and External Use of Performance Information in Public Organizations: Results from an International Survey," *Public Money & Management* 4 (2013): 261 – 268.

标杆管理的组织系统中，绩效信息可以用于组织间的绩效比较和标杆学习。[①] 还有的学者从组织学习（Organizational Learning）的视角分析绩效信息在组织绩效改进中的价值与功能，组织学习是国外学者阐述组织绩效改进的一个独特视角。以结果为导向的绩效管理改革背后的核心假设是一个基本的组织学习理论：决策者会从绩效信息中学习，反过来会促使信息更加完备地进行决策，并且改进政府的绩效。[②] 组织学习是组织成员在组织发展过程中所习得和掌握知识的过程，这种知识被广泛认同并被用于组织的各种活动之中，改变组织的各种活动。[③] 政府绩效评估不仅是评估考核的过程，也是政府组织及其成员的组织学习过程，而学习的载体与对象则是绩效信息所传递的绩效知识。政府绩效评估将促使政府管理者接触到不同的绩效信息内容，促使政府管理采纳绩效目标，调试组织行为与活动，通过评估结果总结组织管理成功经验与失败教训，进而实现组织问题的解决和绩效的持续改进。

除了对政府组织内部运行的管理决策价值，政府绩效信息对于政府组织外部责任的履行也具有重要使用价值，这需要管理者及时将绩效信息向政府组织外部的利益相关者汇报。政府绩效评估的根本目的在于增进政府组织的绩效责任感，通过不断提升政府的绩效水平而实现公众满意，实现政府组织面向公众的公共责任履行。公众是政府外部最重要和最根本的利益相关者，政府应该以其绩效产出向公众负责。德尔（Day）和克莱因（Klein）认为，信息是责任的血液。[④] 在政府和公众相对独立的背景下，公众处于政府绩效方向与绩效状况的信息劣势地位，而政府自身拥有绩效评估结果信息的所有权和垄断地位。政府和公众之间的绩效信息不对称问题

---

① Jansen, E. P. , "New Public Management: Perspectives on Performance and the Use of Performance Information," *Financial Accountability & Management* 2（2008）: 169 – 191.

② Moynihan, D. P. , "Goal-Based Learning and the Future of Performance Management," *Public Administration Review* 2（2005）: 203 – 216.

③ Berends, Hans, Kees Boersma, and Mathieu Weggeman, "Structuration of Organizational Leaning," *Human Relations* 9（2003）: 1035 – 1056.

④ Day, P. and R. Klein, *Accountabilities. Five Public Services*（London: Tavistock, 1987）, p. 243.

极易阻碍政府绩效责任的履行与实现，公众缺乏绩效信息时就不能有效地监督政府组织、项目和政策的运行效果。相反，如果政府向社会及时公开了真实可靠的绩效信息，对公众保持高透明度，可以促成公众基于绩效知情的政府绩效判断、比较、监督和反馈。因此，为了促进政府履行公共责任，政府应主动向社会公众公开、公布和报告绩效信息。① 美国 1993 年颁布的《政府绩效与结果法案》（GPRA）就规定了政府机构必须开展绩效评估，绩效信息必须以绩效报告的形式向公众公开。

政府绩效信息公开是政府管理者对绩效信息的一种使用方式，它创设了政府向公众报告绩效的直接责任关系，对实现责任、透明和回应等政府治理目标具有重要价值。对公众来说，公众不仅仅是政府绩效信息的接收者，也是政府绩效信息的使用者和反馈者。政府绩效信息公开可以促进政府绩效评估和绩效管理的治理转型，实现公众驱动、公众参与和公众响应的绩效信息生产和利用。同时，公众使用政府绩效信息的前提是政府主动公开相关绩效信息。通过提升政府绩效信息的公开性，可以增加政府绩效信息公众获得性并扩大覆盖面。② 绩效信息公开可以支持公众做出知情和理性的公共服务质量判断、公共服务选择与决策，③ 吸引公众参与绩效评估和绩效管理，④ 进而实现公众驱动的绩效治理。绩效信息上述治理价值的发挥的前提，则在于政府组织及时与公众沟通并向其报告绩效状况，将组织绩效信息向社会公众公开。

---

① Dubnick, M., "Accountability and the Promise of Performance: In Search of the Mechanisms," *Public Performance & Management Review* 3（2005）: 376 – 417; Ho, A. T-K., *Reporting Public Performance Information: The Promise and Challenges of Citizen Involvement*（Performance Information in the Public Sector. Palgrave Macmillan UK, 2008）, pp. 192 – 210.

② Fudge, M., An Examination of the Factors that Influence Municipalities to Report Performance Measures Online, Dissertations & Theses-Gradworks, 2011, p. 123.

③ Hatry, H., "Epilogue: The Many Faces of Use," in Wouter Van Dooren and Steven Van de Walle edited *Performance Information in the Public Sector: How it is Used*（Basingstoke: Palgrave Macmillan, 2008）.

④ 卓越、张红春：《政府绩效信息透明度的标准构建与体验式评价》，《中国行政管理》2016 年第 7 期。

二 国内研究对政府绩效信息使用方式的讨论

国内学者在相关研究中，主要使用"政府绩效评估结果运用"的术语阐述了政府绩效信息在人事管理、绩效激励、绩效沟通、公共责任等方面的使用价值及具体使用方式。

政府绩效评估结果信息可以用于干部人事管理。将绩效评估结果用于公务员（干部）考评，尤其是运用于干部的选拔任用是国内学者一致认同的重点使用方式。年度考评是我国公务员管理的制度传统，其典型的评估框架是"德、能、勤、绩、廉"以及与公务员考评结果配套的评优评先奖惩制度。国内学者强调政府绩效评估结果应用于公务员考评，其逻辑的连接点在于"绩"。学者认为，政府绩效评估结果可作为公务员考核的参考依据和参考标准，应与考核挂钩，并可应用于评先评优。① 将评估结果运用于领导干部的选拔任用是人事管理向度中最受关注的使用方式。《党政领导干部选拔任用工作条例》提出了坚持凭实绩使用干部的导向，而政府绩效评估结果提供了"政绩"证据，为此，国内学者认为绩效评估结果应成为领导干部选拔、提拔、使用、任用、任免、职务升降、职位变动等晋升调配的重要依据。②

政府绩效评估结果信息可以用于政府组织及其成员的绩效激励。绩效管理和绩效评估的一大制度功能在于发挥激励的功效。而激励的依据是客观、准确的绩效信息输出，激励的手段需要运用特定的机制。③ 由于绩效评估结果对评估对象进行奖惩是国内学者普遍认同的评估结果使用方式，在组织绩效激励中使用绩效信息的主要目的在于通过绩效目标信息实现目

---

① 郑吉萍：《地方政府绩效评估机制探析》，《长白学刊》2007 年第 4 期。

② 吴建南、张萌、黄加伟：《公众参与、绩效评价与公众信任——基于某市政府管理者的实证分析》，《武汉大学学报》（哲学社会科学版）2007 年第 2 期；楚德江：《我国地方政府绩效评估的实践：成效、问题与改进》，《中州学刊》2008 年第 3 期；卢海燕：《我国服务型政府绩效评估的探索——基于 F 市服务型政府绩效评估的实践》，《行政论坛》2013 年第 5 期。

③ 胡宁生：《公共部门绩效评估》，复旦大学出版社，2008。

标激励，通过绩效评估结果信息实现结果激励，对评估对象实行奖优罚劣。奖惩是正向和负向激励相结合的激励元工具。发挥政府绩效评估的激励功能关键在于得出可靠的甄别各类各级政府组织绩效优劣的标准。政府绩效信息是通过正式的绩效评估活动得到的组织绩效水平的系统判断标准，是组织激励制度设计的原始依据。国内学者认为政府绩效评估结果可以直接用于组织激励和团队激励，包括对评估对象、评估单位、被评估部门的奖励和惩罚，还可以用于个体激励，包括对公务员奖励与惩罚，对领导干部的奖励和惩罚，并且认为个人激励和组织（团体）激励应结合起来。[①] 从激励的形式来看，物质激励和精神激励是两种基本形式，学界认为物质激励应与精神激励相结合。[②] 行政问责是针对政府组织及其成员未能有效履行职责的一种惩戒性的负向激励手段。绩效评估是实行行政问责制的前提和基础，有了绩效评估的结果，行政问责才有可靠的依据。[③] 因此，国内诸多研究者认为政府绩效评估结果信息可以用于公务员问责、官员问责、主要领导问责等各类政府管理者的问责。[④] 强化评估结果的问责运用不仅可以提高行政问责的效率，而且可以有效减少问责主体的自由裁量权，有利于推进问责的法治化、科学化和常态化，促进政府履行行政责任与公共责任。

政府绩效信息可以用于组织绩效沟通。绩效沟通的本质是有关绩效信息的交流，将绩效信息传递给政府绩效与政府绩效评估的利益相关者的过程。狭义的绩效沟通指向绩效评估结果信息的内部沟通，是政府绩效评估

---

① 彭国甫：《地方政府绩效评估程序的制度安排》，《求索》2004 年第 10 期；臧乃康：《政府绩效评估及其系统分析》，《江苏社会科学》2004 年第 2 期；刘蕊、刘佳、吴建南：《中国地方政府绩效评估结果使用现状——基于德尔菲法的研究》，《情报杂志》2009 年第 10 期。

② 薛刚、薄贵利、刘小康等：《服务型政府绩效评估结果运用研究：现状、问题与对策》，《国家行政学院学报》2013 年第 2 期；薄贵利：《构建服务型政府绩效管理体制》，《中国行政管理》2012 年第 10 期。

③ 唐铁汉：《我国开展行政问责制的理论与实践》，《中国行政管理》2007 年第 1 期。

④ 陈巍：《以政府绩效评估推进行政责任机制建设的内容与途径》，《湖南社会科学》2012 年第 3 期。

的最终结果在政府绩效评价管理者、组织者、评价者和被评价对象之间的交流和传递，它属于政府绩效评价的反馈环节。[1] 绩效沟通的必要性源于政府绩效评估利益相关主体在绩效信息生产使用以及绩效信息所有权方面的不对称设置。在我国地方政府绩效评估组织机构与评估对象相对分离的情况下，绩效沟通显得尤为重要。在我国地方政府的绩效评估实践中，一级地方政府一般是成立专业和独立性的政府内部绩效评估组织机构，组织机构与评估对象平级平行并且相对独立。当绩效评估活动相对独立于评估对象的组织实体及组织运行时，政府绩效评估组织机构掌握最充分的绩效评估信息而成为绩效信息的生产者、供给者和垄断者，而评估对象以及其他利益相关主体则成为绩效评估信息的需求方。这种供需关系促使政府绩效评估的组织机构在评估活动结束后尽快、及时向评估对象反馈绩效评估结果，并在政府系统内部公布结果。[2]

　　政府绩效评估结果信息可以用于政府预算决策。政府绩效信息可以反映政府组织、政府项目的效率与效果，也能反映这些组织及其项目运行所消耗的公共资金的利用效率。将政府绩效信息用于政府（部门）预算和资源配置的核心目的在于削减那些绩效不高而财政支出额大的项目，以改善和优化财政收支结构。[3] 而绩效信息可以精准显示部门财政开支、财政项目的资金效率与效果，这可以为下一年度的资金预算与资金分配提供决策依据。实施绩效预算需要对政府组织、项目的支出做出绩效评价。[4] 不同于传统线性增长式预算分配，也不同于零基预算，绩效预算是绩效评估与预算管理结合产生的管理创新改革，而这一改革的前提依据是绩效信息。

　　政府绩效信息可以用于增进政府组织的公共责任。政府绩效评估是加

---

① 包国宪、曹西安：《论政府绩效管理中的绩效沟通》，《经济体制改革》2007 年第 1 期。

② 朱孟才：《360 度考核与政府绩效管理》，《行政论坛》2008 年第 6 期；蔡立辉：《政府绩效评估的理念与方法分析》，《中国人民大学学报》2002 年第 5 期。

③ 包国宪、董静：《政府绩效评价结果管理问题的几点思考》，《中国行政管理》2006 年第 8 期。

④ 蔡红英：《政府绩效评估与绩效预算》，《中南财经政法大学学报》2007 年第 2 期。

强政府公共责任的一种新机制。① 不同于科层政府系统的内部责任与行政问
责，公众责任或公共责任是政府面向政府系统外部的社会责任。政府绩效
评估强调的是一种结果责任，强调政府必须以行为结果向公众负责。政府
绩效信息可以用于政府面向社会公众履行公共责任。卓越等认为政府绩效
信息的公开透明是政府履行公共责任的新型机制，政府应当向公众报告政
府组织在产出、结果和绩效方面的信息。② 政府绩效信息的公开透明可以保
障公众在政府绩效评估中的知情权，促进公众使用绩效信息以更加实质和
有效地参与政府绩效评估活动。

第四节　政府绩效信息使用影响因素的研究回顾

一　国外研究对政府绩效信息使用影响因素的分析

虽然政治家和公众也是绩效信息使用的主体，但目前尚无关于这两个
主体的政府绩效信息使用影响因素的实证研究。但是，国外研究者已经对
政府管理者的政府绩效信息使用行为的影响因素开展了诸多实证研究，这
为本研究吸取已有研究成果并寻找政府绩效信息的本土影响机制和解释视
角提供了文献基础。

莫尼汉和潘迪（Pandey）认为绩效信息使用是一种组织行为，受政府
管理者的个体因素、岗位因素、组织管理因素和环境因素的影响。③ 这为系
统回顾已有文献中所讨论的各种政府绩效信息使用的影响因素提供了一个
分析框架。基于此，研究者构建了环境 – 组织 – 管理者的三维影响因素归

---

① 蔡立辉：《政府绩效评估的理念与方法分析》，《中国人民大学学报》2002 年第 5 期。

② 卓越、张红春：《政府绩效信息透明度的标准构建与体验式评价》，《中国行政管理》2016
年第 7 期。

③ Moynihan，D. P.，Pandey，S. K.，"The Big Question for Performance Management：Why do Managers
Use Performance Information?" *Journal of Public Administration Research and Theory* 4（2010）：
849 – 866.

类框架。其中环境因素主要指来自政府组织外部利益相关者方面的资源、压力等外界影响因素；组织与管理因素主要归类政府组织内部的管理运作及其绩效评估与绩效管理因素对绩效信息使用的影响；管理者个体因素主要归类政府管理者个体特征、组织背景、组织角色和组织成员态度对绩效信息使用的潜在影响。

在环境因素中，政府外部利益相关者的支持是政府管理者绩效信息使用行为的一个十分显著的积极影响因素。外部利益相关者的支持、利益相关者的影响、利益相关者的参与等变量都被已有文献证实与绩效信息使用程度正向显著相关。[①] 政府的利益相关者中，外部的立法机构及政治家是最具影响力的，已有研究文献也特别对政治支持、政治家的支持对政府管理者的绩效信息使用行为的影响进行了讨论。外部政治家对绩效管理的支持、政治家参与政府绩效评估、政治家对政府绩效评估的支持重视等都被已有研究认为与绩效信息使用存在正向的相关性。[②] 由此可见，外部利益相关者的影响是解释政府管理者绩效信息使用的重要外生变量。此外，政府的外向职能、服务对象结构状况和对外界依赖程度等组织环境维度的变量也有部分研究文献讨论，但研究结论不尽一致。

组织和管理层次的影响变量是学界重点关注的绩效信息使用的影响因素。系统的文献回顾共聚类了四个方面的组织管理影响变量集合，分别是绩效管理与评估因素、组织文化、组织领导和组织特征。针对绩效管理和

[①] Berman, E. , Wang X. H. , "Performance Measurement in US Counties: Capacity for Reform," *Public Administration Review* 5 (2000): 409 – 420; Moynihan, D. P. , Hawes, D. P. , "Responsiveness to Reform Values: The Influence of the Environment on Performance Information Use," *Public Administration Review* S1 (2012): S95-S105; Yang, K. , Hsieh, J. Y. , "Managerial Effectiveness of Government Performance Measurement: Testing a Middle-Range Model," *Public Administration Review* 5 (2007): 861 – 879.

[②] Taylor, J. , "Strengthening the Link Between Performance Measurement and Decision Making," *Public Administration* 4 (2009): 853 – 871; Askim, J. , Johnsen, Å. , Christophersen, K. A. , "Factors Behind Organizational Learning from Benchmarking: Experiences from Norwegian Municipal Benchmarking Networks," *Journal of Public Administration Research and Theory* 2 (2008): 297 – 320; Yang, K. , Hsieh, J. Y. , "Managerial Effectiveness of Government Performance Measurement: Testing a Middle-Range Model," *Public Administration Review* 5 (2007): 861 – 879.

绩效评估对绩效信息使用的影响讨论较为集中，且诸多变量都被证实与绩效信息使用正向相关。绩效管理和绩效评估的执行力度被认为可以促进绩效信息的使用，包括目标管理、标杆管理和绩效报告等绩效管理措施实施力度，管理主义的绩效管理执行模式等都被证实与绩效信息使用正相关。[1]绩效评估系统的质量是影响绩效信息使用的潜在重要变量，绩效评估的成熟度、绩效评估系统的质量、评估的质量都与绩效信息使用存在正向关系。[2] 这一研究结论表明政府绩效评估系统本身的运行质量和有效性是绩效信息使用的关键决定因素。

此外，与绩效评估系统质量相关的评估技术和能力因素也被国外学者所重点讨论，绩效评估的能力与专长（包括评估的技术和专家资源等）、绩效测量的技术能力、评估技术的培训都被已有研究证实可以提升绩效信息的质量并促进绩效信息的利用。[3] 作为绩效评估系统的直接产出，绩效信息的质量及其相关状况对绩效信息使用的影响也被关注和讨论。研究表明高质量的绩效信息有助于提高信息的利用程度，绩效信息的相关性、绩效信息能够满足使用者需求、绩效信息的可获得性、绩效信息系统的有效性等

---

① Hammerschmid, G., Van de Walle, S., Stimac, V., "Internal and External Use of Performance Information in Public Organizations: Results from an International Survey," *Public Money & Management* 4 (2013): 261 – 268; Ho, A. T-K., "Accounting for the Value of Performance Measurement from the Perspective of Midwestern Mayors," *Journal of Public Administration Research and Theory* 2 (2006): 217 – 237; Saliterer, I., Korac, S., "Performance Information Use by Politicians and Public Managers for Internal Control and External Accountability Purposes," *Critical Perspectives on Accounting* 7 (2013): 502 – 517.

② Kroll, A., Vogel, D., "The PSM-Leadership Fit: A Model of Performance Information Use," *Public Administration* 4 (2014): 974 – 991; Taylor, J., "Factors Influencing the Use of Performance Information for Decision Making in Australian State Agencies," *Public Administration* 4 (2011): 1316 – 1334; Curristine, T., "Performance Information in the Budget Process," *OECD Journal on Budgeting* 2 (2006): 87 – 131.

③ Dull, M., "Results-Model Reform Leadership: Questions of Credible Commitment," *Journal of Public Administration Research and Theory* 2 (2009): 255 – 284; Berman E., Wang X. H., "Performance Measurement in U. S. Counties: Capacity for Reform," *Public Administration Review* 5 (2000): 409 – 420; Yang, K., Hsieh, J. Y., "Managerial Effectiveness of Government Performance Measurement: Testing a Middle-Range Model," *Public Administration Review* 5 (2007): 861 – 879.

可以促进绩效信息的使用。[①] 相反，绩效信息的模糊性、绩效信息超载、绩效信息的数量太多则会降低利益相关主体对绩效信息利用的积极性。[②] 相关研究表明，利益相关者在政府绩效评估中或政府绩效信息生产过程中的参与可以提升绩效信息使用的程度，包括政府外部公众的参与以及政府内部的管理者、员工参与政府绩效管理或绩效评估，都可以提高这些参与主体对绩效信息的使用程度。[③]

已有国外文献还分析了不同类型的组织文化对绩效信息使用的影响。研究表明，理性的组织文化、改革与创新的组织文化、科层制的组织文化等可以促进绩效信息的利用。[④] 一些研究表明，发展性的组织文化对绩效信息的使用有促进作用，而一些研究则发现其影响并不显著，对于目标和结果导向的组织文化也存在同样的研究结论争议。

在组织管理与组织领导因素方面，组织领导力被视为绩效信息使用的

① Landuyt，N.，Moynihan，D. P.，"How do Public Organizations Learn? Bridging Structural and Cultural Divides，" *Public Administration Review* 6 （2009）：1097 - 1105；Curristine，T.，"Performance Information in the Budget Process，" *OECD Journal on Budgeting* 2 （2006）：87 - 131；Taylor，J.，"Strengthening the Link between Performance Measurement and Decision Making，" *Public Administration* 4 （2009）：853 - 871；Moynihan，D. P.，Pandey，S. K.，"The Big Question for Performance Management：Why do Managers Use Performance Information?" *Journal of Public Administration Research and Theory* 4 （2010）：849 - 866.

② Boyne，G. A.，Gould-Williams，J. S.，Law，J.，et al.，"Toward the Self-Evaluating Organization? An Empirical Test of the Wildavsky Model，" *Public Administration Review* 4 （2004）：463 - 473；Moynihan，D. P.，"What do we Talk about Performance? Dialogue Theory and Performance Budgeting，" *Journal of Public Administration Research and Theory* 2 （2006）：151 - 168.

③ Ho，A. T-K.，"Accounting for the Value of Performance Measurement from the Perspective of Midwestern Mayors，" *Journal of Public Administration Research and Theory* 2 （2006）：217 - 237；Melkers，J.，Willoughby，K.，"Models of Performance-Measurement Use in Local Governments：Understanding Budgeting，Communication，and Lasting Effects，" *Public Administration Review* （2005）：180 - 190.

④ Saliterer，I.，Korac，S.，"Performance Information Use by Politicians and Public Managers for Internal Control and External Accountability Purposes，" *Critical Perspectives on Accounting* 7 （2013）：502 - 517；Johansson，T.，Siverbo，S.，"Explaining the Utilization of Relative Performance Evaluation in Local Government：A Multi-Theoretical Study Using Data From Sweden，" *Financial Accountability & Management* 2 （2009）：197 - 224；Kroll，A.，"The Other Type of Performance Information：Nonroutine Feedback，its Relevance and Use，" *Public Administration Review* 2 （2013）：265 - 276.

一个关键因素，主要的研究文献都证实了组织领导力与绩效信息使用的显著正向相关。[1] 此外，组织决策的灵活性、组织目标的清晰性都与绩效信息的使用程度正向相关。[2] 而在组织学习与发展方面，组织学习论坛、组织学习传统与组织学习文化被证实可以增加绩效信息的使用。[3] 此外，组织结构及组织特征因素对绩效信息使用的影响也有诸多文献涉及，以组织员工数量等衡量组织规模以及政府管辖辖区人口规模等对绩效信息使用的影响也被先验研究所讨论。有研究认为政府层级越低，绩效信息使用的程度越高。[4] 总体来看，组织结构与组织特征因素的研究结论的显著性或一致性较为不足。

在政府管理者个体因素中，本研究归类了政府管理者的态度、管理者的岗位和职位特点以及管理者的人口统计学变量三个二级维度的影响因素。已有国外研究涉及政府管理者态度的相对不多，但是所论证的态度因素都被证实与绩效信息使用正向相关。已有研究论证了管理者对绩效评估活动的不同态度评价对绩效信息使用的影响，这些态度对象包括绩效评估和绩效信息，以及公共管理者在公共组织中的综合性态度与动机因素等。研究证实，如果政府管理者对绩效评估持积极支持态度和正面评价，其绩效信息使用程度相对较高；相反，如果政府管理者不认同绩效评估工具并对绩

---

[1] Dull, M. ,"Results-Model Reform Leadership: Questions of Credible Commitment," *Journal of Public Administration Research and Theory* 2 (2009): 255 – 284; Moynihan, D. P. , Pandey, S. K. , Wright, B. E. , "Setting the Table: How Transformational Leadership Fosters Performance Information Use," *Journal of Public Administration Research and Theory* 1 (2012): 143 – 164.

[2] Moynihan, D. P. ,& Landuyt, N. , "How do Public Organizations Learn? Bridging Cultural and Structural Perspectives," *Public Administration Review* 6 (2009): 1097 – 1105; Moynihan, D. P. , Pandey, S. K. , Wright, B. E. , "Prosocial Values and Performance Management Theory: Linking Perceived Social Impact and Performance Information Use," *Governance* 3 (2012): 463 – 483.

[3] Moynihan, D. P. , "Goal-Based Learning and the Future of Performance Management," *Public Administration Review* 2 (2005): 203 – 216; Moynihan, D. P. , Lavertu S. , "Does Involvement in Performance Management Routines Encourage Performance Information Use? Evaluating GPRA and PART," *Public Administration Review* 4 (2012): 592 – 602.

[4] Hammerschmid, G. , Van de Walle, S. , Stimac, V. , "Internal and External Use of Performance Information in Public Organizations: Results from an International Survey," *Public Money & Management* 4 (2013): 261 – 268.

效评估实践持应付态度，其则倾向于不真正地使用绩效信息。[①] 此外，政府管理者的公共服务动机被证实可以显著促进其绩效信息使用行为，具有强烈公共服务动机的政府官员更愿意将绩效信息用于改进组织绩效并向公众负责。[②] 相关研究还实证分析政府管理者的亲社会价值观，即政府官员对其工作的社会影响力的认可程度对其绩效信息使用的影响，分析表明亲社会价值观可以增加绩效信息的利用。[③] 上述研究表明，政府管理者的态度是预测其绩效信息使用行为的有效理论视角，未来的研究可进一步挖掘和分析态度因素在绩效信息使用中的功能及其产生的影响。

政府组织中不同角色、职位的政府管理者的绩效信息使用行为是否存在显著差异也是国外研究关注的重点问题。研究表明，如果公共管理者在组织中工作职级越高，其越倾向于较低的绩效信息使用程度。[④] 如果管理者从事的工作职责具有面向社会的外部导向性，这一职责特征可能增加其绩效信息使用的机会和程度。[⑤] 从相关研究的结论来看，政府管理者的工资报酬、雇佣方式与绩效信息使用的相关性不大。此外，一些常见的人口统计学特征变量对绩效信息使用的影响被诸多文献予以讨论，包括性别、年龄、工作年限、教育背景等。总体来看，公共管理者的个体特征对绩效信息使用的影响不太显著。这表明，政府管理者的绩效信息使用是一种组织行为，受组织的文化、制度与管理因素影响较大，受管理者个体特征的影响较小。

---

① Ammons, D. N., Rivenbark, W. C., "Factors Influencing the Use of Performance Data to Improve Municipal Services: Evidence from the North Carolina Benchmarking Project," *Public Administration Review* 2 (2008): 304 – 318; Berman E., Wang X. H., "Performance Measurement in U. S. Counties: Capacity for Reform," *Public Administration Review* 5 (2000): 409 – 420.

② Moynihan, D. P., Pandey, S. K., "The Big Question for Performance Management: Why do Managers Use Performance Information?" *Journal of Public Administration Research and Theory* 4 (2010).

③ Moynihan, D. P., Pandey, S. K., Wright, B. E., "Prosocial Values and Performance Management Theory: Linking Perceived Social Impact and Performance Information Use," *Governance* 3 (2012): 463 – 483.

④ Taylor, J., "Factors Influencing the Use of Performance Information for Decision Making in Australian State Agencies," *Public Administration* 4 (2011): 1316 – 1334.

⑤ Kroll, A., Vogel, D., "The PSM-Leadership Fit: A Model of Performance Information Use," *Public Administration* 4 (2014): 974 – 991.

这为寻找未来政府绩效信息使用的影响因素提供了思路。

二　国内研究对政府绩效信息使用影响因素的初步分析

通过对国内政府绩效信息使用主题文献的系统回顾发现，国内学界关于影响因素的直接实证研究仅有 1 篇，其他一些间接文献主要通过现状分析、问题对策和理论探讨的方式，指出了一些潜在的政府绩效信息使用的影响变量。

卓越教授等的最新研究以绩效激励为视角，通过比较案例研究和回归分析相结合的方式论证了绩效评估组织机构提供的绩效激励强度对评估对象绩效信息使用的影响。研究表明，绩效激励的强弱是决定作为评估对象的政府官员是否使用绩效信息的关键外生变量，向评估对象提供越强的绩效激励"组合包"，特别是配置实质性的晋升激励，越有可能促使评估对象重视并积极使用绩效评估领导者和组织者生产的绩效信息。① 这是国内关于政府绩效信息使用影响因素的首篇实证研究文献，其不可避免存在研究局限，在研究视角、研究变量选取和研究变量的操作化方面都还有改进提升的空间。

国内与政府绩效信息使用相关的一些间接研究通过现状分析、文献回顾、理论阐释等方式提出了政府绩效信息使用不足的潜在解释因素。颜海娜对基层政府官员对绩效评估结果的使用做了调查，其研究表明地方政府官员的绩效信息使用还有改进空间，虽然绩效评估具有重要价值与作用，但评估结果使用受到资源供给、信息使用的内外部需求、绩效导向型政府管理等因素的影响。② 该文指出为了促进绩效信息的利用，需要了解绩效信息使用的激励因素，给予绩效信息使用有形无形的保障。虽然该文指出了分析政府绩效信息的影响因素的重要性，但其尚未对绩效信息使用的影响变量进行系统论证。董静采取文献回顾的研究方法，对国内外绩效信息使

---

① 卓越、张红春：《绩效激励对评估对象绩效信息使用的影响》，《公共行政评论》2016 年第 2 期。
② 颜海娜：《地方政府绩效评估结果使用现状的实证探索——基于公职人员感知的视角》，《新视野》2014 年第 6 期。

用的现状进行分析，在研究结论部分提出了三个方面的政府绩效信息的影响因素与促进措施：一是获取并强化政治及组织支持，辨识信息使用者的偏好及期望；二是促进绩效信息与内部管理系统的动态结合，有效连接行动以实现绩效改进；三是将绩效管理与组织战略结合起来，形成绩效信息使用的制度及组织惯例。① 其研究寓意是这些因素可以显著促进和正面影响政府绩效信息的使用，但缺乏实证的分析与验证。马亮在对国内外政府绩效信息使用的文献回顾中指出了研究影响因素的重要性，并认为包括宏观和组织环境因素、组织因素、个人因素等在内的许多因素都会影响政府绩效信息使用，虽然大量研究都围绕该问题进行，但仍然有必要深入，以揭示不同利益相关者出于不同目的而使用不同政府绩效信息的影响因素。② 上述这些相关研究都指出了研究政府绩效信息影响因素的价值和意义，并提出了潜在和备选的解释因素，但都缺乏对具体影响因素和影响机制的深入分析。

由于国内关于政府绩效信息使用直接和深入研究的滞后和不足，对政府绩效信息使用影响因素的经验研究较少，这使得解释政府绩效信息使用的证据链难以形成，难以设计出系统和有效的政府绩效信息使用的促进机制与制度。为了推动政府绩效信息使用实践问题的有效解决与研究的深入，开展政府绩效信息使用影响因素的本土实证研究刻不容缓。

第五节 对本研究的启示

一 政府绩效信息使用研究的总体启示

比较国内外政府绩效信息使用主题的相关研究，可以给本研究以下总体启示。

---

① 董静：《绩效信息得到有效使用了吗？——对各国政府绩效管理效果的审视》，《兰州大学学报》（社会科学版）2014 年第 3 期。
② 马亮：《政府绩效信息使用：理论整合、文献述评与研究展望》，《电子科技大学学报》（社会科学版）2014 年第 5 期。

第一，从信息的视角研究政府绩效评估、政府绩效评估系统、政府绩效评估结果运用等问题，有利于发展和构建政府绩效信息使用这一系统研究主题。政府绩效评估系统本质是一个信息生产与信息使用系统，政府绩效评估结果是一种具体信息内容，绩效信息及绩效信息使用为理解上述问题与主题提供了新颖的视角。绩效信息本质上属于信息，信息是一个具有理论基础并在不同科学领域广泛使用的学术概念，也是实践领域的常用术语。随着信息、信息论和应用信息科学的不断发展，信息在经济学、管理学、传播学等学科中也被广泛研究并形成了一些相关的信息理论视角。信息视角为理解和解释政府绩效评估的问题提供了分析视角，为建构绩效信息及其使用的分析框架提供了理论源泉，为理解政府绩效信息的生产、传播、利用以及其中存在的问题提供了分析视野。

第二，国内政府绩效评估研究应转换视野和视角，实现从关注绩效评估结果运用到关注绩效信息使用的转变。通过文献比较发现，国内学者对绩效信息使用的研究一般局限于对评估结果数据的利用，其评估结果数据的使用主体局限于绩效评估的组织者和领导者，使用方式以利用绩效评估结果激励和控制评估对象为主。

"绩效评估结果运用"与"绩效信息使用"是两个有所联系也有所区别的概念。绩效评估结果运用主要和绩效激励有理论关联，例如，卓越、胡宁生等学者在政府绩效评估体系构建中都设置有绩效激励环节，主要从激励理论中的期望理论出发，探讨绩效评估结果如何应用于评估对象的绩效激励中，绩效评估结果也主要用于调动公共部门和成员的工作积极性，提高绩效。[①] 王爱冬认为，政府绩效评估的结果管理包括对评估结果的分析和对评估结果的运用两方面，其对评估结果运用的理解也主要是从评估结果与激励奖惩密切结合的视角出发。[②] 国内学界对政府绩效评估结果运用的论

---

① 卓越：《公共部门绩效管理》，福建人民出版社，2004，第119页；胡宁生：《公共部门绩效评估》，复旦大学出版社，2008，第160~180页。

② 王爱冬：《政府绩效评估概论》，高等教育出版社，2010，第148~163页。

述是从激发被评估对象的绩效积极性的视角出发，主要关注将绩效评估结果用于组织和个人奖惩这一直接、狭义与显性的绩效评估结果信息的使用途径。虽然绩效激励是绩效评估和绩效评估结果使用的一个重要目的，但不是全部。政府绩效评估的根本目的在于绩效实现和绩效改进，绩效激励也服务于这一根本目的。从绩效评估结果运用角度研究政府绩效评估活动的信息产出的视角相对较为狭窄，缺乏一个系统性和理论性的研究视角。相反，从绩效信息和绩效信息使用的视角来研究政府绩效评估和绩效评估结果运用，其有信息理论作为支撑，信息的普遍性和系统性使得关注的焦点可以从狭义的绩效评估结果信息转换到整个绩效评估系统的信息产出，其信息的利用主体从绩效评估的领导者和组织者扩展到政府绩效评估活动的全部利益相关者，其绩效信息使用主体和使用方式的范围边界也得以大大拓展，可以从更加整体、系统和连贯的视角破解政府绩效评估中的重大问题。因此，绩效信息及绩效信息使用是政府绩效评估研究的一个较好的切入点，政府绩效信息使用也是不同于政府绩效评估结果运用的一个研究政府绩效评估的新视角。政府绩效信息使用以信息及信息流为独特视角，从宽广的管理过程、决策过程、绩效管理循环中论证绩效信息用于组织管理决策的价值和方式，这有利于更全面、科学地考察绩效评估的实践价值。

第三，从本土政府绩效评估实践背景和政府绩效评估运行系统的角度研究政府绩效信息使用。绩效信息是政府绩效评估系统运行过程的产出，政府绩效评估实践及其运行是研究政府绩效信息使用问题的场域基础。因此，研究政府绩效信息及其使用问题不宜就事论事，也不能脱离其所依托的政府背景以及政府绩效评估的实践体制、运行机制和评估环节等，必须予以系统和整体考虑。特定的政府管理背景以及政府绩效评估实践背景是解释和理解特定情境下相关主体绩效信息使用行为的依据。

第四，加大国内政府绩效信息使用的研究力度。在国际学界，绩效信息及其使用问题正在成为公共部门绩效评估领域中的一个焦点话题，绩效信息使用成为检视政府绩效改革成效的一个切入点，并被视为绩效评估与绩效管理的重大问题。相对于国外学者对政府绩效信息使用主题的研究力度和深度，国内针对该主题的研究仍处于起步阶段。加强中国本土的政府绩效信息及其使用研究是弥补国内政府绩效评估研究不足的路径。我国中央和地方政府绩效评估改革试点如火如荼，绩效评估活动也必然产生了大量的绩效数据和信息，而学界对绩效信息及其使用的研究已然落后于实践进展。政府绩效信息使用这一主题需要得到中国实务界和学术界共同关注，并由此推动政府绩效评估的学术研究和实践领域关注视角和关注焦点的转变。开展绩效信息使用的本土研究，可以在借鉴国外研究思路与研究方法的基础上，立足于本土实践背景，合理地构建政府绩效信息的使用主体和使用方式，选取有效的理论视角分析并解释本土绩效信息使用的关键因素。

二　对确定政府绩效信息使用主体的启示

国内外的相关研究表明，政府内部和外部都有着多元和潜在的绩效信息使用主体。国外研究所探讨的政治家、政府管理者和社会公众等不同绩效信息使用主体群体以西方政治行政系统为基础。鉴于我国的政治行政背景的特殊性以及政府绩效评估实践的差异性，需要基于本土行政体制与政府绩效评估实践情景建构适合的政府绩效信息使用主体及其信息使用的职责和角色。对国外学者关于绩效信息使用主体的研究以及对中外文献的比较，对本研究建构政府绩效信息使用主体有以下几个方面的启示。

第一，为了开展绩效信息使用的实证研究并测量绩效信息的使用方式和使用现状，必须将政府绩效信息使用主体进一步明确为特定公共组织中担任具体角色的公职人员或者具体角色的绩效信息使用者。政府绩效信息是公共管理过程中的一种公共信息产品，潜在的利益相关者和政府绩效信息使用主体众多。国外研究中通常将其称作管理者、公共管理者、政府官员或政治家，国内研究中常用政府等组织名词笼统指代使用主体。为了开展绩效信息使用的实证测量与分析，必须确定具体研究对象与调查对象，这促使研究者聚焦政府绩效信息的使用主体，使其具体化和操作化。政府绩效信息使用者的角色和职责应是具体和形象的，政府绩效信息使用影响因素研究也应该结合实践，首先确定具体的使用者，然后确定具体使用者在具体情景下的特定绩效信息使用领域和用途，并深入分析该主体绩效信息使用行为的阻碍与促进因素。国外相关研究中之所以多以具体的政府公职人员的岗位和角色来表达绩效信息使用的主体，其中一个关键原因是开展实证测量和调查的需要。政府组织中的特定岗位和成员是了解个体或者个体所代表组织的政府绩效信息使用程度的观察点。这要求调查研究中必须进一步对绩效信息使用主体操作化和具体化，即在现实的政府组织结构以及政府绩效评估的体制中界定承担具体组织角色的绩效信息使用主体，进而才能从特定的政府层级、职能和岗位等角度找到具体的调查研究对象。

第二，关注政府系统内部的绩效信息使用主体，即政府管理者的绩效信息使用行为。政府是绩效的生产者进而是责任主体，也是绩效评估工具的导入者和实践者。政府绩效评估的根本目的在于改善政府的绩效状况，增强政府的责任感。实现绩效改革目的的关键之处在于政府内部的组织及其成员将绩效评估活动产生的绩效信息用于内部的管理运作，并向政府内部和外部的利益相关者报告绩效和承担绩效责任。鉴于广义政府系统内部的组织及其成员对于绩效评估和绩效信息使用的重要性，对这一主体的绩效信息使用行为及其影响因素进行深入研究的意义和价值也最大。

第三，关注政府绩效信息使用主体的使用动机以及潜在的使用方式。绩效信息使用是人类的目的性行为，研究绩效信息使用需要界定谁使用以及如何使用的问题。立法机构、政府机构和社会公众都是潜在的绩效信息使用主体，每个主体利用政府组织的绩效信息的目的和表现形式都不尽相同。即使是在政府组织内部，因为职责和岗位的差异，绩效信息使用对不同职位和不同角色的政府管理者的用途和表现形式也不尽相同。为此，需要在政府管理、政府绩效评估的背景下明确潜在的绩效信息利益相关者群体及他们在政府绩效评估中的责任、权力和相互之间的关系，在此基础上建构绩效信息的使用主体以及他们使用绩效信息的目的、功能和场域，也就是使用方式的问题。关注政府系统内部相关组织及其成员的绩效信息使用，必须深入考察政府内部的政府管理者是如何利用绩效信息的，特别是在政府内部的管理运行过程、政府组织内部权责关系以及政府与外部社会的权责关系中来考察政府组织的绩效信息使用方式和目的。

第四，测量特定政府绩效信息使用主体的绩效信息使用现状和程度。政府绩效信息使用主题的实证研究首先要回答具体的绩效信息使用主体是否使用绩效信息这一问题，必须科学把握使用主体在具体绩效信息利用方式上的使用程度与使用水平。政府绩效信息是否被该主体使用了，使用程度和频率如何，这是绩效信息使用主题问题建构和问题论证必须要回答的问题。凯思·麦基认为，政府绩效信息的利用程度沿着一个从零或可以忽略不计的水平到大量使用或彻底使用而变化。① 这表明了政府绩效信息使用的程度、水平有高低之分。由于国内已有研究中缺乏对绩效信息使用现状的有效测度，开展政府绩效信息使用的实证研究首先需要对特定绩效信息使用主体及其使用行为进行实证观察和测量。只有对政府绩效信息使用范围和程度进行可靠、系统的测量，才能确定政府绩效信息使用是否存在问题，也才能够对绩效信息使用变量与其他变量的关系进行实证分析。国际学者的研究中主要采取问卷调查方式获得关于政府管理者绩效信息使用的证据，这是一种主观并且易行的方式。除了通过问卷方式获得绩效信息潜在使用者的主观判断证据之外，还可以通过观察和访谈等手段获取特定主体绩效信息使用现状的证据。结合主观调查和观察证据对政府绩效信息使用的现状进行综合观测是科学合理的研究策略。

第五，在我国政府绩效评估研究与实践中，处于评估对象地位的政府管理者的绩效信息使用行为最应被首先关注和阐释。政府绩效评估的最终目的指向被评估对象的绩效提升与改进，这也是绩效信息使用的根本目的。因此，在多元和潜在的政府绩效信息使用群体中，最重要的绩效信息使用

① 〔澳〕凯思·麦基：《建设更好的政府：建立监控与评估系统》，丁煌译，中国人民大学出版社，2009，第32页。

者是评估对象自身,其将绩效评估信息用于日常管理与绩效改进。因此,在政府系统中处于评估对象地位的被评估部门及其组织成员的绩效信息使用行为应该在众多潜在绩效信息使用主体中引起重点关注。在国内政府绩效评估结果运用研究中,其主要强调了绩效评估的领导者和组织者等评估主体对评估结果信息的使用,而忽视了评估对象对绩效信息的使用,没有关注评估对象是否在组织管理决策、组织绩效改进和组织责任履行中使用绩效信息,特别是针对评估对象的绩效信息使用方式还未有深入系统的实证分析。

三　对确定政府绩效信息使用方式的启示

为了研究聚焦研究对象,突显政府绩效信息使用主题的关键问题,本研究将聚焦于政府系统中处于评估对象地位的政府组织及其成员的绩效信息使用,重点从国内外已有研究中归纳政府系统中各类政府管理者的绩效信息使用方式,以此指出其对本研究构建评估对象绩效信息使用方式的参考价值。通过系统回顾国内外关于政府管理者的绩效信息使用方式的文献,可以明晰绩效信息的使用价值与功能,界定其使用场域和使用方式,进而为政府绩效信息使用的操作化和实证测量提供文献依据。

系统比较国内外研究关于政府管理者政府绩效信息使用方式的论述,可以发现国内外学者关于绩效信息的使用价值与使用方式既有一致的方面,也有存在较大差异的方面。国外学者直接采用绩效信息使用的学术话语阐释绩效信息使用的用途,而国内学者较多使用政府绩效评估结果运用来阐释绩效评估结果信息的潜在用途。术语和视角的差异使得国内外学者针对绩效信息使用的价值与结构也存在差异。

国内外研究一致认同的政府绩效信息使用方式包括资源配置、绩效改进等内部管理使用方式以及公共责任途径的外部使用。政府绩效信息用于政府组织内部管理决策是国内外学者共同关注的绩效信息使用方式。绩效信息用于政府管理者的组织管理决策是发挥绩效信息使用价值的逻辑起点,缺乏有效的内部使用,绩效信息的外部责任使用也是空洞的。政府绩效评估的最终目的在于组织绩效达成与绩效持续提升，组织绩效实现与绩效提升是一个循环往复、螺旋上升的过程，蕴含于组织管理循环之中。组织管理的职能与环节多种多样，政府绩效信息的出现为组织各项管理职能提供了优先方向与决策的信息基础。资源的稀缺性要求提高资源的配置和使用效率。政府绩效信息可以为组织设置优先目标与项目，为组织的人力、财力和物力资源的合理配置提供决策依据。同时，绩效信息可以直接或间接反映出组织资源使用效率，政府组织的支出依据在于政府的职能职责及其履职的效果，实施绩效预算所需的绩效信息与政府绩效信息在内容和价值上具有契合性，绩效信息进而可以为组织预算资源配置的结构、增减提供参考依据。

将绩效信息用于绩效改进也是国内外研究中比较一致的绩效信息使用方式。实施组织绩效改进的前提是明确组织在绩效状况方面的不足，并诊断组织管理过程中存在的问题。政府绩效信息指出了政府组织绩效不佳的方面，折射出政府管理失败的领域。问题决定管理的优先事项，绩效问题就构成了绩效改进的优先事项，绩效信息成为组织绩效提升的关键事实证据。政府绩效信息提供了诊断政府组织绩效问题的参照依据，提供了组织学习与改进的参考标准。绩效信息不仅直接反映了政府组织的整体绩效状况和局部职能绩效状况，还折射出政府组织在管理运作、管理方法技术等方面的能力水平与管理效果，帮助政府组织诊断制约组织绩效水平的因素。

政府组织将绩效信息用于与社会公众沟通，并向其公开报告，这种使用方式也受到了国内外学者的共同关注。国内外学者都重视政府绩效评估在提升公众满意度和增强政府组织公共责任感方面的使用价值。实现政府组织面向社会公众的绩效责任要求政府组织及时将客观真实的绩效信息向社会公众公开，并让公众参与政府绩效生产和绩效监督过程，以此增强政府绩效的合作治理。

上述国内外研究中一致的和重点关注的绩效信息使用方式，为本研究确定政府管理者的绩效信息使用价值、使用功能和使用方式等提供了参考。

与国内研究相比较，国外学者针对绩效信息使用价值和使用方式的独特关注点主要在于决策、计划设定和结果监控等领域。国外研究主要从宽泛的信息和绩效信息的视角理解政府绩效评估系统并开展直接研究，对绩效信息偏向中观和宏观理解而不仅仅局限于狭义的绩效评估结果。信息的本质功能在于消除组织决策中的有限理性和不确定性，信息的首要价值在于决策。因此国外研究者从决策的视角构建政府绩效信息使用方式具有合理性。同理，组织的计划决策与组织监控都需要管理信息，而绩效信息可以帮助组织在行使上述职能时进行科学计划和科学监控，优化组织的运行。

与国外研究相比较，国内研究非常重视绩效评估结果的激励价值，并看重绩效信息在组织人事管理和政府官员晋升过程中使用政府绩效信息。这与国内学者狭义的绩效评估结果视角有关，同时也与我国行政体制以及政府绩效评估体制有密切关系。我国政府具有典型的科层体系结构，政府绩效评估是上级政府、本级政府领导调控政府组成部门和下级政府的工具，而绩效评估领导者和组织利用绩效评估结果信息来奖惩和激励下级政府组织是控制下级的主要手段。但应指出的是，精神激励、物质激励和晋升激励等激励方式的使用需要激励资源和激励权限，并不是所有的政府管理者都具有激励能力。

通过前述的比较分析可以看出，国内外研究对政府绩效信息使用的方式既有共识也有差异。构建政府绩效信息使用方式应该立足于本土背景，既应吸纳国内外研究关于绩效信息使用方式的共识特征，又应吸纳国外研究的有益和独立方式，还应考虑国内研究关于绩效信息使用的独特方式，进而充实和完善政府绩效信息的使用价值与使用方式体系。基于上述分析，得出本研究关于政府绩效信息使用方式的如下总结和研究思路。

第一，与"政府绩效评估结果运用"的概念相比较，"政府绩效信息使用"的概念更具合理性和优势。这两个概念术语从各自使用的具体方式来看，既高度相似又各有侧重。两者之间的差异，除了不同的社会环境和背景外，主要体现在两个术语的内涵和内容的差异，一定程度上"信息"比

"结果"的内涵更宽广，"绩效信息"比"绩效评估结果"的内涵更宽广，绩效评估结果仅属于绩效信息的一种类型。这决定了绩效信息使用方式比绩效评估结果信息的使用方式更宽广。同时，绩效信息也更有理论基础，特别是信息和绩效信息更易与管理决策的理论相结合，"政府绩效信息使用"这一术语具有理论优势。因此，政府绩效评估研究可以从关注狭义的绩效评估结果的直接使用转变为关注广义的绩效信息在政府管理循环与政府绩效管理循环中的综合和系统使用。

第二，吸纳国内外研究对政府管理者的绩效信息使用方式的主要共识，关注政府管理者在内部管理决策和履行政府组织外部责任的使用方式。国内外研究的一个重要共识就是政府绩效信息应该用于组织内部管理和政府绩效的持续改进和提升，这也是政府绩效评估的宗旨。将政府绩效信息用于组织管理决策过程，不同于将绩效评估结果直接用于组织绩效激励的"硬性挂钩式"使用，政府绩效信息使用是在政府组织管理全过程的全面使用，也是一种发展性和柔性的信息使用方式。将政府绩效信息用于内部管理决策、绩效改进、组织学习，这些使用方式符合发展型绩效评估标准，是可持续性和有效性的绩效评估模式的路径选择。同时，政府绩效信息使用不仅应该关注政府组织在内部运作中对绩效信息的利用，还要促进政府组织在与组织的外部利益相关者的互动关系中积极使用绩效信息，也要促进政府绩效信息外部责任途径的使用。这就要关注政府绩效信息的面向组织外部利益相关者的公开和利用，促进政府组织通过绩效信息的沟通和汇报来履行政府组织的外部责任。

第三，从政府组织的内部管理使用和外部责任使用两个角度系统考察政府绩效信息使用方式。国内研究中所列举的具体绩效信息使用方式，都可以被纳入组织内部使用和组织外部使用这一绩效信息使用的分析框架。政府绩效信息的内部使用主要指在政府组织将绩效信息用于组织内部运作和管理决策中，其作用对象是政府内部的科层组织、岗位、公务员以及组织内部事务的运作。政府绩效信息的外部使用主要指政府在与外部利益相关者的互动关系中，将绩效信息向外部相关组织报告以履行责任，其作用对象是政府系统外部的公共组织、私人组织以及公民群体或个体。

四 对锚定政府绩效信息使用影响因素的启示

由于国内关于政府绩效信息使用影响因素的系统实证研究偏少，本研究主要从国外政府绩效信息使用影响因素的先验研究归纳有益结论和启示。回顾国外政府绩效信息使用的影响因素研究，可以明显看出国外研究具有如下特点。第一，以定量的实证研究为主、定性的实证研究为辅的研究设计。国外对政府绩效信息影响因素的实证研究主要采用了变量测量、统计分析和建模的定量研究方法，其余的定性研究主要采用了案例研究，特别是多案例的比较研究，研究方法的规范程度和研究质量总体较高。第二，在所有潜在的影响因素中，组织层面的影响因素被讨论和验证的变量最多，这表明作为组织行为的政府绩效信息使用受组织运行和管理的影响较大。为此，相关研究建议未来的研究需要更多地关注影响绩效信息使用的组织因素，本研究也将从组织层面寻找绩效信息使用的解释变量和提升路径。第三，国外学界关注的影响因素中，既有共识度较高、影响方式一致的变量，也有诸多变量在不同的研究中呈现了较高的不一致性。相关定量实证研究在统计分析结果上表现为统计系数的正向和逆向差异，显著性程度等方面也存在差异。这不仅与不同研究中对变量的测量、数据的来源、统计分析方法上的差异有关系，而且与不同研究所立足的政治行政背景、调查案例的差异有关。第四，国外研究呼吁绩效信息使用影响因素的国别研究。绩效评估实践在不同的国家有不同的实践形态，不同文化对绩效信息的理解也存在差异。学者们指出，未来的研究需要更多地关注国家和文化的差异以及影响绩效信息使用的组织因素。[①] 然而从国外的研究现状来看，还尚

---

① Hammerschmid, G., Van de Walle, S., Stimac, V., "Internal and External Use of Performance Information in Public Organizations: Results from an International Survey," *Public Money & Management* 4 (2013): 261 – 268.

缺乏来自中国背景与实践案例的经验证据。

政府绩效信息使用研究的重点在于揭示绩效信息使用的影响机理，以此寻找绩效信息使用的改进策略和促进机制。当绩效信息使用成为一种被鼓励的积极行为，找到阻碍或促进信息使用的因素就成了研究的重中之重。精确地找到这些正向或负向的影响变量，也就找到了如何对症下药的途径。因此，政府绩效信息使用的影响因素研究是绩效信息使用研究的核心问题。用科学、规范的研究方法开展实证研究是解释其影响机理的根本路径。

系统回顾国外学者对绩效信息使用影响因素的研究，对本研究如何定位评估对象的绩效信息使用影响因素有如下启示。第一，国外学者采用了定量和定性相结合，并且以定量研究为主的研究论证策略，这表明政府绩效信息使用影响因素的研究可以采用规范和实证研究方法，可以运用以测量、统计分析为主的定量研究策略。第二，重点关注环境、组织管理、态度层面的影响因素。国外学者的研究结论表明，绩效信息使用是公共管理者的组织行为，受组织的环境和管理过程影响，而较少受到个体因素的影响，应该在组织层面寻找政府绩效信息使用的阐释证据。鉴于国外研究从组织管理角度找到了若干绩效信息使用的预测变量，这提示本研究要重视从组织层面和管理角度寻找政府绩效信息使用的解释变量。第三，国外学者对同一影响因素有不同的影响机理结论，这表明绩效信息使用以及影响因素随着组织、系统和文化的不同而呈现广泛的差异，不同背景下的影响因素的重要性、显著性也明显不同。尽管看起来学界已经对很多的绩效信息潜在使用因素进行了讨论，然而我们仍很难解释中国地方政府中公共管理者的绩效信息使用的组织行为。正如学者所指出，绩效信息使用的未来研究需要更多地关注国家和文化的差异。① 政府绩效信息使用影响因素的研究应该立足于本土的实践背景和情景，这使得关注我国本土绩效评估与绩

---

① Hammerschmid, G., Van de Walle, S., Stimac, V., "Internal and External Use of Performance Information in Public Organizations: Results from an International Survey," *Public Money & Management* 4 (2013): 261–268.

效管理案例下的绩效信息使用及其影响机制具有重要价值。基于此，本研究在中国地方政府绩效评估的实践背景下，从组织因素方面讨论政府绩效信息使用的影响变量。第四，重点关注的是态度如何影响政府管理者的绩效信息使用行为。态度被视为解释绩效信息使用影响机理的较好的理论视角，然而相关的研究较少。基于态度决定行为的理论假设，未来研究需要重点分析绩效信息使用主体的积极态度如何形成，又有何影响。绩效信息的供给者（生产者）和绩效信息的需求者（使用者）是相对分离的，这意味着绩效信息的生产和消费存在着分离，绩效信息使用者对绩效信息本身的态度也就延伸为绩效信息使用者对绩效信息生产者的态度。因此，从态度的视角研究绩效信息使用必须关注使用者的态度的类型、内容、对象以及积极态度形成的原因，并需要采纳系统化和结构化的相关态度理论进行深入剖析。而本研究所选取的信任理论视角，正是态度理论的一个分支。

第三章

理论视角与研究假设

第一节　绩效信息供给与使用框架

一　绩效信息供给 – 使用框架的提出

理论和实践进展都表明，政府组织的绩效信息生产和使用、供给和需求的组织实体分离是普遍现象。在国外政府绩效评估实践中，各国共有的体制模式集中在"自己评自己"的同体评估上，同体评估的目的在于"反馈控制"式自评。[①] 与此相对应，在国外绩效信息使用的实证研究中，其主要研究预设是绩效信息的使用主体和供给主体属于同一个组织机构，其信息生产、传播和使用活动均在同一个组织内部完成。这种绩效信息生产和使用体制设计在政府内部绩效评估模式中广泛存在。除了内部绩效评估，政府组织的外部绩效评估模式也非常普遍。特别是在我国政府绩效评估实践中，政府组织的绩效考核以外部绩效评估为主流实践模式。绩效信息是正式绩效评估和绩效管理活动的产出，而绩效评估被视为专业化和制度化

---

① 尚虎平、雷于萱：《政府绩效评估：他国启示与引申》，《改革》2015 年第 11 期。

的管理工作，需要由专门的机构和专门的人员来完成。[①] 因此，完全有理由假设政府管理者并不同时生产和使用绩效信息，相反，政府管理者依赖并使用来自组织外部的绩效信息源。在各类组织管理中，因为外部绩效评估具有独立性和专业性的优势，组织绩效经常由组织外部的专业绩效评估机构进行管理和测评。[②] 例如，英国于21世纪早期开始的综合绩效评估（Comprehensive Performance Assessment，CPA）就采取了相对独立的绩效评估机构设置，它通过审计委员会（Audit Commission）创立了独立的绩效监督和绩效评估机构来测量英国地方政府的绩效水平。[③] 专业的政府绩效评估机构所产生的绩效信息不仅应当被评估机构自身加以利用，也应当被政府管理过程中的其他利益相关主体加以使用。例如被测量绩效的政府组织应使用外部专业评估机构的绩效信息以改进绩效和履行责任。这些现象都表明了一个被已有绩效信息使用研究文献忽略的实践模式：政府组织绩效信息的供给者和需求者、绩效信息的生产者和使用者是相对独立的组织，这些信息活动与信息行为由不同的组织来完成。

政府组织绩效信息的供给和使用职责由不同的组织执行和完成是政府绩效评估中一种重要实践形态。事实上，有极个别的西方研究者已经间接地意识到了绩效信息供给主体和使用主体、生产主体和消费主体之间的分离和差别。例如，欧特尔·万德瑞早期的论文已经关注到了行政机构向立法机构供给的绩效信息与政治家的绩效信息需求是否均衡的问题，其研究也蕴含了绩效信息供给主体与使用主体的分离。[④] 此外，一些研究立法机构

[①]　De Bruijn，H.，*Managing Performance in the Public Sector*（Routledge，2007），p. 57.

[②]　Russ-Eft，D.，& Preskill，H.，*Evaluation in Organizations a Systematic Approach：a Systematic Approach to Enhancing learning，Performance，and Change*（New York：Basic Books，2009），p. 32.

[③]　Boyne，G.，James，O.，John，P.，& Petrovsky，N.，"What If Public Management Reform Actually Works? The Paradoxical Success of Performance Management in English Local Government，" in Margetts，H.，and Hood，C. edited *Paradoxes of Modernization：Unintended Consequences of Public Policy Reform*（Oxford：Oxford University Press，2010），pp. 203 – 218.

[④]　Van Dooren，W.，"Supply and Demand of Policy Indicators，" *Public Management Review* 4（2004）：511 – 530；Van Dooren，W.，*Performance Measurement in the Flemish Public Sector：a Supply and Demand Approach*（University of Bergen，2006）.

和公民对政府组织绩效信息利用的文献，其研究预设是政府组织向立法机构中的被选举政治家（例如议员、立法者）汇报绩效信息以及向社会公众报告政府绩效信息，其关注的焦点问题是议员和公民是否使用由政府部门提供的关于政府组织的绩效信息。① 这其中也蕴含了生产－使用和供给－需求的绩效信息流动路径。

尽管绩效信息供给与使用的相对分离具有理论上的合理性与实践存在的必然性，然而国内外政府绩效信息使用的实证研究都没有深入分析这种现象。国内外的研究都没有将绩效信息供给主体和使用主体的相对分离作为研究背景并基于这一实践背景提出研究问题，没有分析政府绩效信息供给主体和使用主体之间的互动关系及其对绩效信息使用者信息消费行为的影响。当政府绩效信息的终端使用主体（立法机构、行政机关中的各类政府管理者和公民）消费的绩效信息并不是由该组织内部所生产和提供时，政府绩效信息使用研究中有必要考虑并意识到这种绩效信息供给者和使用者组织分离的特征，并基于此构建出合适的分析框架。

政府绩效信息供给－使用框架的核心要点是绩效信息供给者和使用者之间或者绩效信息生产者和消费者之间既相互独立又相互依赖的活动关系。一方面，绩效信息使用和绩效信息生产是两种相对独立的组织行为。绩效信息的生产过程和绩效信息使用过程不仅有生产在先、使用在后的时间顺序，还是相对独立的两种不同类型的组织行为。正如欧特尔·万德瑞指出，绩效信息的生产步骤和使用步骤有明显的差别，两者的行动主体有着完全

---

① Ter Bogt, H. J., "Politicians in Search of Performance Information? Survey Research on Dutch Aldermen's Use of Performance Information," *Financial Accountability & Management* 3 (2004)：221－252；Pollitt, C., "Performance Information for Democracy the Missing Link?" *Evaluation* 1 (2006)：38－55；Bourdeaux, C., "Integrating Performance Information into Legislative Budget Processes," *Public Performance & Management Review* 4 (2008)：547－569；Askim, J., "The Demand Side of Performance Measurement：Explaining Councillors' Utilization of Performance Information in Policymaking," *International Public Management Journal* 1 (2009)：24－47；Raudla, R., "The Use of Performance Information in Budgetary Decision-Making by Legislators：Is Estonia Any Different?" *Public Administration* 4 (2012)：1000－1015.

不同的职责、目的和流程。① 这意味着两种组织行为的主体、动机和利益诉求存在显著差异。另一方面，绩效信息供给者和使用者之间又需要紧密合作。如果绩效信息在生产出来之后没有得到充分利用，政府绩效改革将会是失败的。② 这需要绩效信息生产出来后被各类政府绩效评估的利益相关主体充分使用。然而，绩效信息生产和消费的组织分离为绩效信息的使用制造了制度障碍。里奇和凯奥尔认为，相比较组织外部的信息，决策者更偏好使用组织内部生产的信息，组织内部的信息往往被认为是可信赖和可靠的，因为组织内部的活动者基于共同的组织目标和文化价值观生产了内部信息；相反，组织外部的信息则不具备这些可信赖信息的生产基础。③ 当绩效信息的供给主体和使用主体相互分离时，绩效信息使用会变得更为困难和被动。因为绩效信息的接收者和使用者难以完全控制绩效信息的生产者及其信息生产、信息供给行为，而绩效信息生产者也难以完全掌控信息接收者的信息使用行为。

政府绩效信息使用的研究应该意识到并关注绩效信息生产者组织与绩效信息终端使用者组织之间的分离，关注如何在这样的组织背景下促进信息供给方和使用方的有效互动和合作，进而实现高水平的绩效信息利用。吴建南等认为政府绩效评价活动中，绩效信息使用者与提供者之间的良好合作不仅有利于组织部门对评价对象做出客观、准确的评价，也有利于强化政府绩效评价作为推动政府工作的"有力抓手"。④ 这一阐述较早认识到绩效信息生产者和使用者之间的相对独立以及两者之间的合作关系的重要

---

① Van Dooren, W., "Supply and Demand of Policy Indicators," *Public Management Review* 4 (2004): 511–530.

② Hatry, H. P., *Performance Measurement: Getting Results* (Washington, D. C.: The Urban Institute Press, 2006), p. 12; Hatry, H., "Epilogue: The Many Faces of Use," in Wouter Van Dooren and Steven Van de Walle edited *Performance Information in the Public Sector: How it is Used* (Basingstoke: Palgrave Macmillan, 2008), p. 22.

③ Rich, R. F., Oh Cheol H., "Rationality and Use of Information in Policy Decisions A Search for Alternatives," *Science Communication* 2 (2000): 173–211.

④ 吴建南、章磊、孟凡蓉：《政府绩效信息失真的博弈分析》，《统计与决策》2008年第19期。

性。构建政府绩效信息供给者和使用者之间紧密的合作关系成为促进绩效信息使用的有效路径选择。政府绩效信息的供给－使用框架为国内外学界理解政府管理者的绩效信息使用行为提供了一个不同的研究视角与分析框架。绩效信息使用主体与绩效信息供给主体的独立建制，为解释绩效信息使用的影响因素提供了全新背景和视角，促使研究关注如何通过促进绩效信息使用者和供给者之间的互动合作来促进绩效信息的利用。

二 绩效信息供给－使用框架与我国政府绩效评估实践

由于中国的政治体制和政府运行环境与西方国家迥然不同，中国的政府绩效评估制度有着非常强的本土色彩。[①] 政府组织绩效信息的生产主体和使用主体的相对分离是我国政府绩效评估体制的显著特征。我国地方政府绩效评估的创新实践提供了管窥政府绩效信息供给者与绩效信息使用者既相互分离又互动合作的最佳实践背景。

我国政府绩效评估显著的实践模式是集中统一考核，具有鲜明的"锦标赛"和整体性绩效评估的特点。地方政府在引入绩效评估工具时，一般会在政府组成部门之间或者下级整体政府之间开展相对绩效评估，基于评估结果进行相对绩效排名与绩效激励，学界称之为"组织绩效锦标赛"。在相对绩效评估的绩效锦标赛中有两类关键主体：绩效竞赛的组织主体和参赛主体。绩效竞赛的组织主体由一级地方政府设立的绩效评估委员会或绩效评估领导小组及其执行机构绩效办公室负责。绩效评估领导小组一般由地方政府的党政主要领导（书记或副书记，行政首长或副职行政首长）、党政核心部门领导（如党委办公室、政府办公室、组织部、纪委监察局、发改委、财政局等核心党政部门的负责人）组成。绩效评估办公室是绩效评估领导小组的执行机构，履行绩效评估组织实施权，负责绩效评估和绩效管理的日常工作，是绩效竞赛的重要组织者、裁判者和评估主体。绩效评

---

① 战旭英：《地方政府绩效评估的悖论解析》，《中国行政管理》2015 年第 11 期。

估办公室作为体制内相对独立的专业考评机构，此类执行机构通常会挂靠在绩效评估领导小组中的某个党政核心部门，比较常见的是绩效办挂靠在组织部或者纪委监察局之下，由挂靠部门的主要领导兼绩效办主任一职。绩效竞赛中的绩效评估领导小组和绩效评估办公室的目的、利益和角色高度融合，绩效评估领导机构和执行机构可以合并称为绩效评估的组织机构，是一级政府中的绩效评估的裁判者、组织者和评估主体，行使绩效评估的领导权、决策权和评价权，决定绩效评估和绩效管理的制度设计，为参与竞赛的评估对象设定绩效目标，决定年度的最终评估结果。

　　在一级地方政府的整体性绩效评估框架下，所有参与地方公共事务治理的公共部门和下级政府都成为组织化的被评估对象，绩效竞赛的参与者覆盖了所有地方政府的组织部门。一级地方政府为了自上而下地分解本级政府以及上级政府的目标任务，通过设立统一的绩效评估组织机构、评估框架与评估制度，将广义地方政府所辖的行政机关部门（狭义政府）、党群机关部门、国有企业、事业单位、下级整体政府全部作为组织化的政府绩效评估对象纳入本级政府绩效评估框架中进行考评，统一为这些评估对象进行目标设置、过程监控、考核排名和结果运用。学界称地方政府这种相对绩效评估为"锦标赛"。[①] 在我国地方政府绩效评估实践中，评估对象是政府组成部门或下级整体政府，都是组织化的评估对象。学界已有关于政府绩效考核的研究更多关注了绩效目标在纵向层级政府之间的分解。事实上，一级整体政府的绩效目标在横向政府组成部门中也可以并且需要进行分解，即横向的目标分解。区别于纵向不同地方政府间的"锦标赛"，本研究主要关注横向的部门绩效"锦标赛"，因为这一领域还缺少理论关注和实证研究。同时，本研究所称的政府绩效指向政府组织绩效评估而非公共项目或公务员层面的绩效评估，纳入考核的广义政府的组成部门和下级整体政府的评估对象满足这一组织特征。一个组织的绩效产出具有集体性和综

---

① 周黎安：《转型中的地方政府：官员激励与治理》，格致出版社、上海人民出版社，2008，第 89 页。

合性，组织领导者承担绩效领导和部门外部的绩效执行责任，而组织成员承担组织内部的绩效执行责任，组织化的评估对象最终又和组织内部的成员联系起来，使得评估对象的主体和身份具体化。

我国政府绩效评估体制设计决定了政府绩效评估组织机构处于绩效信息生产和供给的主导地位，并形成了以绩效评估组织机构（领导小组、绩效办）等为核心主体，评分主体、数据来源单位等为利益共同体的绩效信息生产者系统。这一具有相对独立性和专业性的绩效评估组织机构在绩效信息生产中发挥着关键作用，是绩效信息的主要生产者和管理者。实践中，尽管被纳入绩效考核的政府部门在目标设置方面可以与评估主体进行讨价还价，并可以提供关于自身职能指标实现程度的原始绩效数据，但是绩效评估组织机构在绩效评估制度设计、绩效目标配置、绩效指标确定、绩效数据收集、绩效评估结果形成、绩效评估结果反馈等方面拥有最终、正式和综合的决策权。正因为政府绩效评估组织机构在绩效信息生产方面起着决定作用，本研究可将其视为正式政府绩效信息的组织化生产主体，是评估对象所需的绩效制度信息、绩效目标信息、绩效指标信息、绩效评估结果信息、绩效反馈信息等关键绩效信息内容的制度化组织信息来源。

在我国政府绩效评估的体制设计与运行机制下，评估对象处于政府绩效评估组织机构生产的绩效信息的接收者和使用者的地位。在地方政府的部门绩效锦标赛体制中，绩效评估规则、评估目标和评估结果的话语权掌握在地方政府绩效评估的组织主体手中，评估对象组织的绩效目标和绩效结果等关键绩效信息主要来自上级或本级政府内相对独立的评估组织机构。因此，在政府部门绩效竞赛中，竞赛参与者所接收的竞赛目标和竞赛结果等关键绩效信息是外生的。尽管政府绩效评估的组织者可以将其自身生产的绩效信息用于激励、监控评估对象，即调控广义政府的组成部门或下级政府，但绩效评估的根本目的是让每一个绩效评估对象实现和改进绩效进而实现一级地方政府的整体绩效利益，这需要评估对象认真对待并充分使用来自绩效评估组织机构的绩效信息。

基于上述阐释，可以用图 3 - 1 来概括政府绩效评估组织机构与政府绩效评估对象之间的绩效权责关系及绩效信息权责关系。

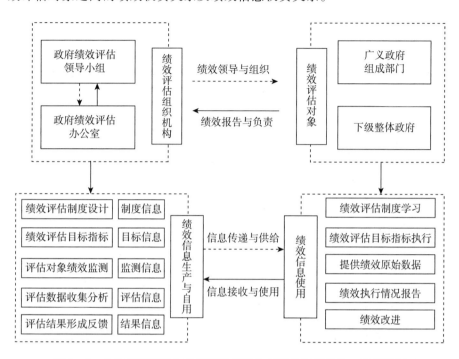

图 3 - 1 地方政府绩效评估体制机制设计与绩效信息供给 - 使用框架

在绩效信息生产 - 消费、供给 - 使用的二元关系中，评估对象的绩效信息使用行为对于提升绩效评估系统的有效性和质量更为关键和重要。结合我国政府绩效评估实践存在显著的绩效信息供给组织和使用组织相分离的特点，作为评估对象的政府组织是否使用组织外生的绩效信息最值得深究。在政府绩效评估组织机构的领导权、组织权、评价权与评估对象的绩效执行权责相对分离的情况下，绩效目标的最终完成和改进依赖于评估对象在管理决策和日常工作中使用来自组织主体的绩效信息。绩效评估的根本目的在于绩效目标实现和绩效水平持续改进。而评估对象作为地方政府中主要的绩效执行和绩效改进主体，其是否将外生绩效目标信息、绩效评估结果信息等具体信息内容融于管理决策和日常工作中决定了一级政府的最终目标是否能够实现，也关系到政府绩效评估系统的运行质量和有效性。绩效目标设定和绩效执行的相对分离，绩效信息的生产过程和消费过程的相对分离，使得更有必要考察评估对象是否认真使用来自外部的绩效信息。评估对象绩效信息使用行为的广度和深度成为地方政府绩效评估体系能否成功的关键评价标准。因此，本研究也将重点关注处于评估对象地位的政府组成部门中的政府管理者的绩效信息使用行为，主要关注地方政府绩效评估对象是否将绩效评估组织机构决定的绩效目标信息和绩效评估结果信息等关键绩效信息内容用于政府组织的内部管理决策和组织外部责任的履行之中。

地方政府绩效评估体制设计的特征也决定了政府绩效评估组织机构和评估对象之间既相对分离又互相依赖的关系。当绩效评估活动由独立的组织机构领导并相对独立于评估对象组织时，绩效评估组织机构掌握最充分的绩效信息而成为绩效信息的供给者，评估对象组织及其成员则成为绩效信息的需求方。这种供需关系使得政府绩效评估组织机构具有提供及时、可靠绩效信息的义务。对于评估对象也就是本书所重点关注的绩效信息使用主体来说，其依赖于组织机构提供的关于本部门的准确、可靠的绩效信息。如果缺乏有效的组织绩效信息，评估对象将难以执行绩效目标、发现问题并改进绩效。而作为绩效信息生产者的政府绩效评估的组织机构又依赖于评估对象将他们所生产的绩效信息付诸实践，通过评估对象的绩效执行和绩效改进去实现绩效信息的使用价值，而不是将绩效信息停留在书面文件中。由此，在政府绩效评估组织主体和评估对象围绕绩效信息的供给－使用、生产－消费职能的有效实现，存在着连续和一体化的依赖与合作关系。

绩效信息供给者和绩效信息使用者是绩效信息活动中的核心角色，两者之间进行有效的信息交换与信息使用合作才能促使绩效信息使用行为的完成。但是一系列组织因素和环境因素在阻碍两者实践合作行为的达成。在政府绩效信息供给－使用的关系中，绩效信息使用者承担了极大的信息不对称风险，因为绩效信息供给者（生产者）掌控绩效信息的生产过程。在我国绩效评估体制设计和运行机制中，绩效评估组织机构对于绩效信息的生产过程、生产方式、质量有着充分的信息裁量权和信息认知。相比之下，评估对象则处于绩效信息裁量权和信息认知的劣势地位。由于处于信息劣势的地位，信息使用者消费组织外部绩效信息的意愿取决于对信息质量是否充分的评价，以及对外部信息供给者（生产者）在知识、技能、能力和诚实等方面是否可信赖的评价。[①] 也就是说，绩效信息使用者对信息供给者（生产者）的态度可能决定其是否使用以及如何使用所接收到的绩效信息。

在绩效信息生产组织和使用组织相对分离的情况下，评估对象对外生绩效信息使用的主动性和积极性取决于其对绩效信息供给者的态度。管理决策者偏好使用组织内部生产的信息，因为组织内部的活动者基于共同的制度文化与目标准则生产了信息，而组织外部的信息则不具备这些生产条件。在信息不对称的条件下，组织之间的信息交换、使用遇到了更多的障碍，组织之间的信任程度较高对促成彼此的合作行为至关重要。已有对政府绩效信息使用影响因素的研究主要从使用主体的角度寻找解释因素，却较少从绩效信息生产方和供给侧角度寻找解释变量。本研究在确立绩效信息使用者和生产者之间的绩效信息责任与绩效信息传递关系的基础上，将引入绩效评估组织机构的因素作为评估对象绩效信息使用行为的重要外部因素进行深入讨论分析。

第二节　信任与组织信任理论

在政府绩效信息使用主体与绩效信息供给主体的二元互动关系中，绩效信息使用者对来自绩效信息供给者的绩效信息的消费是一种组织之间的合作性行为。组织间合作行为的实现和达成依赖于组织间的合作信任关系。信任和组织信任为解释处于评估对象地位和绩效信息接收、消费和使用者地位的政府管理者是否使用外生的绩效信息提供了一个良好的分析视野。

---

① Hertzum, M., Andersen, H. H. K., Andersen, V., "Trust in Information Sources: Seeking Information from People, Documents, and Virtual Agents," *Interacting with Computers* 5 (2002): 575 – 599.

一　信任与组织信任理论

信任（Trust）在多个学科领域都是一个常用学术概念，是心理学、社会学、管理学和政治学等多个学科的共同研究主题，不同学科领域对于信任有着不同的内涵解释以及研究主题与研究对象的侧重。本书主要从管理学的角度，尤其是在组织行为学和公共组织行为学的背景下，从态度的视角来理解信任和组织信任，并将信任理论用于分析评估对象对政府绩效评估组织机构的组织信任如何影响评估对象的绩效信息使用行为。

《牛津英语词典》将"信任"定义为"相信或依赖人或事物的某种品质或属性"；《现代汉语词典》将"信任"解释为"相信而敢于托付"。可以看出，"信任"的词义包括物质和人类在内的两类信任对象。而在社会科学的研究中，因为其关注点在于社会行动中的个体或群体，已有关于信任的文献主要探讨的是人类社群之间的信任。

不同学科的学者都试图对人类社群之间的"信任"进行概念界定。虽然学界还缺乏一个简洁明了和公认的"信任"定义，但是理论界关于信任还是存在一些共识的。许多研究者认为信任本质上是信任主体的一种心理状态。[①] 信任者的信心、期望以及对被信任者行为的自愿接受是信任定义的基本要素。[②] 本研究也认同并采纳了这些关于信任的本质特征，并将信任视为一种积极心理态度。由于本研究主要从心理与态度的视角理解信任的内涵，根据研究需要，我们采纳了卢梭（Rousseau）等对信任的定义：信任是一种心理状态，是建立在对其他行动主体意图和行为的积极评价的基础上，

---

① Kramer, R. M. ,Isen, A. M. ,"Trust and Distrust: Its Psychological and Social Dimensions," *Motivation and Emotion* 2 （1994）: 105 – 107.

② Luhmann, N., "Familiarity, Confidence, Trust: Problems and Alternatives," in Gambetta, D. edited *Trust: Making and Breaking Cooperative Relationships* (New York: Basil Blackwell, 1988), pp. 94 – 107; Hosmer, L. T. ,"Trust: The Connecting Link between Organizational Theory and Philosophical Ethics," *Academy of Management Review* 2 （1995）: 379 – 403; Mayer, R. C. ,Davis, J. H. ,Schoorman, F. D. ,"An Integrative Model of Organizational Trust," *Academy of Management Review* 3 （1995）: 709 – 734.

愿意承担互动关系中的风险与不确定性，而这种积极评价是信任主体对信任客体行为与意图的积极态度。①

信任本质上是信任主体对信任客体的积极态度，其信任机制是一种评价机制和态度形成机制。态度是社会心理学领域的重要概念。社会心理学中有关"态度"的定义有几十种，总的来说主要分为以下五类：一是偏重认知和评价；二是偏重情感的程度定义；三是强调态度的行为意向；四是试图包容认知、情感、行为三类内容，如伊葛利（Eagly）和蔡金（Chaiken）认为态度是"带有赞同或不赞同偏向性评价事物的倾向，通常反映在认知、情感和行为的表现中"，刘易斯（Lewis）把态度看作"一种习得的认知、情感和行为的倾向性，用于积极或消极地应对某种事物、情境、惯例、理念及个人"②；五是偏向社会学的定义，强调组成群体的每一位成员所采取的普遍态度与文化。而本书倾向于从认知与情感的视角来理解信任这一种积极态度。信任态度的形成机制是信任主体充分收集信任客体的相关信息，并将信任主体的期望（需求、收益、价值、能力标准等）与信任对象的特征和属性进行比较后形成的一种情感评价。如果信任客体达到了主体的期望，信任主体对信任客体就形成了信任，反之则形成了不信任。信任态度为本书理解的绩效信息使用者对生产者的积极态度及其对绩效信息使用行为的影响提供了一个非常恰当的理论视角。

信任主题的研究文献在使用"信任"这一概念时，既可以将信任视为一个自变量（原因）解释信任态度对其他变量的影响，还可以将信任态度视为因变量（效果）或交互变量分析信任态度的形成原因。本研究主要将信任视为一个解释绩效信息使用行为的自变量。不同学科的研究文献已经广泛探讨了信任的原因，这为本研究理解信任态度的决定因素提供了理论文献基础。

---

① Rousseau, D. M. , Sitkin, S. B. , Burt, R. S. , et al. , "Not So Different After All: A Cross-Discipline View of Trust," *Academy of Management Review* 3 (1998): 393–404.

② 〔美〕Lewis R. Aiken：《态度与行为：理论、测量与研究》，何清华、雷霖、陈浪译，中国轻工业出版社，2008，第3页。

基于信任主体与信任客体之间的组织属性与关系水平，可以将信任分为人际信任和组织信任。人际信任主要用于非组织成员的社群信任。而本研究所关注的政府绩效评估实践及其绩效信息使用主体和信息消费行为都是基于特定组织背景的组织行为，因此本研究主要从组织信任的角度理解信任。在组织理论中，组织信任又存在组织内部信任和组织间信任的维度划分。前文的研究背景已经说明了绩效信息使用者和绩效信息生产者之间存在相对分离，这意味着绩效信息使用者和绩效信息生产者属于不同的组织。在政府绩效信息供给和使用的分析框架中，绩效信息供给主体与使用主体存在组织实体的分离，因此本研究也主要从组织间的信任关系来理解组织信任。

在政府绩效信息供给主体与使用主体的双向组织信任关系中，本研究重点关注绩效信息使用主体对绩效信息供给主体的组织信任态度。两个组织之间的组织信任态度是双向的，组织之间的信任评价并不完全一致、对称或相同。在任何合作与信任关系中，处于信息不对称地位的主体和风险承担者的信任态度更为关键，因为这一主体的不信任态度将直接阻碍甚至瓦解面向信息优势一方的合作行动。在政府绩效信息供给主体与使用主体之间，绩效信息使用主体处于显著的信息劣势地位，其也最有可能不使用绩效信息供给主体提供的绩效信息而瓦解两者的信息交换与信息使用的合作关系。根据这种特殊的背景与问题，本研究主要关注绩效信息使用组织对绩效信息供给组织的信任态度，将政府绩效信息的接收者、需求者、消费者和使用者等类似的组织及其组织成员视为信任主体，将绩效信息的生产者、提供者等看作绩效信息使用者的信任对象或信任客体。组织信任的主体是具体信任态度的评价者和判断者，需要组织的具体成员做出评价或判断。在本研究中，绩效信息使用主体重点关注评估对象的绩效信息使用行为，而评估对象又是组织化的政府组成部门及其部门成员，处于评估对象地位的政府部门中的管理者是本研究直接观测的绩效信息的使用者和信任态度的评价者。而绩效信息供给主体主要操作化为政府绩效评估的组织机构，并将这一组织机构整体作为评估对象的组织信任对象。因此，本研究不测量组织间的人际信任态度，而主要分析绩效信息生产者和供给者作为一个组织整体成为绩效信息使用者的信任客体，同时重点分析绩效信息使用者对绩效信息生产者的组织信任是如何影响其绩效信息使用行为的。

二　信任与组织信任的决定因素

信任的决定因素又被称为可信任度（Trustworthiness），是信任理论的重要知识点。信任的决定因素回答为什么一个个体或一个组织是值得信任的。诸多信任研究文献的一个重点在于阐释信任的决定因素或者可信任度特征，大量的信任实证研究文献也采用简洁和多维度的可信任度特征来操作化信任概念。确立组织可信任度特征将有助于把握信任态度的形成原因以及不同信任态度对行为倾向及行为结果的影响。在本研究中，明确信任的决定因素能够帮助我们对信任这一综合态度进行操作化和维度化，并可探讨具体的因素如何对绩效信息使用产生影响。

在组织信任文献中，信任研究既可以将组织信任视为一个单一维度的综合概念或变量，也可以将其视为一个多元维度的结构化变量，且后者更为普遍。通过文献回顾发现，已有的信任相关文献认为信任决定因素和信任维度从 1 到 12 个维度之间变化，其中，单个维度、两个维度、三个维度或四个维度最为普遍。[①] 从组织多个可信任度特征出发进行信任评价是组织信任态度操作化普遍路径。信任的理论研究认为是信任客体的特征决定了可信任度。[②] 由此，对信任客体特征的评价是信任概念操作化的核心要义。[③] 一系列的组织信任文献提出了一系列的决定组织可信任度的因素或组织可信任度特征，包括组织公正性、组织能力、组织善意、情感评价、认知评

---

① McEvily, B., Tortoriello, M., "Measuring Trust in Organisational Research: Review and Recommendations," *Journal of Trust Research* 1 (2011): 23 – 63.

② Schoorman, F. D., Mayer, R. C., Davis, J. H., "An Integrative Model of Organizational Trust: Past, Present, and Future," *Academy of Management Review* 2 (2007): 709 – 734.

③ Kramer, R. M., "Divergent Realities and Convergent Disappointments in the Hierarchic Relation," *Trust in Organizations: Frontiers of Theory and Research* (1996): 216 – 245.

价、组织忠诚、组织公开性、组织公平、组织可信度、动机评价、组织可预测性、组织一致性、组织机会主义倾向、组织专长、组织认同等，具体如图 3 – 2 所示，并提出了组织间信任关系的五种研究途径，即基于计算的信任、基于合同的信任、基于情感的信任、基于制度的信任和基于认知的信任。[①]

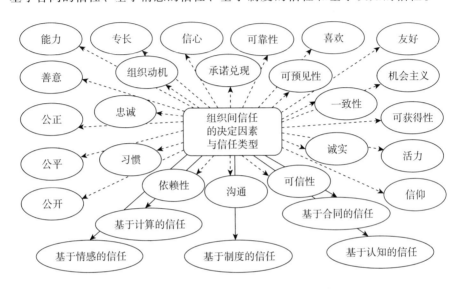

图 3 – 2　组织间信任的决定因素与信任类型

在所有潜在的组织可信任度的决定因素中，由梅耶尔（Mayer）等最先提出的组织能力、组织善意和组织公正性三个组织信任因素在文献中的出现频率最高，也屡被实证研究文献所证实和使用。梅耶尔等认为可信度取决于信任对象的能力、善意和公正特征。尽管这三个信任因素和维度可能存在高度相关性，它们仍然被视为可行和简化的信任概念结构和信任维度。在梅耶尔的定义中，能力信任是指信任对象在一个给定领域内能够产生影响的技能、能力和特征的综合；善意信任是指信任客体除了受到自我利益的激励外，有意愿对信任主体做出有利事情的程度；公正信任指的是信任

① Seppänen, R. , Blomqvist, K. , Sundqvist, S. , "Measuring Inter-Organizational Trust—A Critical Review of the Empirical Research in 1990 – 2003 ," *Industrial Marketing Management* 2 （2007）：249 – 265；McEvily, B. , Tortoriello, M. , "Measuring Trust in Organisational Research：Review and Recommendations," *Journal of Trust Research* 1 （2011）：23 – 63.

主体感知到信任客体会坚持自己也认可的一套原则。

已有信任研究中所阐述的这些信任因素，特别是组织能力、善意和公正性这三个组织可信任维度为本研究操作化绩效信息使用主体对绩效信息供给主体的组织信任评价提供了先验研究基础。

三 信任与组织信任的功能

明确信任的功能与影响将有助于建立本书的研究假设，即组织信任如何影响作为一种组织行为的政府绩效信息使用。信任的相关研究都认为信任在社会系统运行中有着至关重要的作用，无论是在宏观方面还是在微观方面。一个系统，无论是经济的、法律的还是政治的，都需要信任作输入的条件；没有信任，系统就无法在不确定性和有风险的环境中激发支持性行动。[1] 风险是社会运行的本质特征，广泛存在于各种交互关系之中。风险和相互依赖加强了对信任的需要。[2] 诸多研究表明，信任对风险的化解以及风险背景下的合作行为的促成有着关键作用。信任会减少互动双方的交易成本，促成个体、团体和组织之间的合作行为，信任可以减少互动关系中的机会主义，并让行动者承担风险。[3]

在组织管理领域，组织信任被视为组织间成功合作的关键变量，这种合作可以泛指组织间的任何形式的交换与互动关系。[4] 越来越多的证据表明，组织信任对组织之间的合作关系的建立、合作行动的达成、合作关系

① Luhmann, N. , "Familiarity, Confidence, Trust: Problems and Alternatives," in Gambetta, D. edited *Trust: Making and Breaking Cooperative Relationships* (New York: Basil Blackwell, 1988), pp. 94 - 107.

② Rousseau, D. M. ,Sitkin, S. B. ,Burt, R. S. ,et al. , "Not So Different After All: A Cross-Discipline View of Trust," *Academy of Management Review* 3 (1998): 393 - 404.

③ Mayer, R. C. ,Davis, J. H. ,Schoorman, F. D. , "An Integrative Model of Organizational Trust," *Academy of Management Review* 3 (1995): 709 - 734.

④ Zaheer, A. ,McEvily, B. ,Perrone, V. , "Does Trust Matter? Exploring the Effects of Interorganizational and Interpersonal Trust on Performance," *Organization Science* 2 (1998): 141 - 159; Vangen, S. ,Huxham, C. , "Nurturing Collaborative Relations Building Trust in Interorganizational Collaboration," *The Journal of Applied Behavioral Science* 1 (2003): 5 - 31.

的维护等多方面具有诸多重要正面作用，组织信任是组织内部成员之间以及组织与组织之间有效合作行为的关键正向影响变量。组织管理的相关研究已经验证了信任在一系列组织互动和交换行为中的积极作用。例如，信任对买者和卖者关系（Buyer-Seller）有正向影响，[①] 信任在组织信息交换关系与组织知识分享中具有重要作用。[②] 这些组织间的双边互动关系与本书的绩效信息供给主体和使用主体之间的互动关系非常相似。在此类互动关系中，使用者（需求者、消费者、购买者、接受者）相对于供给者（生产者、提供者）来说处于信息劣势地位，会面临严重的信息不对称，面临较高的不确定性和风险。在各种交往关系中，风险和不确定性的存在迫切需要组织双方的信任态度以促成双方的合作行为。[③] 这同样适用于绩效信息使用者与绩效信息生产者之间的依赖与合作关系。

在政府绩效信息使用者和生产者之间，即评估对象与政府绩效评估组织机构之间的互动合作关系中也存在信息不对称以及由此而带来的风险和不确定性问题，并需要信任态度促成两者之间的有效合作。尽管政府绩效信息生产者或供给者对绩效信息使用者所接收的绩效信息负有制度上和道德意义上的责任，但是绩效信息的生产者有可能并不按此行事，或者不被绩效信息使用者认为遵守了绩效信息的生产制度规则。对于绩效信息的使用者来说，要利用外生的绩效信息则必须承担信息不对称的风险，因为他

---

① Doney, P. M., Cannon, J. P., "An Examination of the Nature of Trust in Buyer-Seller Relationships," *The Journal of Marketing* (1997): 35 – 51; Dyer, J. H., Chu, W., "The Role of Trustworthiness in Reducing Transaction Costs and Improving Performance: Empirical Evidence from the United States, Japan, and Korea," *Organization Science* 1 (2003): 57 – 68.

② Hertzum, M., Andersen, H. H. K., Andersen V., et al., "Trust in Information Sources: Seeking Information from People, Documents, and Virtual Agents," *Interacting with Computer* 5 (2002): 575 – 599.

③ Sydow, J., Windeler, A., Sydow, J., et al., "Knowledge, Trust, and Control: Managing Tensions and Contradictions in a Regional Network of Service Firms," *International Studies of Management & Organization* 2 (2003): 69 – 100; Vlaar, P. W. L., Van den Bosch, F. A. J., Volberda, H. W., "On the Evolution of Trust, Distrust, and Formal Coordination and Control in Interorganizational Relationships toward an Integrative Framework," *Group & Organization Management* 4 (2007): 407 – 428.

们难以知悉绩效信息的生产过程和绩效信息的实际质量，只能在有限的信息条件下做出使用与否的决策。具体到政府绩效评估组织机构和评估对象的组织关系当中，政府绩效评估组织机构处于绩效信息生产与供给的垄断地位，作为评估对象的政府组成部门及其部门成员处于绩效信息的接收和被动地位，现有的绩效评估体制设计与运行机制决定了评估对象在绩效信息生产中的话语权和裁量权的缺失，由此而造成了作为绩效信息使用主体的评估对象与作为绩效信息供给主体的绩效评估组织机构之间关于绩效信息的高度不对称。由信息不对称所导致的不确定性风险在政府绩效评估组织机构与评估对象的相互依赖关系中始终存在，评估对象对信息生产者是否具有信任态度对评估对象是否使用外生绩效信息决策有着关键影响。

第三节　组织信任与信息使用的理论关系

在信息与信任的相关复合研究文献中，组织信任被视为一系列组织间信息行为的促进机制。研究表明，组织之间的信任关系对于组织之间的信息交换、交换主体对交换信息的使用倾向以及对交换信息的实际使用程度都有着显著而正向的影响。[①] 曹科岩等人的实证研究表明，组织信任对组织之间的知识分享与知识行为有显著的正向影响。[②] 绩效信息本质上也属于一种知识，可以据此推断组织信任关系与绩效知识分享和绩效知识利用行为的积极联系。基于组织信任在组织合作关系中的积极作用，以及组织信任对组织之间信息行为的积极作用，我们有理由假设绩效信息使用者对绩效信息供给者的组织信任会影响使用者的绩效信息利用行为，具体到本研究

① Özer, Ö., Zheng Y., Chen, K. Y., "Trust in Forecast Information Sharing," *Management Science* 6 (2011): 1111 – 1137; Nicolaou, A. I., Mcknight, D. H., "Perceived Information Quality in Data Exchanges: Effects on Risk, Trust, and Intention to Use," *Information Systems Research* 4 (2006): 332 – 351; Kelton, K., Fleischmann, K. R., Wallace, W. A., "Trust in Digital Information," *Journal of the American Society for Information Science and Technology* 3 (2008): 363 – 374.
② 曹科岩、龙君伟、杨玉浩：《组织信任、知识分享与组织绩效关系的实证研究》，《科研管理》2008 年第 5 期。

情景之下，可以假设评估对象对政府绩效评估机构的组织信任态度会促进评估对象积极主动地使用来自组织机构的绩效信息。

已有研究从两个方面对信任在信息使用中的功能作用进行了检视：一是信息使用者对信息本身的信任；二是使用者对信息生产者或信息源的信任。已有经验研究证明，信息的可信度与信息使用存在关联。但学界对信息源的信任关注更多。相对于对信息本身这一物质的信任，对信息生产者和信息源的主体信任更为重要，因为是信息源决定了信息的生产和供给，是信息源决定了信息的特征与属性。学者指出，对信息的信任必然通过一个信息源的评价机制，即从熟悉和信赖的信息提供者那里获取信息。[①] 一系列组织传播和组织沟通的研究都证实了信息生产者和信息提供者等信息来源的可信度在信息使用中具有重要地位。可信度是对信任的操作化，信息源的可信任度与信息提供者的专业、能力和道德品质等组织特征相关。信息源可信任度的研究表明，人们倾向于选择可信赖的信息生产者作为信息来源。[②] 一个高度可信赖的信息源，在沟通的过程中对信息接收者的观念、态度和行为更加有影响力。[③] 对信息提供者的信任态度包括对信息供给者的能力、善意和诚实性的评价，这些信任因素将影响信息接收者的使用意愿。[④] 这些研究结论都在揭示信息供给和信息使用的互动关系，信息使用者的态度对象应该放在信息提供者主体身上而非信息本身。

当绩效信息的供给主体－使用主体相对分离时，本研究认为信息使用者对信息生产者和供给者的评价是其态度形塑的关键对象，并会对其绩效信息使用行为产生重要影响。绩效信息生产者和供给者即本研究所界定的

---

① Wachbroit, R., "Reliance and Reliability: The Problem of Information on the Internet," *Philosophy & Public Policy Quarterly* 4 (2000): 9-15.

② Giffin, K., "The Contribution of Studies of Source Credibility to a Theory of Interpersonal Trust in the Communication Process," *Psychological Bulletin* 2 (1967): 104-120.

③ Pornpitakpan, C., "The Persuasiveness of Source Credibility: A Critical Review of Five Decades' Evidence," *Journal of Applied Social Psychology* 2 (2004): 243-281.

④ Nicolaou, A. I., Mcknight, D. H., "Perceived Information Quality in Data Exchanges: Effects on Risk, Trust, and Intention to Use," *Information Systems Research* 4 (2005): 332-351.

政府绩效评估组织机构，其设计绩效管理和绩效评估制度，为评估对象设置绩效目标与指标，监控和收集评估对象的绩效数据，通过绩效评估与绩效分析形成正式的绩效信息。绩效信息生产者和供给者决定了绩效信息的属性、特征和质量。绩效信息使用者对绩效信息本身的态度归根到底决定于对绩效信息生产者的态度，且对绩效信息生产者的信任态度更为本质和关键。因此，在评估对象与政府绩效评估组织机构的互动关系中，我们有理由假定组织机构是评估对象是否使用绩效信息的最关键态度对象。

在绩效信息供给和使用的背景下，从信任或组织间信任的角度探讨政府绩效信息的影响因素还未受到国内外学者的关注，经验研究尚处于空白。通过上述的理论阐释，可以看出组织信任理论为解释绩效信息使用者的态度及其使用行为提供了契合的理论视角。对绩效信息的使用者来说，当他们收到外部绩效信息时，对信息或信息源的可信度评价机制就会开始运行，其中对信息源的可信度评价更为重要，对信息供给者的可信任度评价又进而会对其信息使用行为产生影响。绩效信息本质上属于一种人造之物，对物的信任的根源必然转向对"造物者"——绩效信息生产者的信任。人们通常更依赖他们最信任的信息渠道，并将从可信赖的信息源获得的信息予以内部化，而拒绝不信赖的信息源提供的信息。[1] 对信息源的信任度评价，会影响信息接收者使用信息的意愿，包括是否采用信息源的建议去改进绩效，以及对建议的拒绝和接受。[2] 由于政府绩效评估组织机构扮演评估对象外部信息源的角色，本研究可以从理论上建立评估对象对组织机构的组织信任与评估对象绩效信息利用水平之间的正向关系预期，评估对象对组织机构的组织信任评价越高，其越有可能使用来自组织机构的绩效信息。

基于以上阐述，政府绩效信息使用者对绩效信息供给者的组织信任态

---

① Malka, A. , Krosnick, J. A. , Langer, G. , "The Association of Knowledge with Concern about Global Warming: Trusted Information Sources Shape Public Thinking," *Risk Analysis* 5 (2009): 633 – 647.

② Bannister, B. D. , "Performance Outcome Feedback and Attributional Feedback: Interactive Effects on Recipient Responses," *Journal of Applied Psychology* 2 (1986): 203 – 210.

度及其对绩效信息使用影响的总体研究逻辑如图 3 – 3 所示。

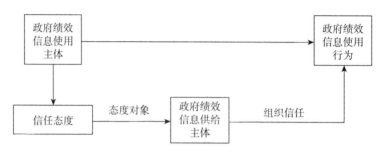

图 3 – 3 组织信任嵌入绩效信息供给 – 使用框架的逻辑思路

第四节 组织信任与政府绩效信息使用理论关系假设

基于上述理论阐释，以及政府绩效信息供给主体和使用主体相对独立的研究背景，本研究旨在构建和验证绩效信息的使用者对生产者的信任如何影响使用者的绩效信息的使用行为，也就是评估对象对政府绩效评估组织机构的组织信任态度是否影响评估对象对组织机构生产的绩效信息的使用程度。根据前文对研究问题、研究对象和研究焦点的界定，本研究将以评估对象的绩效信息使用行为为被解释变量，以评估对象对政府绩效评估组织机构的组织信任态度为解释变量，并建立两者直接和明确的变量关系假设。

评估对象使用来自政府绩效评估组织机构的绩效信息是一种合作性行为。在评估对象与政府绩效评估组织机构的互动关系中，评估对象与组织主体合作行为的表现就在于评估对象主动和积极地使用来自组织主体的绩效信息，合作生产与合作改进政府绩效。这两个主体之间存在单向的绩效信息流动与交换关系，组织主体担任绩效信息生产者和传播者角色，评估对象担任绩效信息接收者和使用者的角色，评估对象处于信息不对称的劣势地位。信任是合作的前提，越是在信息不对称的情况下，越需要积极的信任态度以调动起信息劣势一方的合作与支持行为。因此我们可以假设，评估对象对组织主体的组织信任态度会增加其对绩效信息的认同和接受，并促进评估对象主动使用绩效信息。也就是说，增加组织主体的可信任度会促进评估对象形成对组织主体的积极态度，这种积极的信任态度会促使评估对象更加认真地执行绩效目标并更加努力地提升绩效。

分析评估对象对组织主体的信任态度及对其绩效信息使用行为的影响，最终要解决的问题还是如何提升组织主体的可信任度。单向度的信任态度也可以反映双向互动关系特征，评估对象对组织主体的信任态度也可以反映两者之间互动关系的症结并找到解决之道。观测评估对象对组织主体的信任态度，归根到底是要让政府绩效评估的组织机构提升自身的组织信任度，让信任主体产生积极的信任评价与态度，以此提高评估对象的绩效信息使用程度。

不同于公共行政研究中常把信任或组织信任当作一个总体态度和单一维度的概念，本研究将组织信任的概念操作化为多维度的组织可信任度评价。从可信任度的视角理解和操作化信任概念有以下两个方面的明显优势。一方面，正如哈丁（Hardin）所指出，可信任度产生信任，在信任的研究中聚焦于可信度比关注总体的信任更有意义。① 寻找并确认信任态度形成的关键因素，也就找到了塑造信任态度和改善信任关系的"钥匙"。因此，本研究也重点考察那些决定绩效信息使用主体认为信息供给主体为什么值得信任或不值得信任的背后的因素。另一方面，组织可信任度可以提供信任是如何影响特定行为的细微和深入的解释机制。讨论信任的总体态度特征及总体态度的影响机制不利于研究问题与结论的深入，组织可信任度具有明显的维度和影响因素，这可以弥补笼统信任研究方式的不足。为了深入解释组织信任与绩效信息使用之间的作用机制，非常有必要确立组织信任的因素结构以及它们分别对绩效信息使用的影响。

尽管已有文献提出了许多不同种类的可信任度评价要点，其中由梅耶尔等提出的三个维度可信度评价框架最为流行和广泛使用：能力（Ability／Competence）、善意（Benevolence）和公正（Integrity）（ABI）。② 尽管这些

---

① Hardin，R.，*Trust and Trustworthiness*（Russell Sage Foundation，2002），pp. 28 – 30.

② Mayer，R. C.，Davis，J. H.，Schoorman，F. D.，"An Integrative Model of Organizational Trust，" *Academy of Management Review* 3（1995）：709 – 734.

可信任度因素可能存在相关，它们仍然被视为简约的信任评价要点。但是，梅耶尔等后来的研究也指出，在具体的情形和不同的双边关系中，可信任度评价的关键要点可能存在差异，可信任度评价因素的选择应因地因时而异。[①] 本研究以能力－善意－公正（ABI）的组织可信任度评估框架为基础，考虑到本书的组织信息传递和信息交换的研究情景，笔者在评价框架中加入了第四个可信任度的评价因素——组织公开性（Transparency/Openness）。这一新增的组织可信任度评价因素，主要是基于绩效信息生产者和使用者的分离，用于考察绩效评估组织机构是否将绩效信息及时全面地向评估对象公开。本研究的后续统计分析会对该新增维度的独立性和科学性进行检验。由此，本研究形成了政府绩效信息使用主体对绩效信息的生产者组织的四个方面的组织可信任度评价维度，即用组织能力信任、组织善意信任、组织公正信任和组织公开性信任（ABIT）四个因素衡量评估对象对政府绩效评估组织机构的组织信任态度，并建立这些可信任度评价与绩效信息使用的理论逻辑关系。本研究细化的研究框架如图 3－4 所示。

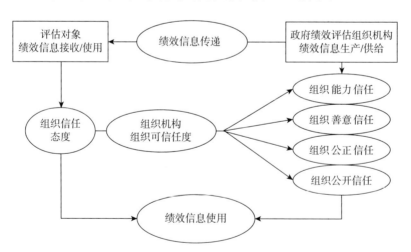

图 3－4　组织可信任度与绩效信息使用的理论逻辑框架

---

① Schoorman, F. D., Mayer, R. C., Davis, J. H., "An Integrative Model of Organizational Trust: Past, Present, and Future," *Academy of Management Review* 2 (2007): 344 – 354.

一 组织能力信任与绩效信息使用

能力评价是信任主体对信任客体技能的信心。[1] 研究表明，要使信任主体信任另一方，信任主体必须感知到被信任者有能力或者可以完成特定的任务。[2] 能力是任务和情境指向的概念，能力信任是对信任客体能够完成特定任务的积极预期。在本书中，绩效信息生产者的职责和作用是产生绩效信息，政府绩效信息的生产过程与绩效评估过程一致，具体的任务包括：绩效目标设定、绩效监控、绩效数据收集、满意度调查以及排名，这些都可以通过特定的绩效信息内容产出来反映。评估对象对政府绩效评估组织机构的能力信任主要指向组织主体能否开展科学的绩效评估活动并生产高质量的绩效信息。政府绩效评估组织机构及其工作人员是否能够完成绩效评估任务，其知识和技能是否达到了评估对象的期望是本研究关注的主要问题。

已有绩效信息使用的经验研究表明，绩效评估能力[3]、绩效评估质量（成熟度）[4] 与绩效信息使用之间有正向关系。这些相关因素都可被视为绩效评估组织主体的能力体现。评估对象对政府绩效评估组织机构的能力信任意味着评估对象认可专业的绩效评估机构的绩效评估活动，认为其生产的绩效信息质量和价值也较高，这些认同都容易增加评估对象使用组织主体绩效信息的意愿。由此，本研究可以假设，如果评估对象对政府绩效

[1] Mayer, R. C. , Davis, J. H. , Schoorman, F. D. , "An Integrative Model of Organizational Trust," *Academy of Management Review* 3 (1995): 709 – 734.

[2] Butler, J. K. , "Toward Understanding and Measuring Conditions of Trust: Evolution of a Conditions of Trust Inventory," *Journal of Management* 3 (1991): 643 – 663.

[3] Berman, E. , Wang, X. H. , "Performance Measurement in US Counties: Capacity for Reform," *Public Administration Review* 5 (2000): 409 – 420.

[4] Melkers, J. , Willoughby, K. , "Models of Performance-Measurement Use in Local Governments: Understanding Budgeting, Communication, and Lasting Effects," *Public Administration Review* (2005): 180 – 190; Taylor, J. , "Factors Influencing the Use of Performance Information for Decision Making in Australian State Agencies," *Public Administration* 4 (2011): 1316 – 1334; Kroll, A. , Vogel, D. , "The PSM-Leadership Fit: A Model of Performance Information Use," *Public Administration* 4 (2014): 974 – 991.

评估组织机构的能力持正面评价，其绩效信息使用的动力和力度就会较大。

二 组织善意信任与绩效信息使用

善意指信任客体愿意帮助信任主体的动机。[①] 善意描述了信任客体除了受到自我利益的激励外有意愿对信任主体做出有利事情。[②] 持有善意的信任客体意味着他关心和体谅信任主体，关切并维护信任主体的利益。在交互关系中，如果信任客体将信任主体的需求、诉求及期望等考虑在内，并采取有利于信任主体的行动，这无疑会增进信任主体对信任客体的信任，信任客体也将被视为具有善意特征。

在本书的研究情景中，政府绩效评估组织机构的组织善意指其在绩效评估不同环节以及绩效信息生产过程中，考虑评估对象的利益和诉求。如前文所述，绩效评估的组织主体处于领导地位，而评估对象处于执行地位，两者的不平等地位是阻碍平等合作关系的主要因素。为了建立两者之间的平等合作关系，需要政府绩效评估组织机构对评估对象表现出善意和关心，充分考虑评估对象的绩效利益和绩效信息需求。本质上来讲，绩效信息使用者是绩效信息生产者的消费者和顾客。研究也表明，满足绩效信息使用者的需求可以促进绩效信息在决策中被采纳。[③] 为了吸引"顾客"真正消费和使用绩效信息，绩效信息供给者在信息生产过程中应该考虑到使用者的需求和利益。而绩效信息供给者的善意动机及其善意行为无疑将促进使用者对绩效信息的认同、接纳和利用。在本研究中，政府绩效评估的组织机构是否考虑了评估对象的利益，绩效信息使用者是否认为绩效信息生产者

---

① Mayer, R. C., Davis, J. H., Schoorman, F. D., "An Integrative Model of Organizational Trust," *Academy of Management Review* 3 (1995): 709 – 734.

② Whitener, E. M., "The Impact of Human Resource Activities on Employee Trust," *Human Resource Management Review* 4 (1998): 389 – 404.

③ Taylor, J., "Strengthening the Link between Performance Measurement and Decision Making," *Public Administration* 4 (2009): 853 – 871.

和供给者考虑了自身的利益，绩效信息的使用者对绩效信息生产者动机与意图的判断是组织善意信任维度关注的重点。

三　组织公正信任与绩效信息使用

对公正的信任指信任客体坚持一系列规则并为信任主体所接受。[①] 这里的规则可以是法律、法规、社会规范或道德准则。公正是对一个组织采取公平和符合伦理道德行为的可能性和倾向的评价。[②] 在绩效信息的供给–使用框架中，绩效信息的生产者和供给者掌握着绩效信息生产的过程。为了保证绩效评估的公平性，绩效信息的生产者一般都会对绩效信息生产过程设置规章制度和标准。实践中，绩效信息的生产和供给主体是否遵守了这些制度和标准则不能完全确定。这将绩效信息接收者置于一个具有风险的情境，他们是否认同和接纳这些绩效信息，取决于对绩效信息生产者和提供者的道德品质的评价，即是否具有公正性。

公正性在政府绩效评估和绩效信息生产中有着重要地位。政府绩效评估的运行应依据绩效评估制度，而政府绩效评估组织机构是绩效评估制度的制定者和执行者，其是否严格执行和遵从制度决定了绩效评估结果与绩效信息是否公平和公正。同时，由于地方政府普遍采取相对绩效评估，其核心措施是对一系列并列的评估对象进行绩效排名。绩效评估和绩效排名的公正性决定了评估对象对绩效评估结果的认可度，也会影响其使用绩效信息改进绩效的意愿。可以假设，如果评估对象对政府绩效评估组织机构即绩效信息生产者没有公正性的预期，他们将怀疑信息生产者滥用职责和制度并提供了不实的绩效信息，这将导致使用者不愿意接纳和使用外生的绩效信息。

---

① Mayer, R. C. ,Davis, J. H. ,Schoorman, F. D. ,"An Integrative Model of Organizational Trust," *Academy of Management Review* 3 (1995): 709 – 734.

② Whitener, E. M. ,"The Impact of Human Resource Activities on Employee Trust," *Human Resource Management Review* 4 (1998): 389 – 404.

四 组织公开信任与绩效信息使用

在梅耶尔等提出的可信任三因素框架之下增加组织公开性评价是出于研究背景与政府绩效评估实践现实的考虑。公开意味着绩效信息的透明以及在绩效信息的生产过程中使用者的参与。由于绩效信息生产者与绩效信息使用者的独立和分离，这两个主体之间存在信息不对称。绩效信息生产者全面地把握和了解了绩效信息的生产过程、绩效信息的生产方式、绩效信息的质量，但绩效信息的接受者和使用者并不能完整地掌握这些信息。因此，绩效信息生产过程的开放度与透明度将会影响绩效信息使用者获得绩效信息的数量，也会影响绩效信息使用者对信息反馈的态度和评判，进而影响绩效信息使用者的行为。绩效信息的生产过程、考核结果的开放与透明程度会直接影响绩效信息使用者获得的绩效信息数量。

在信任关系中，公开透明意味着信任客体向信任主体公开了全部决策和行动信息，以使信任主体对信任客体充分知情。因为公开和透明紧密相关，在信任研究中，"公开"和"透明"也被视为同义词而可以相互替代。在绩效信息供给和使用的关系中，透明指信息生产者和供给者向使用者充分公开和分享绩效信息生产过程。绩效信息的公开增加了使用者的绩效信息可获得性，这被视为绩效信息使用的积极促进因素。[①]

在政府绩效评估中，政府绩效评估组织机构向评估对象公开绩效信息的行为和结果可以被称为政府绩效信息的内部透明度。组织主体的公开和透明的行为可以促进政府绩效评估过程面向评估对象的开放性和参与性，增加评估对象的绩效信息可获得性和完整性，增加利益相关者的知情程度。因此，对组织主体公开透明度的评价将促进评估对象的绩效信息使用。

---

① Julnes, P., & Holzer, M., "Promoting the Utilization of Performance Measures in Public Organizations: An Empirical Study of Factors Affecting Adoption and Implementation," *Public Administration Review* 6 (2001): 693 – 708; Moynihan, D. P., Pandey, S. K., "The Big Question for Performance Management: Why do Managers Use Performance Information?" *Journal of Public Administration Research and Theory* 4 (2010): 849 – 866.

许多信任文献将透明度与公正性等同视之，并将其作为信任度多维概念中的一部分。① 事实上，在梅耶尔等人的能力－善意－公正（ABI）的评估框架中，公开被嵌入公正性的维度。考虑到本书特殊的绩效信息环境以及评估对象对外生绩效信息来源的依赖性，笔者尝试将组织公开性视为可信任度评价框架中的独立要素，但公开透明性在可信任度评价框架中的独立性仍有待后文的检验。

五　总体研究假设

基于上述阐述，本研究所关注的解释变量与被解释变量的因果关系假设已然清晰，评估对象的绩效信息使用行为与评估对象对绩效评估组织机构的信任态度的理论关系已经建立。本研究的因变量是政府绩效信息使用行为，主要考察担任评估对象角色的政府管理者的绩效信息使用方式和使用程度。根据前文的理论与文献回顾，本研究将重点关注政府管理者的两种绩效信息使用方式及行为：内部管理使用和外部责任使用。本研究选取的解释变量是评估对象对政府绩效评估组织机构的组织信任态度，并从两个角度理解和操作化组织信任变量：一是考察担任绩效信息使用者角色的评估对象对担任绩效信息生产者角色的评估主体的总体信任态度；二是考察评估对象对担任绩效信息生产者角色的组织主体的组织可信任度，即四个维度的组织信任决定因素。

基于所关注的因变量与自变量，本研究将重点构建和阐释以下两个方面的假设。一方面，本研究的假设和期望是绩效信息使用者对绩效信息生产者的总体信任会对其绩效信息使用的程度产生正向影响，即评估对象对政府绩效评估的组织机构的总体信任态度会对他们的绩效信息使用行为产

① Kramer, R. M., "Divergent Realities and Convergent Disappointments in the Hierarchic Relation," *Trust in Organizations: Frontiers of Theory and Research* (1996): 261 – 287; Pirson, M., Malhotra, D., "Foundations of Organizational Trust: What Matters to Different Stakeholders?" *Organization Science* 4 (2011): 1087 – 1104.

生正向影响。另一方面，本研究的假设和期望是评估对象对组织机构的每个组织可信任度因素评价都会对评估对象的绩效信息使用行为产生正向影响。基于文献综述和理论建构，本研究从"能力－善意－公正－公开"四个角度考察政府绩效评估组织机构的组织可信任度。

由于本研究所有自变量和因变量都是多维度的潜变量，并且每个自变量到因变量的预期影响都是一致的正向关系，本部分共提出四组待验证的研究假设，研究假设的模型如图 3-5、图 3-6 所示。

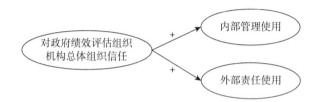

图 3-5 研究假设 1 与研究假设 2 的模型

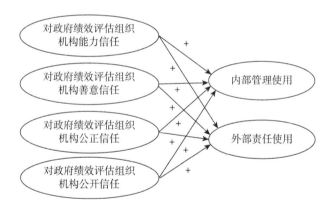

图 3-6 研究假设 3 与研究假设 4 的模型

研究假设 1：评估对象对政府绩效评估的组织机构的总体组织信任态度会对其绩效信息的内部管理使用产生正向影响。

研究假设 2：评估对象对政府绩效评估的组织机构的总体组织信任态度会对其绩效信息的外部责任使用产生正向影响。

研究假设 3：评估对象对政府绩效评估的组织机构的组织能力－善意－公正－公开的信任态度会对评估对象的绩效信息内部管理使用产生正向影响。

研究假设 4：评估对象对政府绩效评估的组织机构的组织能力 - 善意 - 公正 - 公开的信任态度会对评估对象的绩效信息外部责任使用产生正向影响。

总体来看，通过理论和文献回顾，研究预期绩效信息使用者如果对提供者缺乏信心和信任，或者对绩效信息提供者的可信任特征持负面评价，这将影响绩效信息使用者进一步收集、吸收绩效信息并进行使用的动力。研究旨在证实，绩效信息使用者和生产者之间的信任，特别是使用者对生产者的信任如何影响绩效信息交换和最终的绩效信息使用行为。

第四章

研究方法与变量调查

第一节　研究设计与方法

一　实证研究设计

本书以实证研究为基本方法论宗旨，以定量研究为主，辅以定性研究，力图从经验研究的角度验证并完善分析框架、研究问题和假设模型。不同于哲学思辨、个人见解和逻辑推理，实证研究强调研究中的经验成分。经验性意味着对特定的现实来说，从理论上建立的假设必须要接受检验；这种检验必须根植于社会事实。[①] 定量研究的优势在于其客观性和精确性，适合用于解释行为及其现象的产生原因、影响因素、影响方式和影响程度。本研究的核心目的是回答政府绩效信息的使用者对绩效信息生产者之间的组织信任态度如何对使用者的绩效信息使用行为产生影响，明晰影响程度和影响机理，研究目的适合采用实证研究方法。

定量研究也称作量化研究或者量的研究，是一种对事物可以量化部分

---

① 〔德〕阿特斯兰德：《经验性社会研究方法》，李路路译，中央文献出版社，1995，第5页。

进行测量和分析，以检验研究者自己关于该事物的某些理论假设的研究方法。[①] 定量研究主要是根植于实证主义以及后实证主义的科学哲学观。实证主义认为社会现象是一种客观存在，主体与客体分离，研究对象不依赖研究者而独立存在，主体可以使用一套既定的工具和方法程序获得对客体的认识。实证主义还主张事物本身具有其固定的、可以重复发生的规律，实证研究就是为了发现人类社会变化中的因果关系或相关关系。实证主义范式的定量研究主张准确测量变量，发现变量间的因果关系，建立联系。定量研究的根本目的是对变量之间的因果关系假设进行验证，采纳演绎法的分析逻辑和统计方法揭示变量之间的关系。变量及变量间关系是定量研究的核心，数学抽样方法及统计分析方法是定量研究的主要工具，实验研究以及非实验的调查研究是定量研究的主要方法。

本研究之所以采取定量研究设计主要出于以下两个方面的考虑。一方面，采取定量研究的首要原因是本研究关注的被解释变量适合量化和观察。定性和定量研究的主要区别在于两者处理的概念是否适合量化。[②] 本研究关注的绩效信息使用是主体的能动性行为，具有可测量和可观察的特征。国际学界对绩效信息的研究也主要采取问卷调查方式获得相关主体的绩效信息使用证据，这是一种主观并且易行的测量方式，能够为本研究测量政府绩效信息使用的方式和程度提供参考。另一方面，本研究的研究目的适合采用定量研究。研究政府绩效信息使用的根本目的是提高其利用程度，这以发现绩效信息使用潜在的影响因素和制约条件为前提。定量研究的优势在于能够相对客观和精确地验证变量之间的相关关系和因果关系，其对于帮助确定影响因素有显著优势，也能够为建立针对性的绩效信息使用促进机制提供经验证据。

本研究将选取定量研究设计来检查因变量和自变量之间的关系，精确

[①] 陈向明：《质的研究方法与社会科学研究》，教育科学出版社，2000。

[②] 耿曙、陈玮：《比较政治的案例研究：反思几项方法论上的迷思》，《社会科学》2013 年第 5 期。

地验证本研究的研究假设。定量研究主要是对研究的自变量和因变量予以操作化和具体化，设计针对绩效信息使用者的调查问卷，收集因变量绩效信息使用程度和自变量组织信任态度的数据。本研究的经验调查数据主要选取中国已经开展政府绩效评估实践并符合绩效信息供给与使用框架的代表性地方政府进行调查。除了服务于定量分析的问卷调查，本研究还拟在代表性地方政府中收集定性访谈资料为定量研究提供有益补充。本研究主要选取政府绩效评估典型案例中的评估对象与组织机构的成员，运用深度访谈法和文献法收集研究资料，收集关于研究假设的辅助定性证据，辅助阐释案例背景，以及变量的作用过程与作用机理。

二 资料收集方法

基于研究问题、研究目的与研究设计，本研究主要通过定量资料收集方法和定性资料收集方法相结合的多元资料来源为研究假设提供证据支撑。本研究主要使用问卷调查法、访谈法、文献法相结合的多元途径资料收集方法和分析方法，以丰富研究证据及其结论。

（1）问卷调查法。问卷调查法是定量研究获取资料的主要途径。问卷调查法主要采用问题量表测量相关变量，适合收集可测量和可操作化的因变量和自变量的数据，并可应用统计方法对变量之间的关系进行精确检验和验证。根据调查研究的目的，本项研究需通过问卷调查测量的主要问题有如下两个方面：一是处于评估对象地位的政府管理者的绩效信息使用程度，二是评估对象对政府绩效评估组织机构的组织信任程度。根据上述测量问题和目的，本研究需设计政府绩效信息使用的测量量表以对绩效信息使用方式和使用程度进行测量，还需要设计组织信任的测量量表对评估对象对组织机构的组织信任态度进行科学测量。进行测量量表设计时，研究者参考了相关实证研究文献中的测量题目，并基于本研究的背景和实践情况，对测量问题进行了重新设计。在调查案例和调查对象的选择上，本研究选择了华南多个省份的县（区）级绩效评估案例中的评估对象进行问卷调查，由于评估对象是组织化的政府组成部门，这些政府组成部门的组织成员是本研究的调查对象。最后，问卷调查数据通过 SPSS，Mplus 等软件进行录入、管理和分析，并主要用方差分析、相关分析、因子分析、回归分析、结构方程模型等统计方法得出定量研究结论，本研究所设计的测量量表与调查问卷见附录一。

（2）文献法。文献法主要是指收集、鉴别和整理文献，并通过对文献的文本、观点进行归纳和演绎的逻辑分析以形成经验事实的科学认识方法。本研究中文献法使用主要包括以下两个方面。第一，学术研究文献。对先验学术文献进行研究是任何学术研究的开始，有助于发现研究问题和形成研究思路。本研究较系统地搜集、学习和分析了国内外关于政府绩效信息使用的直接和间接研究文献，对已有研究中的政府绩效信息使用的主体、方式和影响因素进行了系统述评，进而对研究主题的现状和未来动向有准确的把握。同时，根据需要，本研究对与研究主题相关的政府绩效评估、信任、合作治理等主题文献也进行了深入的学习和回顾，基于这些文献进行归纳和演绎推理以提出理论问题、框架模型和研究假设。学术文献的研究和利用贯穿整本书，特别是在第二章中的文献综述和第三章的理论框架构建中。第二，实践文献。研究者在开展案例调查时向政府绩效评估的组织机构及评估对象收集实践文献（政策文件、工作档案），这些实践文献可用于丰富研究案例背景与概况，并为后续的定量分析结果阐释和定性讨论提供交叉和丰富的证据链条。

（3）访谈法。访谈是重要的定性资料来源渠道。访谈法是指研究者或访谈员通过有目的的口头谈话的方式从被研究者处获取第一手资料的资料收集方法。访谈法的优点在于获取资料内容翔实、详细生动，调查方式更加灵活。本项研究中，访谈法的运用主要是在地方政府绩效评估的典型案例中选取政府绩效信息的供给主体与使用主体进行访谈，也就是选择代表性政府绩效评估案例中的评估对象组织成员代表和政府绩效评估组织机构成员代表进行访谈。针对评估对象的访谈将围绕评估对象的绩效信息使用方式、使用程度以及其对绩效评估组织机构的信任态度评价等相关问题开展，对政府绩效评估组织机构代表的访谈将主要围绕地方政府绩效评估体制与机制设计，以及绩效信息生产和使用情况等相关问题展开。围绕上述研究问题设计了访谈提纲，访谈提纲详见附录二。访谈对象的抽样按照目的性和可行性抽样的原则进行。访谈法的运用主要采取了开放式访谈、深度访谈、焦点小组座谈相结合的多种访谈方式。访谈结束后，研究者对访谈记录进行系统的整理和分析，为论证研究假设与研究问题提供定性证据支持。访谈资料主要用于第七章对政府绩效信息使用关键影响因素的影响机制和作用过程的定性讨论和阐释中。

三　数据分析方法

针对研究问题和研究变量的特征，本研究主要采用潜变量及其配套的定量分析方法来论证研究问题与研究假设。

1. 潜变量

潜变量（Latent Variable）是一种变量类型，是指从理论上假设的不可观察变量或不可测变量。因此，潜变量又被称为不可观察变量（Unobserved Variables）、潜在构念（Latent Construct）或因子（Factor），这些相关术语都指向了潜变量的潜在和隐性特征。虽然不可观察，但是潜变量决定和影响观测变量的特征，适用于解释深层次的研究问题。与潜变量相对应的是观察变量或观测变量，此类变量可以通过真实观察获得信息，通常又被称为显变量（Manifest Variable）、观测指标（观察指标、测量指标）（Measurement Variables）等。在社会科学研究中，许多研究变量都不能够直接和准确地测量，例如人或群体的性格、态度、动机、行为倾向以及认知过程等，这种类型的变量是社会科学为了研究、解释和理解人类行为而建立的假设概念或出于各方面原因不能准确测量的隐性变量。

潜变量的内涵决定其有三个方面的基本特征：第一，它是潜在的而不是显现的，不能直接观察；第二，潜变量是人们描述潜在事物的指标，潜变量也是变化的，随着环境、情景和对象的差异而变化；第三，潜变量是可以测度的，虽然不能对潜变量进行直接测量，但可以采取间接测量方法对无法直接感知的现象和事务进行测量，并且潜变量的测量是开展潜变量分析的前提。

本研究所关注的因变量"绩效信息使用"以及解释变量"组织信任"都满足潜变量的基本特征。一方面，绩效信息使用具有潜变量的特征。绩效信息使用的本质是相关主体对绩效信息的认知、学习和理解过程，这一过程与绩效信息使用主体的态度、使用倾向与实际使用表现为连续的统一体，这一过程具有复杂性和内隐性的特点，使得对绩效信息使用的直接观察非常不易。在行为科学领域中，许多假设的行为概念是无法直接被测量和观察的。尽管绩效信息使用主体的信息使用行为会在其日常工作中留下痕迹并有所表现，但作为研究者不可能系统全面地记录和观察这些绩效信息使用行为所留下的工作痕迹，而只能对绩效信息使用进行间接测量。另一方面，组织信任也具有潜变量的特征。信任本质上是一种态度评价，而态度的形成是评价主体获取评价信息并与价值标准比较的认知评价过程。态度形成过程具有内隐性和复杂性特征，不能直接观察。针对因变量和自变量的上述特征，本研究将其视为潜变量，并采用潜变量的分析路径与方法来展开研究。

开展潜变量分析，必须首先明确和界定所研究潜变量的含义、内容和范围等；其次，需要对潜变量进行科学和有效的间接测量，以此来间接反映潜变量的特征及其变化；最后利用统计建模方法来分析潜变量之间的相互关系。潜变量可以根据研究主题的理论文献与实践特征进行界定，潜变量之间的理论关系也可以通过理论文献回顾，假设潜变量之间的关系变化特征。

潜变量不能直接测量，必须通过测量相关变量来间接测量。理论上存在但又不能直接测量的潜变量，可以通过编制量表和测量指标进行间接测量。测量变量也常被称为测量条目（Items）、测量题项、测量指标、观察变量、显示变量或代理变量等。在潜变量的分析和建模中，一般要同时应用多个观测变量来测量一个潜变量。统计学认为，任何一个单一测量变量都不能完美测量其对应的潜变量。不同的测量指标可以反映潜变量的不同方面，多个测量指标共同反映一个潜变量可以确保潜变量测量的完整性和有效性。系统测量一个潜变量的一组测量条目或测量指标组成量表（Scale）。量表是社会测量表的简称，它是由一组相互联系的测量指标或陈述语及经过量化的若干可供选择的答案或变量值所构成的用来测定研究对象特征的问答式表格。量表由多个测量指标、测量题项或测量题目构成，并且基于这些题项和题目形成一个复合分数，以显示那些不能用直接观察的方法进行测量的潜变量。潜变量或因子都是非观测性变量，没有度量单位。在潜变量建模和分析汇总，必须将观测变量的度量和尺度分配给每个潜变量，才能使得潜变量可度量、分析和建模。基于此，本研究也将"绩效信息使用"和"组织信任"视为潜变量，并通过设计多个测量条目组成系统的量表来衡量和反映这两个潜变量的结构及其变化。

潜变量分析和建模需要采取新的统计方法。传统统计建模方法针对的基本上都是显性变量，在处理潜变量时具有诸多局限和不足。为此，传统的统计分析方法不能有效地处理此类潜变量，必须借助新型的统计建模方法予以处理。随着统计知识的发展，因子分析和结构方程模型等专门处理潜变量的统计方法不断出现，为潜变量的定量分析提供可行的分析方法与分析工具。因子分析包含探索性因子分析和验证性因子分析，是确认和检验潜变量结构的有效方法，本研究也将首先采取因子分析来检验"政府绩效信息使用"和"组织信任"这两个潜变量的因子数量和因子结构。最后，本研究将采用结构方程模型验证"政府绩效信息使用"和"组织信任"两个潜变量之间的因果关系。

2. 探索性因子分析

探索性因子分析（Exploratory Factor Analysis，EFA）是因子分析的一种类型。因子分析可以从一组测量指标中抽取出公因子，检验观测指标与假设的潜变量或因子之间的相关性，是在一组测量指标中发现和确认潜变量和因子结构的主要方法。

作为因子分析的一种类型，探索性因子分析是发展和构建潜变量的有效方法。探索性因子分析主要用来确认一组测量变量内部的潜在因子或潜变量，主要是为了寻找隐藏在测量指标或测量量表中无法直接观察却支配变量变异的潜在因子。一组测量潜变量的所有测量指标或测量条目构成潜变量量表，当量表所反映的潜变量的因子数量与理论结构尚未清晰确定时，可以先使用探索性因子分析。探索性因子分析可以用于分析和评估测量量表中的潜变量和因子结构。潜变量不能直接观察和测量，必须通过测量指标进行间接测量。而测量指标与理论假设的潜在构念是否存在对应关系则需要进行检验。

不同于验证性因子分析是理论驱动，探索性因子分析是一种数据驱动的确认潜变量或因子数量的方法。使用探索性因子分析从样本数据提取潜变量或因子时，不用设定观测指标与特定潜变量的关系，主要通过非限制的探索性因子分析提取公因子并考察测量指标在不同因子上的载荷来定义和解释因子。测量指标与对应因子之间的关系可以称之为因子载荷。探索性因子分析主要通过计算测量指标之间的关系，得出因子数量和因子结构的结论，例如测量指标之间的相关性、协方差或方差等，其分析的主要目的是构建公因子模型，在每个测量指标与一个或多个公因子之间建立线性方程模型。探索性因子分析可以初步确定因子数量、因子结构、测量指标与因子关系以及因子之间的关系。

本研究首先采用探索性因子分析探索"政府绩效信息使用"和"组织信任"这两个潜变量的因子数量及因子结构。之所以先采用探索性因子分析是出于如下两个方面的考虑。一方面，本研究基于先验实证研究和本土实践情景再造了政府绩效信息使用和组织信任的测量题目，特别是对组织信任的因子数量与因子结构进行了重新设计。根据研究问题和研究对象重新设计了具体的测量条目，形成了新的测量量表，这使得潜变量的因子结构有可能会发生变化。另一方面，本研究的问题与样本都有一个相对具体的研究背景，并没有先验研究在中国政府部门背景下验证政府绩效信息使用及组织信任量表。当设计新的测量量表或用已有量表测量新的目标总体时，数据中的观察变量维度或因子结构通常是不确定的，此时应使用探索性因子分析来探索性地检验量表的因子结构。[①] 探索性因子分析特别适用于那些尚未建立可靠量表并进行实证测量的不太成熟的研究领域和主题。基于本研究的实际情况，非常有必要检验"政府绩效信息使用"与"组织信任"这两个潜变量及其测量量表的因子结构、因子数量是否与研究假设和理论预期相符。

在探索性因子分析中，需要决定如下技术问题，包括样本规模大小，样本是否适合因子分析，因子提取方法，因子旋转方法，模型估计方法以及使用何种软件来进行因子分析等。

开展探索性因子分析前，必须要进行相关性分析来确定是否适合进行因子分析。因子分析的前提假设是测量变量之间具有较强的相关性。测量变量之间的相关性分析主要有相关系数显著性水平检验、Bartlett 球形度检验以及 Kaiser-Meyer-Olkin（KMO）检验。如果测量变量相关矩阵中大部分的相关系数值小于 0.3，则说明变量间的相关性较弱，存在潜在共同因子的可能性较小，原则上不适合做因子分析；Bartlett 球形度检验的零假设是原始变量之间无相关关系，如果计算所得的统计量卡方值较大且对应的显著性水平小于给定的显著性水平 α 时，拒绝零假设，即变量之间存在相关关系，适合做因子分析；在 KMO 检验中，其值越接近 1，则意味着变量间的相关性越强，越适合做因子分析，一般认为 KMO 值应大于 0.7。[②] 本研究将利用 SPSS 统计软件的相关性分析和因子分析功能，并计算上述统计量来评价政府绩效信息使用量表和组织信任量表的因子分析的适合度。

因子提取方法是探索性因子分析须决定的重要问题。探索性因子分析常用的因子提取方法包括极大似然估计法、主成分法、主因子法和未加权最小

① 王济川、王小倩、姜宝法：《结构方程模型：方法与应用》，高等教育出版社，2011，第30页。
② 朱星宇、陈勇强：《SPSS 多元统计分析方法及应用》，清华大学出版社，2011。

平方法等。对于连续性指标的探索性因子分析，最常用的公因子提取方法包括极大似然估计法（Maximum Likelihood Estimate，MLE）和主成分法（Principal Factors）。[1] 本研究采用极大似然估计法抽取共同因子。在探索性因子分析中，极大似然估计法是一种最常用的估计公因子模型参数方法。相对主成分法而言，极大似然估计法有更正式的统计学基础，并提供了一系列的模型拟合指标用于决定最优的因子个数。相关统计研究也鼓励采用基于极大似然估计法的探索性因子分析（MLE-EFA）。这是因为极大似然估计法可以对因子载荷以及因子之间的相关性进行统计显著性检验，并可以计算参数的置信区间，还能够计算和提供一系列评价模型拟合程度的指标，这些模型评价指标可以让研究者采取一种不同的途径决定最优的因子数量。[2]

采用极大似然估计法提取公因子可以让研究者通过比较不同因子模型的拟合指标来决定最佳的因子结构和因子数量。特征根、碎石图等是传统因子分析中决定因子个数的常用方法。特征值大于等于1常被认为是因子提取数量的判断标准（又被称为 Kaiser 准则）。先验研究指出在探索性因子分析中采用 Kaiser 准则有重大问题和风险。[3] 因为样本误差会影响对特征根的估计，并且运用特征值来判断因子数量常存在因子数量过多或过少的情形。而极大似然估计法可以提供一系列的模型拟合信息，能够提供一种决定最优因子数量的不同方式。当在探索性因子分析使用极大似然估计法时，因子数量的决策可以转化为从一系列包含不同因子数量的备选模型中挑选最合适的模型的问题。[4] 同时，统计学为验证性因子分析和结构方程模型创设

① Brown，Timothy，A.，*Confirmatory Factor Analysis for Applied Research*（London：Guilford Press，2012），p. 21.

② Fabrigar，L. R.，Wegener，D. T.，MacCallum，R. C.，et al.，"Evaluating the Use of Exploratory Factor Analysis in Psychological Research，" *Psychological Methods* 3（1999）：272 – 290.

③ Russell，D. W.，"In Search of Underlying Dimensions：The Use（and Abuse）of Factor Analysis in Personality and Social Psychology Bulletin，" *Personality and Social Psychology Bulletin* 12（2002）：1629 – 1646.

④ Fabrigar，L. R.，Wegener，D. T.，MacCallum，R. C.，et al.，"Evaluating the Use of Exploratory Factor Analysis in Psychological Research，" *Psychological Methods* 3（1999）：272 – 290.

的模型拟合指标，例如近似误差均方根（Root Mean Square Error of Approxima-tion，RMSEA）、标准化残差均方根（Standardized Root Mean Square Residual，SRMR）等都可以用于评价因子数量增减后模型的变化情况。[1] 为此，本研究将基于模型拟合的统计指标并结合理论文献的方式确定因子数量及其结构。

虽然极大似然估计法在验证性因子分析和结构方程模型中广泛使用，但是其在探索性因子分析中的使用还不是很普遍，主要是由于一些常用的统计软件包尚未包含该方法的运用程序，例如 SPSS。一些常用的结构方程模型软件陆续推出了基于极大似然估计的探索性因子分析，使得使用极大似然估计法进行因子分析逐渐变得容易和普遍。极大似然估计法的探索性因子分析在一些统计软件中已经可以实现，例如 Mplus。[2] 因此，本研究采用极大似然估计法提取因子，而且主要采用模型拟合指数比较的方式决定因子的数量，因子分析也主要在统计软件包 Mplus 中完成。

探索性因子分析的第二个方法决策是要决定因子旋转方法。在探索性因子分析中有两个基本的因子旋转方法：正交旋转（Orthogonal Rotation）和斜交旋转（Oblique Rotation）。斜交旋转允许旋转后的因子存在相关关系，而正交旋转则假设因子之间没有相关性。因子旋转使得因子分析提取的公因子更容易解释和理解。当预期因子结构之间存在关联性，采用斜交旋转是合理的方法。鉴于本研究所关注的政府绩效信息使用的测量条目及内部因子之间存在理论关联性，同时组织信任的测量条目内部因子之间存在关联性，本研究采用了斜交旋转法进行因子旋转。具体来说，本研究将采用斜角旋转的 Promax 法，因为它允许因子之间的相关，这与本研究的数据特征和研究变量特征相契合。

因子分析是一种基于大样本的统计分析技术，样本规模越大越好。为

---

① Preacher，K. J. ，Zhang，G. ，Kim，C. ，et al. ，"Choosing the Optimal Number of Factors in Explora-tory Factor Analysis：A Model Selection Perspective，" *Multivariate Behavioral Research* 1（2013）：28 – 56.

② Schmitt，T. A. ，"Current Methodological Considerations in Exploratory and Confirmatory Factor A-nalysis，" *Journal of Psychoeducational Assessment* 4（2011）：304 – 321.

此，学界提出了因子分析样本量的最低标准。一般情况下，学界推荐因子分析的样本和指标比例应至少达到 10∶1，即 10 个样本对应一个测量指标，如果有 10 个测量指标则应有 100 个观测样本。本研究按照科学抽样方法收集了来自不同地域、政府部门和职能特征的评估对象样本数据，确保样本量充足、代表性较好、数据质量较高并且有较好的异质性。

3. 验证性因子分析

验证性因子分析（Confirmatory Factor Analysis，CFA）是在对因子数量和因子结构都有一定的理论基础和经验基础的条件下进行的统计分析，主要用于确认测量量表的因子结构与其假设匹配一致。探索性因子分析估计的是没有任何限制的测量模型，而验证性因子分析中研究者必须精确设定测量指标与因子之间的关系。不同于探索性因子分析，验证性因子分析需要设定好模型的各个方面，验证性因子分析估计的是限制测量模型，其主要是理论驱动的统计建模。在验证性因子模型中，观测变量和因子之间通过回归模型建立数学关系，测量变量对其测量因子的回归斜率就是该指标在该因子上的因子载荷，回归残差就是该测量指标的测量误差。

验证因子分析在潜变量分析中具有以下功能。第一，鉴于探索性因子分析的初步性，统计认为需要采用其他方法进一步检验探索性因子分析的因子发现和结果，[1] 验证性因子分析就是起到这种作用的统计分析方法。第二，在建立潜变量之间的因果关系前即建立结构方程模型前也必须使用验证性因子分析检验测量模型。[2] 结构方程模型包括两个部分，分别是测量模型和结构模型。测量模型指观测指标与潜变量之间的关系，而验证性因子分析是结构方程模型的测量模型部分，所以进行验证性因子分析是结构方程模型构建的前提条件，是结构方程模型建模的基础。开展结构方程建模

---

[1] Haig, B. D. ,"Exploratory Factor Analysis, Theory Generation, and Scientific Method," *Multivariate Behavioral Research* 3 （2005）: 303 – 329.

[2] Brown, Timothy, A. ,*Confirmatory Factor Analysis for Applied Research* （London: Guilford Press, 2006）, p. 138.

之前需要与数据拟合良好的测量模型，测量模型的质量直接关系到结构方程模型的拟合优度。结构方程模型技术的一个重要领域就是用验证性因子分析来确认测量量表的因子结构。第三，验证性因子分析还可以用来检验潜变量的信度和效度，确保变量及其测量量表的科学性。因此，本研究在使用探索性因子分析方法去分析绩效信息使用及组织信任的概念结构之后，再用验证性因子分析去确认因子结构，并检验潜变量的信度和效度。

探索性因子分析和验证性因子分析常结合起来使用，在量表构建中可以首先运用探索性因子分析来探索因子结构，再采用新的样本使用验证性因子分析去检验探索性因子分析确定的因子结构是否一致和稳定。验证性因子分析的关注点是测量量表中的指标和条目是否能够像理论和经验设计的那样测量有关潜变量。本研究采用验证性因子分析来评估探索性因子分析所确定政府绩效信息使用的因子数量和组织信任的因子数量是否和观测数据匹配，并根据探索性因子分析的结果在新的样本中进行验证性因子分析，确认探索性因子分析发现的因子结构和因子数量。

在验证性因子分析模型中，与测量指标直接相关联的潜变量被称为一阶因子，其建模过程也被称为一阶验证性因子分析。在一阶潜变量之上，对一阶潜变量或一阶因子产生影响的因子被称为二阶因子或高阶因子。二阶验证性因子分析是一阶验证性因子分析的特例，属于高阶验证性因子分析。在研究当中，如果一阶验证性因子分析中发现原先的一阶因子概念间具有中高度的关联性，其一阶验证性因子分析模型与样本数据可以适配，此时可以进一步假设三个一阶因子在测量一个更高阶的因子。[①] 二阶或高阶验证性因子分析模型比一阶验证性因子分析模型更简约，可以简化比较复杂的测量模型。本研究使用一阶或二阶验证性因子分析来检验"政府绩效信息使用"与"组织信任"这两个潜变量的因子结构。

除了可以用于检验量表的潜变量及其因子结构，验证性因子分析还可

---

① 吴明隆：《结构方程模型：AMOS 的操作与应用》，重庆大学出版社，2009，第 246 页。

以用于检验潜变量的信度和效度，评估和发展新的量表。一方面，验证性
因子分析结果可以检验量表信度。量表的信度也称为量表的可靠性，是指
一组测量指标或测量条目对其所测量相应潜变量的可靠性。克朗巴哈系数
（Cronbach's α）是常用的可靠性检验方法，但存在一定局限性。而根据验证
性因子分析结果可以计算组合信度来检验一致性。组合信度（Composite Reliability）是基于验证性因子分析的信度评价指标，属于内部一致性指标，
主要评价一组潜变量测量指标的一致性程度，即所有测量指标分享该构念
或因子的程度。[1] 组合信度越高表明测量指标之间的内在相关性越高，反之
则表示测量指标之间的内在关联性和一致性较低。根据海尔（Hair）等的研
究，组合信度的接受阈值为 0.7 及以上，0.9 以上是比较理想的信度水平。[2]
另一方面，验证性因子分析还可以用来检验建构效度（Construct Validity），可
以用于检验一个构念是单维度还是多维度，这些构念或者子构念之间是如何
关联的。当一个设计量表包括多个测量题项，并被分为多个测量潜变量组，
此时就可以用验证性因子分析去检验这些测量题项是否与预期的潜变量结构
相符，这也是检验建构效度的有效途径。建构效度包括三种：聚合效度
（Convergent Validity）、区分效度（Discriminant Validity）和理论效度（Theoretical Validity）。[3] 结构方程模型的验证性因子分析是检验区分效度和聚合效度
的有效方法。[4] 在效度检验方面，本研究主要依据聚合效度和区分效度的检验
标准。聚合效度的判断标准是在验证性因子分析中每个观测指标与设定的潜
变量之间的 Lambda 系数大于 0.7，并且每条路径显著（$p = 0.05$）。[5] 区分效
度意味着不同因子变量或潜在构念之间是显著不同的。区分效度检验可以

---

① 吴明隆：《结构方程模型：AMOS 的操作与应用》，重庆大学出版社，2009，第 54 页。

② Hair, J. F., Anderson, R. E., Tatham, R. L., Black W. C., *Multivariate Data Analysis* (Englewood Cliffs, NJ: Prentice-Hall, 1998), p. 156.

③ Harrington, D., *Confirmatory Factor Analysis* (Oxford University Press, 2009), p. 6.

④ Kline, R. B., *Principles and Practice of Structural Equation Modeling* (London: Guilford Press, 2011), p. 71.

⑤ Anderson, J. C., Gerbing, D. W., "Structural Equation Modeling in Practice: A Review and Recommended Two-step Approach," *Psychological Bulletin* 3 (1988): 411.

通过验证性因子分析比较不同因子数量与因子结构测量模型的卡方差异检验。采用卡方差异检验来比较不同测量模型，如果模型之间的卡方存在显著差异则意味着具有区分效度。

为了确保因子分析结果的稳定性，相关研究都建议探索性因子分析和验证性因子分析使用不同的样本数据。法伯瑞戈（Fabrigar）等提出可以将总样本随机分成两个均等的子样本分别进行探索性因子分析和验证性因子分析，这可以检验因子分析结果在不同子样本之间的稳定性。[①] 为了保证因子分析结论的质量，同时鉴于有相对充足的样本数据，本研究也采取这种将样本数据随机拆分为两部分并分别进行探索性因子分析与验证性因子分析的分析策略。

4. 结构方程模型

本研究采用结构方程模型（Structural Equation Modeling，SEM）来验证组织信任与绩效信息使用之间的因果关系。结构方程模型也称为结构方程分析，是检验测量模型并检验潜变量之间关系的结构模型统计方法的总称。结构方程模型中的结构模型主要用于分析潜变量或因子之间的关系，是主要基于变量的协方差矩阵来分析变量之间关系的一种统计方法。[②] 结构方程模型可以排除测量误差对潜变量之间关系估计的影响，使得模型估计更加稳健。不同于因子分析要求因子之间的互相独立，结构方程模型中允许自变量存在相关性。

一个结构方程模型由两部分组成：一是联系观察变量和潜变量（因子）的测量模型，二是经由联立方程将各潜变量联系在一起的结构方程。[③] 结构方程模型主要关注潜变量之间的关系，潜变量的设定和结构确认是结构方程建模的前提。测量模型（Measurement Model）通过验证性因子分析来评

① Fabrigar, L. R., Wegener, D. T., MacCallum, R. C., et al., "Evaluating the Use of Exploratory Factor Analysis in Psychological Research," *Psychological Methods* 3 (1999): 272–290.
② 侯杰泰、温忠麟、成子娟：《结构方程模型及其应用》，教育科学出版社，2004，第12页。
③ 王济川、王小倩、姜宝法：《结构方程模型：方法与应用》，高等教育出版社，2011，第4页。

估，建立测量条目或观察变量与潜变量的关系，用数据检验量表是否存在假设的因子结构。测量模型的本质是将假设的潜变量作为自变量，将观察变量作为因变量而建立的线性回归系数。验证性因子分析和结构方程模型的差别在于验证性因子分析主要关注测量指标和潜变量之间的关系，而结构方程模型主要考察不同潜变量之间的结构和因果路径。鉴于两者的关系，验证性因子分析除了独立使用之外，也可以作为结构方程建模的前置分析步骤用于构建测量模型。

不同于回归分析、单因素方差分析和路径分析等传统统计分析方法，结构方程模型主要用于分析潜变量之间的因果关系。回归分析、路径分析、联立方程模型等建模方法主要用于分析观测变量间的因果关系。传统统计方法如计量分析等都假设测量指标准确、测量对象不存在测量误差。然而在现实研究中，假定观测指标能够被理想观测是不现实的，测量误差难以避免。在统计分析中不考虑测量误差会形成错误的统计推断结论。回归分析等传统分析建模方法假设观测变量没有测量误差，而结构方程模型将测量误差考虑在内，并在分析潜变量之间的关系时排除了测量误差的影响。[①]这使得基于结构方程建模的分析结论更加稳健。

综上所述，结构方程模型具有下列显著优点。第一，结构方程模型特别适合分析潜变量之间的关系，可以同时分析和处理多个因变量，并且可以将因变量之间的影响和关系考虑在内。第二，结构方程模型允许自变量和因变量包含测量误差，更加符合变量测量实际。第三，结构方程模型不仅可以提供参数估计，还可以提供不同测量模型或结构模型对于样本数据的总体拟合度，据此可以判断和比较更拟合数据的较优模型。

结构方程模型的常用估计方法是极大似然估计法，极大似然估计法具有无偏估计、一致性、渐进有效性、渐进正态性、不受变量测量尺度影响等方面的特点和优点，在结构方程建模中经常被使用。极大似然估计法假

---

① 王济川、王小倩、姜宝法：《结构方程模型：方法与应用》，高等教育出版社，2011，第32页。

设多元正态分布，如果样本数据不满足该假设则估计结果不稳健。在数据非正态分布情况下采用极大似然估计法可能存在偏倚，需要采取调整措施。本研究采用结构方程建模中也采用了极大似然估计法，并在建模前进行了数据分布的正态性检验。

在结构方程建模中，有一系列的模型拟合指标用以判断模型的拟合度，主要包括卡方值、近似误差均方根、Tucker-Lewis 指数、标准化残差均方根等。

（1）卡方值（χ^2）。卡方检验是较早用于结构方程模型拟合情况检验的指标，但在结构方程模型中较少被推荐使用，它在检验中等规模的样本（100~200）时才被推荐使用。卡方显著意味着模型和样本数据并不拟合，相反，卡方检验不显著则意味着数据拟合良好。卡方统计量检验的是模型是否精确拟合样本数据，而现实中找到一个精确拟合的模型几乎是不可能的。而且，卡方检验受样本量影响较大，当样本量太大的时候，很多设定的模型都会被卡方检验拒绝。卡方检验对样本量高度敏感，同时对于多元非正态分布也非常敏感，这使得卡方检验在评价结构方程模型拟合情况时有诸多缺陷，它仅仅是判断模型拟合程度的一个参考标准。为此，统计学界提出了大量其他检验结构方程模型拟合效果的指标，例如比较拟合指数（CFI）等。尽管卡方检验经常是显著的，它也存在缺陷，但在结构方程模型中卡方统计量还是被经常汇报。这得益于卡方统计量提供了一个判断两个模型哪一个更拟合数据的方法，χ^2 在多个模型比较分析时和多个模型比较选择时非常有用。

（2）近似误差均方根（Root Mean Square Error of Approximation，RMSEA）。[①] 近似误差均方根是基于总体差距的指数，也是诸多研究者推荐的结构方程模型的常用拟合指数。该指标修正了一个模型的复杂性，并且惩罚复杂模型。如果两个模型都同等解释了观测数据，越简单的模型的 RMSEA 取值越高。RMSEA 取值为 0 表示模型完全拟合数据，一般认为 RMSEA

---

① Browne，M. W.，Cudeck，R.，"Alternative Ways of Assessing Model Fit," *Sociological Methods & Research* 2（1992）：230 – 258.

取值应小于 0.8。现在一些统计软件开始提供 RMSEA 值的 90% 置信区间（Confidence Interval，CI），这考虑了 RMSEA 值的样本误差。

（3）比较拟合指数（Comparative Fit Index，CFI）。比较拟合指数由本特勒（Bentler）提出。[①] 该指标表示研究模型相对于变量之间没有任何相关的独立模型的改善程度。比较拟合指数取值为 0 ~ 1，越接近 1 表示研究模型拟合越好。胡（Hu）和本特勒等提出 CFI 应该大于 0.90，理想情况下应大于 0.95。[②]

（4）Tucker-Lewis 指数（Tucker-Lewis Index，TLI）。[③] 该指标也称非规范拟合指数（Non Normed Fit Index，NNFI），其本质是将研究模型与拟合较差的独立模型进行比较。通常情况下，TLI 大于 0.90 是可接受标准，理想情况下应该大于 0.95。[④]

（5）标准化残差均方根（Standardized Root Mean Square Residual，SRMR）。该指标由本特勒提出，它是从残差大小角度考察模型的拟合程度。SRMR 值描述了观测数据和模型之间的总差异，指标值越小表明模型拟合越好，当标准化残差均方根为零时，模型完全拟合，一般认为 SRMR 值应小于 0.08。[⑤]

采用结构方程建模时经常使用竞争模型比较的方法选择与数据拟合最理想的模型，包括不同因子数量的探索性因子分析模型以及不同因子数量、不同因子组合结构的验证性因子分析都可以运用模型比较的方法选择最优

---

① Bentler, P. M., Kano, Y., "On the Equivalence of Factors and Components," *Multivariate Behavioral Research* 1 (1990): 67 – 74.

② Hu, L. T., Bentler, P. M., Hoyle, R. H., "Structural Equation Modeling: Concepts, Issues, and Applications," *Evaluating Model Fit* (1995): 76 – 99.

③ Tucker, L. R., Lewis, C., "A Reliability Coefficient for Maximum Likelihood Factor Analysis," *Psychometrika* 1 (1973): 1 – 10.

④ Hu, L., Bentler, P. M., "Cutoff Criteria for Fit Indexes in Covariance Structure Analysis: Conventional Criteria versus New Alternatives," *Structural Equation Modeling: a Multidisciplinary Journal* 1 (1991): 1 – 55; Kline, R. B., *Principles and Practice of Structural Equation Modeling* (London: Guilford Press, 2011), pp. 204 – 209.

⑤ Hu, L., Bentler, P. M., "Cutoff Criteria for Fit Indexes in Covariance Structure Analysis: Conventional Criteria versus New Alternatives," *Structural Equation Modeling: a Multidisciplinary Journal* 1 (1999): 1 – 55.

的拟合模型。嵌套模型比较常使用卡方差异检验（χ^2 Test）或似然比检验（Likelihood Ratio Test，LRT）。具体来说，可以用参数受限的模型卡方值减去非受限模型的卡方值，获得一个卡方差值 $\Delta\chi^2$，并用受限模型的自由度（df）减去非受限模型的自由度（df）获得自由度差值 Δdf，此时 $\Delta\chi^2$ 服从自由度为 Δdf 的卡方分布，可查卡方分布表做出统计判断决策。①

5. 统计软件选择

统计分析和建模是定量研究的主要分析方法，由于运算复杂且运算量较大，统计学家开发了一系列的统计软件来实现各种统计分析功能。为了验证研究假设以及确定变量之间的相关和因果机制，本研究主要使用了相关分析、因子分析和结构方程模型等一系列中高级的多元统计方法。目前，有多种统计软件包可以用于探索性因子分析、验证性因子分析和结构方程模型，例如嵌套在 SPSS 软件中的 Amos 7.0 可以进行结构方程建模；LIS-REL、Mplus、EQS 或者 SAS CALI 等也可以实现结构方程建模。随着统计软件的发展和更新，诸多使用便利、操作简单的统计软件包不断涌现。本研究的统计分析主要依托 SPSS、Mplus 等统计软件包完成，这主要因为这两个统计软件具有优势互补和操作简单的特点。具体来说，SPSS 软件主要完成变量的描述性统计以及相关性分析，特别是本研究使用 Mplus 软件实现因子分析和结构方程模型的统计分析。诸多传统软件例如 SPSS 只能进行探索性因子分析而不能进行验证性因子分析或结构方程建模，而 Mplus 统计软件可以同时进行探索性因子分析、验证性因子分析和结构方程建模，其统计分析功能非常强大。

Mplus 是由琳达·穆森（Linda Muthén）和本特·穆森（Bengt Muthén）设计和开发的一个统计分析与建模软件，致力于为研究者提供一个灵活和方便的统计工具来分析数据。Mplus 提供了一系列参数估计的稳健方法，可以广泛适用于连续、定序、非正态或聚类数据。Mplus 提供了多种统计方法

---

① 王孟成：《潜变量建模与 Mplus 应用：基础篇》，重庆大学出版社，2014，第 246 页。

选择，可以用来分析连续型变量、二分变量、分类变量、定序变量等不同类型的数据。除了可以进行传统的回归分析或路径分析，Mplus 还可以进行探索性因子分析、验证性因子分析、结构方程建模、混合建模等高级统计建模。目前，Mplus 已广泛应用于社会科学各个领域的统计分析，包括心理学、社会学、经济学、教育学、人口学、政治学以及生物学和健康研究。鉴于该软件的优势和数据处理能力，本研究的统计分析执行由统计软件包 Mplus 7 完成。Mplus 7 的显著优势在于对潜变量的处理，其可以处理非正态分布的数据，还可以运行基于极大似然估计的探索性因子分析。

第二节 变量测量与量表设计

本研究用多个测量题目组成测量量表来了解评估对象的绩效信息使用行为及其对政府绩效评估组织机构的组织信任态度。量表是测量主观概念和潜变量的一种有效工具，由测量指标和备选答案构成，量表是调查问卷的重要组成部分。本书通过系统和科学的测量题目设计，进而形成科学的政府绩效信息使用测量量表和组织信任测量量表，并运用量表对评估对象进行问卷调查以收集数据。

一 政府绩效信息使用量表构建

绩效信息使用是本研究所关注的因变量。讨论政府绩效信息使用的方式、现实状况及其影响因素离不开对特定的使用主体及对该主体使用程度的系统测量。对于本研究来说，必须回答处于评估对象地位的政府管理者的绩效信息使用行为如何系统测量。绩效信息使用的变量测量主要考察评估对象对绩效信息的使用程度、使用领域和使用范围。本研究主要通过政府管理自我报告的绩效信息使用数据来测量因变量。

将政府绩效信息用于评估对象的日常工作中是复杂的管理行为，是一种组织行为而非个体行为。绩效信息使用的实证研究都通过量表的方式测量调查对象"自我报告"（Self-reported）的绩效信息使用程度。在国外相关实证研究中，对政府绩效信息的使用方式和使用程度的测量一般采取两种路径进行处理。一是将绩效信息使用作为一个总体和笼统的概念进行论述，此类研究将使用一个或少许测量题目对政府管理者的绩效信息使用程度进行测量，不考虑绩效信息使用的维度、领域、方式差别。例如莫尼汉、泰勒（Taylor）等人的研究就是采取此种绩效信息使用操作化路径。二是将绩效信息视为一个结构化的多维度概念，并使用不同层次和维度的测量题目来进行测量。此种绩效信息使用的操作化策略与绩效使用的功能价值和使用领域方式途径划分有关。总体来看，采用多个不同维度对绩效信息使用行为进行测量更为科学和系统。建立政府绩效信息使用的理论框架是系统分析和测量绩效信息使用方式与使用现状的前提。为了更深入和系统地研究政府管理者的绩效信息使用行为，本研究认为"绩效信息使用"是一个具有多维度的概念。绩效评估活动中产生的绩效信息对于作为评估对象的政府部门在不同管理对象与管理过程中有不同的管理功效，政府管理者使用绩效信息的方式和途径具有多样性。先验理论文献认为绩效信息使用行为存在内部使用和外部使用两个维度，[①] 学界后续的定量分析也初步证实了内部使用和外部使用维度的存在。[②] 根据这些研究成果与结论，政府绩效信息对于政府管理者的使用价值和使用方式至少可以从组织内部管理决策使用与组织外部责任使用两个方面进行考察。学界已有的内部和外部的绩效信息使用途径研究为测度评估对象绩效信息使用行为提供了很好的分析框架，本研究借鉴并结合我国地方政府绩效评估实践予以本土化和情景化。

政府绩效信息的内部管理使用是指评估对象将绩效信息用于组织内部管理决策的组织行为。绩效信息内部管理使用的目的是改善组织的内部运

---

① Van Dooren, W., Bouckaert, G., & Halligan, J., *Performance Management in the Public Sector* (Abingdon: Routledge, 2010), p. 116.

② Hammerschmid, G., Van de Walle, S., Stimac, V., "Internal and External Use of Performance Information in Public Organizations: Results from an International Survey," *Public Money & Management* 4 (2013): 261–268.

作，支持组织内部管理决策，作用对象是组织内部的成员及其事务。在地方政府绩效评估实践中，绩效目标信息为评估对象明确了管理优先目标与优先事项，绩效评估结果信息为被考评部门诊断管理成效和绩效改进提供了依据。因此，绩效信息应融入部门的管理循环和绩效管理循环，全面支持组织成员的各项管理决策活动。因此，本研究对政府绩效信息内部管理使用的测量主要考察评估对象是否在关键的管理环节或绩效管理环节中利用绩效信息，是否在组织决策、制订目标计划、确认管理问题、绩效监控、绩效改进等方面的管理活动中充分使用绩效信息。

政府绩效信息的外部责任使用主要是指评估对象是否将绩效信息用于向部门外部利益相关者汇报和沟通。外部使用的目的在于促进政府管理者利用绩效信息向组织外部的利益相关者承担责任，信息使用的方式主要是绩效信息的及时公开、传播与沟通。作为政府组成部门的评估对象，其既应向上级政府、上级部门和上级领导承担行政责任，也因其组织职能要面向社会公众，承担公共责任。绩效评估是一种责任实现机制。[①] 被纳入考核的政府部门不仅直接承担政府体系内部的行政责任，更承担面向社会的公共责任。这需要评估对象将绩效信息向利益相关者报告并与其进行沟通，以此来实现组织的责任机制。特别是当政府绩效评估实践被纳入公众满意度作为一个重要的评估维度或评估指标时，评估对象与社会公众之间的责任机制更为直接。绩效信息的报告是一种很好的履责机制，这要求评估对象及时将绩效信息向社会公开。本研究对评估对象责任途径绩效信息使用的测量侧重从政府组织的综合责任进行，考察评估对象是否有外部的绩效责任意识，不仅关注其是否将绩效信息向政府系统内部的利益相关者汇报并与其进行沟通，也关注评估对象是否向政府外部的社会公众报告和反馈绩效状况。

基于上述阐述，本研究从政府管理者的内部管理使用和外部责任使用两个维度测量评估对象组织成员的自我报告的绩效信息使用行为及程度，

---

① 蔡立辉：《政府绩效评估：现状与发展前景》，《中山大学学报》（社会科学版）2007 年第 5 期。

具体的测量条目的设计根据研究背景和调查情景进行适当的调整。同时，由于将绩效信息使用及其概念维度视为潜变量并将进行因子分析，而进行因子分析对每个因子的测量指标数量有规定。单个因子至少需要 3 个测量指标才能满足模型识别要求，一般要 3~6 个测量指标才能较好地间接测量 1 个潜变量。因此，在设计政府绩效信息使用测量量表时，本研究也充分考虑到了潜变量这一特点，为政府绩效信息的内部使用和外部使用都设置了多个具体测量变量。评估对象是组织化的政府部门，其部门内部是一个完整的科层组织，具有不同级别与职位分工。为了增强调查对象的全面性和代表性，本研究构建了评估对象部门中的领导、科室领导和一般公务员的通用的绩效信息使用方式和程度的测量条目。

基于之前的实证文献中已有的对绩效信息使用的测量题项，结合本研究对绩效信息使用的界定，本研究共再造设计了 12 个题项来测量处于评估对象地位的政府管理者的绩效信息使用行为。其中，绩效信息的内部管理使用由 6 个测量题项组成，主要询问政府管理者是否在关键的管理和绩效管理环节中采纳并利用来自政府绩效评估组织机构的绩效信息。需指出的是，在我国地方政府的绩效评估体制设计中，绩效评估的组织机构与评估对象是激励与被激励、监控与被监控的关系，评估对象自身在激励和监控方面处于受体地位而缺少自由裁量权。因此在讨论评估对象的绩效信息使用行为过程中，对国内学界比较关注的将绩效信息用于绩效激励和绩效监控的这种方式不予以考虑。

政府绩效信息外部责任途径的使用主要考察作为评估对象的政府管理者是否在与组织外部利益相关者的信息沟通和信息报告关系中使用绩效信息。由于本研究将绩效信息使用者操作化为政府组成部门中的处于被评估对象地位的政府管理者，这类的绩效信息使用主体面临两种重要的利益相关者及其责任类型。一方面，政府管理者必须向地方政府中的行政上级领导报告绩效，这是地方政府系统中一种典型的自下而上的科层责任机制；另一方面，每个政府组成部门必须直接和间接地与外部公众发生联系，政府管理者应当将其部门绩效方向和绩效状况向社会公众汇报并与之沟通。外部责任使用量表也由 6 个测量题项构成，其中 3 个题项用来询问评估对象是否在政府系统使用绩效信息，例如是否将由绩效评估机构生产的绩效信息向科层体系中的上级汇报，是否注意维护部门在政府系统中的绩效形象；而另外 3 个题项询问政府管理者在与社会的互动中是否使用绩效信息，包括询问受访者是否将绩效信息向公众、媒体公布并与之进行沟通，并维护部门在社会公众中的绩效形象。问卷题项采用里克特五分量表，分别代表 5 个递进等级的绩效信息使用程度，受访的政府管理者在 1（一点也不使用）到 5（使用程度非常高）之间进行评分选择。政府绩效信息使用的测量量如表 4 - 1 所示。

表 4 - 1 政府绩效信息使用的测量量表

维度	代码	测量题项	测量题项的 参考文献来源
内部管理使用	UI1	我将绩效信息用于日常工作和管理决策中	（1）（7）（8）（9）（12）
	UI2	我将绩效信息用于确定要解决的问题	（10）（11）（12）（13）
	UI3	我将绩效信息用于设定新的工作计划和目标	（4）（10）
	UI4	我将绩效信息用于评估目标任务完成情况	（12）（13）
	UI5	我将绩效信息用于绩效改进	（4）（5）（13）
	UI6	我将绩效信息用于内部学习和培训	（5）（13）
外部责任使用	UE1	我将绩效信息用于满足上级领导的要求	（6）（13）
	UE2	我将绩效信息向上级部门汇报	（2）（6）（13）
	UE3	我将绩效信息用于树立部门在政府系统中的形象	（13）
	UE4	我将绩效信息向新闻媒体沟通	（2）（3）（6）
	UE5	我将绩效信息向公众沟通和反馈	（2）（3）（6）
	UE6	我将绩效信息用于树立和改善部门的社会形象	（13）

注：问卷调查中，绩效信息被操作化界定为来自评估主体的绩效目标、绩效指标和绩效评估结果等关键绩效信息内容。设计题项的参考文献来源分别是（1）Moynihan & Ingraham（2004）；（2）Melkers & Willoughby（2005）；（3）Ho（2006）；（4）Taylor（2009）；（5）Landuyt &Moynihan，（2009）；（6）Folz et al.（2009）；（7）Moynihan & Pandey（2010）；（8）Taylor（2011）；（9）Moynihan & Pandey（2012）；（10）Moynihan & Lavertu（2012）；（11）Moynihan, Pandey&Wright（2012）；（12）Kroll & Vogel，2014；（13）Hammerschmid et al.（2013）。

二 组织信任量表构建

评估对象对政府绩效评估组织机构的组织信任态度是本研究的自变量。如前文所述，不同于将组织信任态度视为一个单一维度，本研究从组织可信任度和多个维度测量组织信任。这样的测量途径可以更深入和细致地了解每个信任因子对政府管理者绩效信息使用行为的影响。组织可信任度是由组织的特征决定的。① 组织信任主体对组织信任客体的组织可信任度特征评价决定了组织信任态度。本研究也将选取关键的组织信任特征来测量和操作化组织信任。已有研究表明，自我报告的问卷调查数据非常适合研究个体的信心、态度、感觉和观点。② 本研究对自变量组织信任的测量采纳政府管理者的主观汇报数据。

本研究作为信任与组织信任理论的应用性研究，具有独特的研究背景、场域与研究问题。而已有研究文献针对组织信任的测量量表也有特定的研究问题与研究背景，这意味着不能直接使用已有的信任测量量表。测量绩效信息使用主体对绩效信息供给主体的组织信任态度，必须结合特定的绩效评估过程与绩效信息供给过程进行有针对性的构建。根据政府绩效信息供给与使用的分析框架，在我国地方政府绩效评估体制设计中，处于评估对象地位的政府部门及其内部成员是绩效信息的接收者和使用者，而政府绩效评估组织机构处于绩效信息的生产地位。在本研究中，组织信任态度主要测量处于评估对象地位的政府管理者对绩效信息生产者即政府绩效评估组织机构的组织信任态度。因此，本研究将处于评估对象地位的政府管理者视为绩效信息使用主体以及对绩效评估组织机构的信任主体，而绩效评估主体机构是其信任态度的对象与客体，这一实践背景决定了组织信任

---

① Inkpen, A. C., Currall, S. C., *International Joint Venture Trust: An Empirical Examination* (New Lexington Press, 1997), p. 56.

② Chan, D., "So Why Ask me? Are Self-Report Data Really that Bad," *Statistical and Methodological Myths and Urban Legends: Doctrine, Verity and Fable in the Organizational and Social Sciences* (2009): 309-336.

问卷题项的态度对象与态度方向。

根据前文的理论文献回顾，组织间信任关系的测量可以用多个可信任度因子来进行。基于梅耶尔等提出的组织能力－善意－公正信任模型，本研究加入第四个组织信任因子，即组织公开信任。因此，本研究共用四个潜变量来测量被评估部门中的政府管理者对绩效管理组织主体的信任态度，分别从组织能力信任、组织善意信任、组织公正信任和组织公开信任四个方面设计构建组织信任的测量维度框架和测量题项。

尽管已有信任文献中构建了许多测量信任和可信任度的量表，但尚未有直接针对政府绩效评估或政府绩效信息使用这一主题的现成量表。本研究基于诸多信任实证研究中的组织可信任度测量题项，在政府绩效评估与绩效管理的背景下重新设计了 17 个题项来测量四个组织可信任维度。其中，对政府绩效评估组织机构的能力信任、善意信任和公正信任的评价各由 4 个测量题项构成，组织公开的信任评价由 5 个测量题项构成。所有的题项均采用里克特五点计分法收集受访者的评价意见，1 代表完全不同意，5 代表完全同意，组织信任度的测量量表如表 4－2 所示。

表 4－2 组织信任度的测量量表

维度	代码	测量题项	测量题项的 参考文献来源
组织 能力 信任	TA1	组织机构非常能胜任绩效评估工作*	（8）
	TA2	组织机构比我们有更多绩效评估专业知识*	（8）
	TA3	组织机构给我们的绩效改进建议非常有帮助*	（7）
	TA4	组织机构组织实施的绩效评估工作非常成功*	（8）
组织 善意 信任	TB1	组织机构非常关心我们部门*	（1）（3）（10）
	TB2	组织机构考虑了我们单位的诉求和利益*	（2）（8）（10）
	TB3	组织机构的工作人员像我们的朋友一样*	（1）（3）
	TB4	遇到绩效问题，组织机构会尽力帮助我们解决*	（1）（8）

续表

维度	代码	测量题项	测量题项的 参考文献来源
组织 公正 信任	TI1	组织机构会公平地对待所有被考核单位*	（4）（7）（9）
	TI2	组织机构在评估过程中不会弄虚作假*	（10）
	TI3	组织机构在和我们交往的过程中非常诚实*	（1）（4）（5）
	TI4	组织机构产生的绩效评估结果是公平公正的*	（6）
组织 公开 信任	TT1	组织机构分享了绩效评估信息，没有隐瞒*	（10）
	TT2	组织机构向我们解释了绩效评估的制度规则*	（10）
	TT3	绩效考评过程对我们是非常公开的	+
	TT4	绩效考评原始数据是向我们公开的和透明的*	（10）
	TT5	我有深入参与到绩效考评过程中	+

注：* 为根据相关文献的测量题项进行再造设计；+ 为作者设计的题项。问卷调查中，组织机构被操作化界定为地方政府的绩效评估（绩效考核/绩效考评）领导小组（委员会）和绩效评估（绩效考核/绩效考评）办公室的组织综合体。文献来源分别是：（1）Ganesan（1994）；（2）Kumar et al.（1995）；（3）Ganesan & Hess（1997）；（4）Clark & Payne（1997）；（5）Doney & Cannon（1997）；（6）Zaheer et al.（1998）；（7）Sako & Helper（1998）；（8）Mayer & Davis（1999）；（9）Dyer & Chu（2000）；（10）Pirson& Malhotra（2011）。

三 控制变量

本研究在分析中也考虑了一些控制变量对解释变量的潜在影响。先验研究考察了政府管理者人口统计变量和组织背景特征对绩效信息使用的影响，一些控制变量在特定情境和背景下对政府绩效信息使用有着显著影响。为此本研究也有针对性地控制了政府管理者的人口特征和组织背景变量对绩效信息使用的潜在影响。

在问卷设计、问卷调查以及后续的统计分析中，本研究重点关注如下控制变量：一是政府管理者的人口统计学变量，包括年龄（年龄变量共分为四组，1 = 18 ~ 25 岁，2 = 26 ~ 35 岁，3 = 36 ~ 45 岁，4 = 46 ~ 55 岁，其中18 ~ 25 岁作为参照组），性别（0 = 男性，1 = 女性，男性作为参照组），教育程度（1 = 大专及以下，2 = 本科，3 = 硕士及以上，大专及以下作为参照组）。

已有的研究强调了政府管理者的组织背景对解释其绩效信息使用行为的重要性。① 因此，本研究将政府管理者的职位和职能也作为控制变量。职位变量有三个类别：一般职员、科室领导和部门领导，将一般职员作为参照组。这一控制的假设是职位更高的政府管理者有更大的组织权力和绩效责任，并更有动力去使用绩效信息。

本研究将作为评估对象的政府组织部门的政策领域及部门的职能分为四类：内部职能部门（含党委部门、群团组织以及内部导向的行政部门）、经济发展部门、公共服务部门和执法监管部门，并将内部职能部门设定为参照组。后三项政策领域是与社会有关的，并且这些部门受到公众监督，本研究假设这些部门中的政府管理者会更愿意和更积极地使用绩效信息对公众负责。

此外，本研究是在代表性的绩效评估案例下选取评估对象进行调查和访谈，不同绩效评估案例之间具有共性和差异性。因此，本研究也将不同的政府绩效评估案例作为控制变量。

第三节　调查与数据

一　调查案例选择

本研究主要以中国地方政府的绩效评估实践案例中的评估对象为调查研究对象，从操作化的层面上主要分析和验证处于评估对象地位的各类政府管理者和信息使用者对地方政府中的独立绩效评估组织机构（如绩效办、绩效委、效能办）等综合绩效信息生产者的组织信任对其绩效信息使用行为有何种影响。为了增强调查对象与本研究问题的情景和角色匹配性，本

---

① Hammerschmid, G., Van de Walle, S., Stimac, V., "Internal and External Use of Performance Information in Public Organizations: Results from an International Survey," *Public Money & Management* 4 (2013): 261－268.

研究首先选取代表性的政府绩效评估实践案例，再从案例中科学选取处于评估对象地位的政府管理者进行问卷调查和访谈调查。

政府绩效评估尚缺乏全国性的顶层设计，地方政府仍是采纳绩效评估创新试点的主体，也构成本研究的关注对象。在 20 世纪 80 年代，目标管理责任制作为政府绩效评估与绩效管理的雏形被导入我国政府部门。① 随后，地方政府率先开展了绩效评估的创新试点。研究者的预调查显示，地方政府在 2005 年前后开始试点政府绩效评估，2010 年左右建立起正式、完善的政府绩效评估与绩效管理制度体系。国内各个地方政府的绩效评估试点创新有相同和相异之处，这为实地调查选择代表性的案例提供了较好的实践基础。

在政府绩效评估案例选择上，本研究以案例的可比性、代表性、异质性和可进入性为原则，主要以县区级政府绩效评估实践案例为关注层级。之所以选择县区级政府而不是市级或省级政府，是出于以下考虑。除了中央政府，省级、市级以及县区级政府是我国具有完整政府职能的层级体系。在一个自上而下的科层体制中，如果上级政府（例如省级或市级政府）创设和导入了绩效评估制度，下级政府也会导入绩效评估制度和绩效评估工具，这是因为上级政府的政治与评估压力会促使下级政府（县级政府）模仿和采纳其绩效评估体系。因此，县级政府是以省域或市域为单位的绩效评估模式的很好的样本层级和观察窗口。同时，选择县级政府还有出于田野进入的可行性考虑，并且田野对象规模适当，便于实施。县区级政府是功能系统完备的并具有较强执行能力的一级政府，能够较为全面地反映政府角色以及评估对象的角色，适合做系统全面的调查和分析。

以案例的可比性、代表性和调查可进入性为选样标准，本项研究的政府绩效评估案例采取立意选样方式选择了来自南方四个省份的四个县区级政府的绩效评估实践进行实证调查，分别是湖南省 A 县政府、福建省 B 区政府、广东省 C 区政府、浙江省 D 区政府。之所以选择多案例的田野调查

---

① 周志忍：《公共组织绩效评估：中国实践的回顾与反思》，《兰州大学学报》（社会科学版）2007 年第 1 期。

点是出于三方面的考虑：代表性、差异性以及可比性。从田野调查的四个县区政府的样本背景来看，其既有相似性，也各具特点，保证了研究样本选择的均衡、代表性原则。选择这四个案例的一个最重要原因是它们都代表了我国政府绩效评估创新的相同体制特征。这四个案例政府都建立了绩效评估制度，并且每个案例都在政府系统内部成立了相对独立的绩效评估领导机构和执行机构，成立了绩效评估领导小组和绩效办公室，对县区级政府组成部门的绩效进行领导、监督和评估。在统一的绩效评估制度下，绩效评估组织机构为每个评估对象设置职能指标、共性指标以及利益相关者的满意度指标。组织机构监控评估对象的绩效目标执行情况并收集每个评估指标的数据，将它们合成为年度正式的绩效结果评级和绩效报告。在评估实践中，绩效评估组织机构在绩效信息的生产过程中起着关键作用，是评估对象绩效信息的主要来源。四个案例中，A县被全国政府绩效评估研究会授予了绩效管理最佳案例，而其他案例没有，说明案例也具有异质性。四个案例调查点兼顾了绩效评估实践历史长短的差异、评估模式的差异、中东部地域的差异、县和区的差异。这既保障了整体性研究样本的先进性、代表性和全面性，也具有较强的案例可比性。这样的案例选择可以假设每个案例在绩效信息的生产和使用的过程中都有特点，每个地方政府的绩效信息使用方式、水平，绩效信息生产的方式、方法都有可能存在不同之处。各调查案例的基本情况如下。

（1）湖南省A县的政府绩效评估实践。A县隶属于A市，是湖南省综合竞争力最强的县之一，也是连续多年的中部排名靠前的百强县之一。A县的绩效评估实践创新是外部驱动的。A县所隶属的A市较早对县区进行了绩效考核。A县在A市绩效评估的压力推动与制度示范之下在县级层面导入了政府绩效评估工具，在借鉴A市的政府绩效考核经验的基础上，结合A县实际，探索出了适合县情的绩效评估模式，确立了"分类考核、突出导向、城乡统筹、人事统考"的绩效评估基本模式。A县对县级党政部门进行了分类评估，并据此为不同部门设置了不同的指标和权重。A县的政府绩效评估办公室设置在党委组织部门，该部门对于干部晋升调配以及人事管理具有重要作用，这种体制优势使得该县的绩效评估结果运用于政府官员晋升的可能性更大，由此给评估对象带来了更大的绩效压力，并可以促使其更加重视利用外部的绩效目标和绩效信息。在 A 县，绩效评估结果与物质奖励也进行了挂钩。2013 年 11 月，中国行政管理学会全国政府绩效管理研究分会授予 A 县"全国政府绩效管理示范基地"，因其绩效评估制度设计科学，绩效评估结果运用的力度大、范围广，为研究政府绩效信息使用提供了优秀的实践样本。

（2）福建省 B 区的政府绩效评估实践。福建省的绩效评估属于"效能模式"，B 区是福建省绩效评估效能模式的一个缩影。福建省早在 2000 年左右就开展了效能建设，对政府系统内部的低效和不作为现象进行系统监督和管理。福建省的效能模式重视政府的效率改进，融合效能监察、目标管理、服务承诺与绩效评估等多种管理方法。[①] 之后，福建省的效能模式在 6个不同地区的省级政府进行了创新扩散。[②] 基于效能建设模式，福建省也建立了一个综合性的政府绩效评估体系与制度，并在省、市、县区不同层级政府间进行自上而下的扩散。B 区的政府绩效评估工作具有较长的历史。其从 2002 年到 2005 年进行初步探索，到 2006 年开展政府绩效评估试点，再到 2007 年至今的全面拓展。B 区将所有区级机关单位（政府和党群部门）纳入绩效评估。B 区绩效评估工作从年中和年底的静态评估发展为动态的过程管理，由政府部门向党群机关单位延伸，逐步形成了条块结合、覆盖全区的绩效评估工作体系。针对区级机关单位和街道政府的绩效评估，B 区设计了通用的评估框架和不同的评估维度和指标，其通用的评估框架由指标考核、公众评议、察访核验三个模块构成，其中察访核验重点从效能督查扣分的角度对评估对象进行效能监督。B 区的效能建设与政府绩效评估制度

---

① 周志忍：《效能建设：绩效管理的福建模式及其启示》，《中国行政管理》2008 年第 11 期。
② 吴建南、马亮、杨宇谦：《比较视角下的效能建设：绩效改进、创新与服务型政府》，《中国行政管理》2011 年第 3 期。

紧密结合构成福建特色的效能和绩效互动模式。其在效能建设的框架下，对政府绩效管理和评估的制度构建内容包括健全绩效评估制度、完善绩效评估指标体系、强化绩效评估结果应用等几个方面。B区政府的绩效评估实践，为解剖"福建效能模式"下的绩效信息使用提供了丰富素材。由于福建的效能监督主要由纪委监察部门负责，该部门同时承担行政监督职能，福建省各级政府的绩效评估工作也由该部门推动。B区的政府绩效评估组织和执行工作由该区纪委监察部门推动，其绩效办公室也隶属于该区纪委监察局。

（3）广东省C区的政府绩效评估实践。广东省C区政府的绩效评估实践是我国政府绩效评估的新型试点样本。2011年6月，监察部印发了《关于开展政府绩效管理试点工作的意见》。随后各级地方政府高度重视绩效管理试点工作，广东省于2012年2月印发《关于开展政府绩效管理试点工作的通知》，决定在市、区各部门展开绩效管理的试点，C区成为广东省C市唯一的区级政府试点单位。C区于2012年、2013年分别启动政府部门绩效评估、党群机关绩效评估工作，短时间内实现了政府绩效评估对象在全区区级机关单位的全覆盖。该区在政府绩效评估体制设计与指标设计时，邀请专家学者参与绩效战略、绩效目标、绩效指标的制定，实现绩效评估中的专家参与。在地方政府领导的高度重视和支持下，C区用一年的时间迅速建立起了完整的绩效评估系统。C区在绩效评估体系设计时采用了关键绩效指标法（KPI），并采取内部评价和外部评价相结合的模式。C区政府绩效评估实践，具有评估模式新颖、评估方法专业等诸多特点，是提供了管窥2010年以后政府部门绩效评估改革创新的案例。C区的绩效评估体制设置与B区相似，绩效评估的组织机构由纪委监察部门负责，政府绩效评估领导小组的执行机构——绩效办公室也隶属于该区纪委监察局。

（4）浙江省D区的政府绩效评估实践。浙江省D区政府是一个采用目标管理和目标考核的传统绩效评估模式的实践类型。D区政府是一个开发区政府，全称是经济技术开发区管理委员会。该区处于长江三角洲南翼，经济发达，是国内建立较早的开发区，人口约 15 万，该开发区政府采取小政府的模式进行组建，部门数量较少，公务员规模相对较小。D 区对政府部门开展目标考核源于上级政府的考核压力。2012 年 D 市颁布了《重点开发区域综合考评办法（试行）》，对该市各类开发区按照区域发展水平与工作推进两个方面进行目标考核。在目标考评的制度下，每年度市政府与 D 区签订目标责任书，年终对该市所管辖的所有开发区政府从区域发展水平和工作推进两个方面进行综合评价。为了分解和执行上级的目标考核任务，D 区每年颁布《年度目标管理综合考核评价实施办法》，对管委会各组成部门进行目标管理和目标考核，分解上级的考核指标，目标考核内容涵盖招商工作、党建工作、日常管理、职能工作等各个方面。该区的目标管理工作由管委会的办公室这一综合协调机构承担。

上述四个案例的可比性和代表性主要体现在如下几个方面。①A 县、B 区、C 区和 D 区具有相同的层级，政府职能及组织结构相似，政府管理面对的社会经济环境同构。县和区政府都是具有完整政府职能的基层政府，承接各级政府的行政压力和目标任务分解。A 县政府虽为县域政府，但 A 县的经济发展、城市发展水平却不低于其他三个城区政府。2013 年，A 县实现地区生产总值 900 多亿元，财政总收入 180 亿元，各项经济指标均排在该市各县区的前列，并略高于 B 区、C 区和 D 区。A 县还是该市城市次中心和城市商业副中心，具有城市政府的职责功能。D 区政府虽为开发区政府，其具有一般县级政府的组织机构、管辖区域、服务人口，具有经济发展、公共服务、市场监管、社会管理等多方面的政府职能。因此，笔者有理由认为 A 县和 B 区、C 区、D 区在行政环境和政府职能方面具有同构性。②四个案例的绩效评估实践基础相近，四个案例都有正式的绩效评估制度，评估对象都经历了多个完整的绩效评估年度循环，绩效评估活动生产了相关绩效信息，案例实践具有可比性基础。③四个案例的绩效评估框架、绩效评估指标体系结构、绩效目标设置过程相似。四个案例都成立了协调性的政府绩效评估领导小组以及组织实施机构——绩效办公室，在统一的绩效评估制度下将县（区）政府所辖的各类党政部门以评估对象全覆盖为原则纳入绩效考核。四个案例都有完整的绩效评估组织机构以及组织化的评估对象。四个政府绩效评估案例除了共同具有的绩效评估这一核心环节，还包括了绩效目标设置、过程监控、结果评估、绩效激励等环节，属于广义的政府绩效评估和绩效管理实践。四个案例的评估指标体系结构也具有相似性，主要包括部门个性业绩指标、部门共性通用指标、公众评议（政府内部评议和社会公众满意度评价）以及奖惩加减分，均属于综合性的绩效范畴。④四个案例都有相似的绩效评估体制和运行机制。每个案例政府都在内部成立绩效评估领导小组以及绩效评估办公室。绩效评估领导小组都由地方政府党政核心领导组成，负责绩效评估的制度和规则的决策，绩效办公室负责绩效评估活动的日常运作，并向绩效评估领导小组报告负责。在地方政府间成立此类专业和平行的绩效评估组织机构日益成为地方政府绩效管理实践的新模式。绩效评估组织机构被授权对地方政府的所有党政部门进行考评和排名，例如党委部门、行政部门、群团组织、公共事业单位、国有企业以及下级政府。这种制度设计能够确立绩效评估主体和评估对象分析的组织背景。综上，研究认为四个案例政府中的评估对象具有相似的行政环境与绩效评估背景，并且是可比较的四个典型案例。

同时，四个案例具有较好的田野调查可进入性。研究者有在上述案例政府及其部门开展预调查、课题调研的调查先例，研究者与调查对象具有一定社会联系，调查对象可以提供实地调研支持，增强案例调查的可行性。

二　问卷调查

政府绩效信息使用者是本研究问卷调查的对象。根据研究问题与研究聚焦，主要关注地方政府绩效评估实践中处于评估对象地位的政府部门成员的绩效信息使用行为。问卷调查对象分别从湖南省 A 县、福建省 B 区、广东省 C 区和浙江省 D 区政府中的被考评部门中选取，以区县级政府被考评部门及其部门中的公务员为抽样调查母体。在上述的 4 个政府绩效评估案例中，评估对象是政府部门及其部门内部成员，问卷调查也旨在全面了解这类群体的绩效信息使用现状及其对政府绩效评估组织机构的组织信任态度评价。在本研究所关注的 4 个政府绩效评估实践案例中，几乎所有广义政府组成部门及其组织成员都属于评估对象的范畴。政府绩效评估中组织化的评估对象也是一个完整的科层组织，其内部有较多按照横向职能分工和纵向层级分工的组织成员。为了增强问卷调查的代表性和全面性，本研究采取科学抽样方法从 4 个地方政府中选取具有代表性的政府部门及其成员进行问卷调查。具体的抽样调查设计如下。

抽样调查首先决定应该调查的被评估部门数量及具体部门名称。为了使问卷调查涵盖不同政策领域和职能的被考评部门及其成员，研究者首先分析了 4 个案例中评估对象部门的类型与构成。4 个县区政府开展的政府绩效评估都属于广义政府绩效评估或者公共部门绩效评估，其评估对象包含党委部门、群团组织、狭义政府部门等，个别案例还将人大机关、政协机关、事业单位、国有企业等纳入绩效考核。为了增强可比性，本研究仅关注 4 个县区共性的绩效评估对象部门——党委部门、群团组织、行政部门，将抽样范围限定在这三类政府部门及其组织成员。考虑到调研的可行性和调研条件，本研究设计从每个案例政府母体部门中抽取约 30% 的部门进行问卷调查。基于此，A 县需调查 17 个部门（抽样母体部门 58 个），B 区需调查 11 个部门（抽样母体部门 34 个），C 区需调查 17 个部门（抽样母体部门 59 个），D 区需调查 5 个部门（抽样母体部门 13 个）。本研究采取分层抽样的方法确定被评估部门，采取两阶段分层抽样方式获得调查部门及其内部的问卷调查对象。分层的依据是地方政府中三类共性的被评估部门类型及数量：党委部门、行政部门和群团组织。考虑到行政部门是构成一级地方政府的主体并且部门数量最多，研究者又将行政部门根据职能划分为了四个子类部门：内部职能部门、经济发展部门、公共服务部门、执法监管部门。最后，采取按规模大小成比例的概率抽样（Probability Proportional to Size，PPS）决定 6 个类别各抽多少部门。然后，在每层内部运用简单随机抽样的方式决定需要调查的具体部门。具体的调查部门抽样信息如表 4 - 3 所示。

表 4 - 3 调查部门抽样情况

案例	抽样部门数	实际调查部门数	党委部门	群团组织	行政部门			
					内部职能	经济发展	公共服务	执法监管
A	17	15*	3	2	0	4	3	3
B	11	11	3	2	0	3	2	1
C	17	15*	3	2	1	4	3	2
D	5	5	1	1	0	1	1	1

注:* 表示有两个调查失败的部门。

其次，抽样调查从被抽中的被评估部门中选择具体的公务员开展问卷调查。确定被抽中的评估对象后，被抽中部门的成员是本研究问卷调查的对象。问卷调查将涵盖组织化的评估对象中不同层级和不同职位的组织成员，既调查部门内部的各级领导，也调查部门内部的普通公务员。实践中，地方政府绩效评估体系和绩效指标非常全面和综合，意味着被考评部门内部的科室和一般公务员都需要参加，并执行绩效考评机构规定的绩效目标任务，每一个政府工作人员都是潜在的绩效评估信息的接收者和使用者。被评估部门中的普通员工也是关键的绩效信息使用者，他们也会关注绩效信息，特别是绩效排名和绩效目标。同时，为了执行绩效目标，绩效评估组织机构在绩效评估制度中要求每个考评部门将评估部门向具体岗位和个人分解。对一个被评估部门来说，绩效目标的分解会采取自上而下的科层方式进行，从部门领导到科室领导，最后到部门中的每一个成员。被评估部门的领导者将会在组织内部再次分解上级的绩效评估目标，部门中的普通工作人员是绩效目标的最终执行者，并且在绩效执行和绩效改进中发挥着关键作用。换句话说，对于政府绩效评估组织机构所赋予评估对象的绩效目标和指标，每一个指标都至少有一位部门领导、科室领导和一般工作人员共同对其负责。由于部门中的一般公务员也需要执行绩效目标，并且根据评估信息来改进绩效，本研究认为部门中的普通员工也是关键的绩效信息使用主体，应对其进行调查。外部的绩效排名和绩效目标需要整个组织的所有成员对其做出反应和回应。因此，本项研究的问卷调查不仅调查被评估部门的领导，也调查部门内部的科室领导和一般工作人员。

对于被抽中部门中具体调查对象的选择，研究者首先采用调整的整群抽样的方法在每个部门内部选取需参与问卷调查的公务员。抽中的调查部门中所有在岗的部门领导、科室领导（含副职）和一般工作人员都要接受问卷调查。考虑到被抽样调查部门的人员规模存在较大差异以及部门的领导和非领导人员结构不平衡，为了控制样本的结构，本研究采取了如下控制措施：在每个被抽样部门的问卷调查中，为了控制抽样部门具有领导权力的官员（科级干部及以上）和一般公务员的比例，实地调查时笔者先询问该部门人员编制总数，对于人员规模较小的部门（10 人及以下），则对所有在岗公务员进行问卷调查；对于人数较多的部门（10 人以上），除了对所有在岗部门领导和科室领导进行调查外，每个科室中随机选取 2 ~ 3 名普通工作人员进行问卷调查。在每个部门的工作人员的协助下，笔者将问卷发到在岗的受访者，让其在办公室内填写问卷，并留有半小时左右的自主答题时间。

在开展正式问卷调查前，为了提高正式问卷调查的质量以及问卷设计的质量，并检验测量题项的信度，研究者于正式进行问卷调查前在 X 大学公共管理高级研修班的政府官员中进行了问卷试调查和试测，试调查对象是来自某市政府部门的公务员学员，共发放试调查问卷 40 份，回收 30 份。根据试调查的小样本结果，研究者对问卷题项表述以及个别测量题项进行了调整，保障了调查问卷及其测量量表的质量。

基于上述抽样调查设计，研究者采取实地调查的方式，依次对湖南省 A 县、福建省 B 区、广东省 C 区、浙江省 D 区政府中的每个抽样部门开展问卷调查和补充访谈。每个县区政府的有效调研时间均不少于 7 天，平均每个抽样部门的调查时间为半天。问卷发放的对象为前文界定的被抽中的被考评部门及其成员。为了遵循政府部门系统的保密规定，调研之前研究者向每个调查部门及其调查对象做了数据保密承诺，并承诺对案例名称以及抽样部门进行匿名处理。调研过程中，进入失败的部门在同类部门中做一次替换，如果替换失败则视为部门拒访，其中 A 县和 C 区各有 2 个部门进入失败。因此，A、B、C、D 四个案例政府实际分别调查了 15、11、15、5 个部门。四个县区案例政府共发放问卷 640 份，最后总共回收了 596 份问卷。

三　访谈调查

为了收集关于研究主题与问题的定性访谈资料，本研究在开展问卷调查的同时，对每个案例中政府绩效评估组织机构代表以及评估对象部门成员代表进行访谈调查。访谈调查计划每个样本县区政府访谈部门 2～3 个，每个部门访谈 2～3 位绩效信息的使用者或生产者，访谈调查的规模和数量主要根据调查对象的配合程度和可行性决定。访谈调查主要应用深度访谈或焦点团体座谈的方法。针对实践案例中的政府绩效信息使用者（被评估部门领导及成员）和绩效信息供给者（绩效办领导及工作人员）两类群体，本研究分别设计了两份访谈提纲。

针对绩效评估的领导者和组织者，主要采用半结构化的访谈方式和文献资料法进行，主要考察绩效评估制度及其运行情况，了解其绩效信息的生产、形成与传播过程。对于被考评部门中的评估对象则主要依据代表性和可能性的原则邀请每个被抽样部门分管绩效考核或对本部门绩效运作状况比较了解的部门领导、科室领导以及普通工作人员参与访谈。

在访谈调查中，由于各个部门及其工作人员的繁忙程度、工作人员在岗情况以及对本项调查的重视程度不尽一致，每个部门参与笔者访谈调查的人数存在一定差异，但每个部门至少有 1 名部门领导或科室领导参与访谈，而最多的部门则有 4 人参与访谈调查。对于只有 1～2 名部门工作人员参与访谈的情形，一般采取一对一的专访，而对于有 3 人及以上参与访谈的情形，则采用集体座谈的形式。具体的访谈对象如表 4－4 所示。

表4-4 三个案例政府中参与访谈的人员

角色	访谈对象来源	访谈人员所在部门	访谈对象及职位
政府绩效评估组织机构代表	A县	组织部，绩效办	组织部副部长，办公室主任，绩效办主任
	B区	区纪委监察局，区效能办	效能办主任，科员
	C区	区纪委监察局	纪委副书记，区监察局局长，调研员，绩效办副主任
	D区	区办公室	目标考核办负责人
评估对象代表	A县	县直机关工委	办公室主任
	A县	县工商联	办公室主任
	A县	信访局	副局长
	B区	组织部	干部科科长
	B区	发改局	局长助理，综合科科长
	B区	教育局	综合科科长，绩效专员，科员
	C区	区委机关事务管理局	副局长，办公室主任
	C区	人社局	副局长，办公室主任，科长1，科长2
	C区	民政局	副局长1，副局长2

访谈结束后，研究者将访谈记录进行系统的整理、编码，为阐释定量研究的结果提供定性证据支持。探讨政府部门之间的组织信任是一个较为敏感的话题，为了保护受访者和调查者的隐私，本研究将确保访谈对象和问卷调查者的匿名性。

第五章

量表质量检验与维度验证

第一节　样本特征

一　样本概况

问卷调查结束后，研究者对回收的 596 份问卷及时进行了录入和整理。问卷录入时发现部分调查对象在个别测量问题回答缺失，本研究将缺失严重的调查问卷排除；对测量指标的方差分析发现，有一部分调查对象在所有测量问题的回答选项上并无变化。为了保证样本数据质量，本研究也将其排除。调查共获得有效问卷 450 份，问卷总体有效率为 70.3%，为可接受水平。较多缺失值和无效问卷部分是因为问卷题项相对较多，且涉及对政府系统内的机构进行信任评价这一相对敏感话题，受访者对信任问题回答中的缺失值和无效值较多。为了保证数据的质量，本研究审慎起见将这些无效样本排除，仅使用余下的 450 份问卷样本进入正式统计分析。总体样本构成当中，来自 A 县政府的样本 143 份，B 区政府的样本 112 份，C 区政府的样本 159 份，D 区政府的样本 36 份，与抽样部门数的比例结构基本匹配。

对有效样本进行描述性统计分析，可以得出调查样本的人口特征与组织背景特征，具体如表 5 - 1 所示。

表 5 - 1　样本特征

变量	类别	数量	百分比
样本来源	A 县政府样本	143	31.8%
	B 区政府样本	112	24.9%
	C 区政府样本	159	35.3%
	D 区政府样本	36	8.0%
性别	男	231	51.3%
	女	219	48.7%
年龄	18～25 岁	37	8.2%
	26～35 岁	156	34.7%
	36～45 岁	150	33.3%
	46～55 岁	107	23.8%
政治面貌	党员	346	76.9%
	非党员	104	23.1%
教育程度	大专及以下	61	13.6%
	本科	332	73.8%
	硕士及以上	57	12.7%
职能领域	内部职能部门	84	18.7%
	经济发展部门	148	32.9%
	公共服务部门	160	35.6%
	执法监管部门	58	12.9%
职位角色	普通工作人员	256	56.9%
	科室领导	133	29.6%
	部门领导	61	13.6%

$N = 450$.

　　总体来看，调查样本的地域分布较为多元和均衡，其中来自 A、B、C 三个案例政府的有效调查样本均在 100 份以上，D 区有效样本量相对较少，主要是因为 D 区属于开发区管委会政府，管辖人口较少，政府组成部门和人员设置较为精简。从调查对象的性别比例来看，男性政府管理者占比略微高于女性政府管理者，性别结构总体较为均衡。调查样本年龄结构基本呈正态分布，显示调查群体以中青年的政府管理者为主，这与实际情况相符。调查对象中党员身份的政府管理者占多数，这与政府公务员群体政治面貌的实际情况吻合。在调查样本的学历特征方面，本科学历的公务员居多，大专及以下学历占比与硕士及以上占比均为10%左右，显示政府公务员群体的学历层次总体较高，教育素质较好。本研究的调查对象为县区级基层政府，这是研究生学历的公务员相对偏少的主要原因。在调查对象的职位方面，部门领导、科室领导、一般工作人员的比例约为1:2:4，这与行政组织金字塔式的职级职位分布特征相符，也与前述的抽样控制方法相吻合。从调查对象所在部门的政策领域与职能来看，调查的政府部门和评估对象部门中总体经济发展与公共服务职能的样本居多，而来自内部职能部门和执法监管部门的样本相对较少，这也与地方政府的机构设置与职能重心分布基本吻合。总体来看，调查样本具有较好的代表性，能够反映县区级政府被评估部门及其部门成员的总体状况，调查样本的代表性与样本质量总体较高。

本研究收集了丰富和有效的调查问卷数据，这为开展后续的实证分析提供了充足的样本来源。如前文关于分析方法的阐述，进行因子分析时需要使用不同的样本来源分别开展探索性因子分析和验证性因子分析。为了确保因子数量与因子结构的结论稳定性，本研究采取统计学界推荐的方法，将450份的总样本随机分为两个样本量均等的子样本 A 和子样本 B。后续的因子分析中将使用其中一个子样本的数据做探索性因子分析，而另一半数据做验证性因子分析。由此，基于总样本（$N = 450$）随机生成了两个独立的数据样本（$n = 225$）分别执行探索性因子分析和验证性因子分析，具体来说子样本 A 的 225 个样本执行探索性因子分析，另外一个数据子集 B 包含的 225 个样本执行验证性因子分析。

二 数据特征

开展正式统计分析前，本研究首先对调查样本中测量变量特征进行描述性统计。通过对变量特征和数据质量进行检查，以确保满足因子分析和结构方程模型的前提假设。各个测量指标的均值、标准差和分布情况如表 5 - 2 所示。

表 5 - 2 测量变量的描述性统计

潜变量与测量条目	平均值	标准差	偏态系数	偏态临界比率	峰度系数	峰度临界比率
政府绩效信息内部管理使用	3.56	—	—	—	—	—
UI1	3.51	0.81	- 0.31	- 1.18	0.30	0.08
UI2	3.46	0.82	- 0.26	- 0.69	0.29	- 0.09
UI3	3.58	0.81	- 0.27	- 1.41	0.22	0.01
UI4	3.63	0.80	- 0.19	- 0.47	- 0.12	- 1.50
UI5	3.63	0.81	- 0.20	- 0.55	- 0.18	- 1.60
UI6	3.54	0.84	- 0.22	- 1.25	- 0.09	- 0.94
政府绩效信息外部责任使用	3.48	—	—	—	—	—
UE1	3.48	0.95	- 0.37	**- 2.96**	0.21	0.84
UE2	3.54	0.87	- 0.23	- 1.53	0.14	0.03
UE3	3.59	0.86	- 0.42	**- 2.50**	0.32	0.46
UE4	3.37	0.94	- 0.40	**- 2.58**	0.27	1.19
UE5	3.37	0.92	- 0.33	**- 2.51**	0.22	0.88
UE6	3.51	0.91	- 0.46	**- 3.38**	0.39	1.51
组织能力信任	3.63	—	—	—	—	—
TC1	3.64	0.71	- 0.03	1.03	- 0.04	- 1.76
TC2	3.68	0.74	- 0.34	- 0.18	0.67	- 0.65
TC3	3.64	0.74	- 0.14	0.10	0.11	- 1.02
TC4	3.56	0.75	0.05	1.14	- 0.02	- 1.46

续表

潜变量与测量条目	平均值	标准差	偏态系数	偏态临界比率	峰度系数	峰度临界比率
组织善意信任	3.49	—	—	—	—	—
TB1	3.50	0.83	−0.01	1.16	−0.08	**−2.03**
TB2	3.51	0.84	−0.22	−0.64	0.10	−0.64
TB3	3.44	0.84	−0.22	−0.87	0.19	−0.24
TB4	3.52	0.83	−0.34	−1.10	0.38	−0.11
组织公正信任	3.66	—	—	—	—	—
TI1	3.60	0.78	−0.23	−0.78	0.14	−0.47
TI2	3.64	0.83	−0.35	**−2.09**	0.09	0.15
TI3	3.67	0.77	−0.30	−1.14	0.42	−0.39
TI4	3.71	0.75	−0.29	−1.55	0.37	−0.10
组织公开信任	3.65	—	—	—	—	—
TT1	3.67	0.77	−0.37	−1.20	0.62	−0.11
TT2	3.68	0.74	−0.36	−1.21	0.65	0.13
TT3	3.65	0.80	−0.42	−1.71	0.62	0.37
TT4	3.63	0.82	−0.47	**−2.02**	0.59	0.35
TT5	3.62	0.82	−0.44	**−2.37**	0.53	1.08

$N = 450$.

数据分析表明评估对象对绩效信息的总体使用程度还不是很高。12 个反映评估对象政府绩效信息使用程度的测量指标的简单平均值为 3.52，各个具体测量指标的均值分布在 3.37~3.63，所有指标的标准差介于 0.80~0.95。调查数据表明，4 个县级政府中的评估对象具有中度水平的绩效信息利用程度，与高水平绩效信息使用还有较大差距。12 项绩效信息使用测量指标中，评估对象相对使用程度最低的使用方式是将绩效信息用于在新闻媒体沟通交流和面向公众沟通反馈两个外部责任途径，其均值都只有 3.37；评估对象相对使用程度最高的是两个内部管理使用测量指标，即评估对象在评估目标任务完成情况和绩效改进时对绩效信息的利用率相对较高，其均值都为 3.63。

数据分析还表明评估对象对在内部管理决策中对绩效信息的使用程度高于在外部责任履行中的绩效信息使用程度。统计发现，6 个反映政府绩效信息内部使用测量条目的平均值为 3.56，而 6 项反映政府绩效信息外部责任使用测量条目的平均值为 3.48，表明评估对象在绩效信息使用方式上存在一定偏好，绩效评估用于增进政府组织的外部责任感的情况还不甚理想。

分县区样本统计评估对象对绩效信息使用的情况，可以发现不同政府绩效评估案例中评估对象对绩效信息的利用程度存在一定差异。如表 5-3 所示，政府绩效信息综合平均使用程度呈现从 A 县、B 区、C 区、D 区依次递减的情形，其中 A 县的评估对象的绩效信息使用总体水平、内部管理使用以及外部责任使用程度比较明显地高于其他三个案例。C 区的评估对象将绩效信息用于组织内部管理决策的程度最低，而 D 区的评估对象将绩效信息用于组织外部责任履行的程度最低。D 区实施的是目标管理和目标考核的绩效评估形式，这类绩效评估属于完全的内部评估模式，缺乏外部社会公众的参与，这会导致评估对象的公共责任压力缺失，进而降低评估对象对绩效信息使用的积极性。

表 5-3　政府绩效信息使用程度分案例比较

	样本量	绩效信息使用均值	绩效信息内部管理使用均值	绩效信息外部责任使用均值
A 县	143	3.76	3.80	3.71
B 区	112	3.46	3.51	3.41
C 区	159	3.39	3.40	3.38
D 区	36	3.29	3.46	3.13

关于评估对象对政府绩效评估组织机构的组织信任态度调查方面，17 个反映评估对象对组织主体组织信任测量指标的简单平均值为 3.61，各测量指标的均值分布为 3.44~3.71，反映出政府绩效评估实践中评估对象对

组织主体的信任态度也属于中度。政府绩效评估组织机构尚未获得评估对象的高度信任评价与认同。通过对组织信任态度的组织能力信任、组织善意信任、组织公正信任和组织公开信任的均值统计发现，评估对象对政府绩效评估组织机构的公正性评价相对较高，均值为 3.66；而对组织机构的组织善意信任评价相对较低，均值为 3.49。

对政府绩效信息使用的 12 个测量指标进行相关分析以及对 17 个组织信任度测量指标进行简单相关分析发现，测量指标之间都存在着显著的正向相关性（$p < 0.01$），相关强度在 0.19 ~ 0.84，相关系数的平均值是 0.45。当将测量条目按照设计的绩效信息使用因子结构和组织信任因子结构加总进行相关分析时，发现预期的潜变量之间的相关性强度变高，并且统计显著。对测量指标进行相关分析发现绩效信息使用的测量变量之间存在相关性，意味着评估对象在不同的绩效信息使用方式具有变异的同步性。研究还发现在组织信任量表中，公正和公开因子有着较高的相关性，两者的相关系数达到 0.90，这超过了统计研究所建议的共线性诊断的阈值标准（$r < 0.85$）。[1] 潜变量之间的中度和高度相关性部分是因为这些潜变量及其测量条目都属于一个更大的概念范畴，例如组织公正信任评价与组织公开信任评价都属于更高的组织信任范畴，但这两者的强相关性使得有必要检验两个潜变量之间的独立性。描述性统计所发现的部分测量指标之间以及预期潜变量之间的高相关性表明非常有必要去检验和评估这些潜变量的独立性。基于此，在验证研究假设之前，本研究先用探索性因子分析来确定政府绩效信息使用和组织信任的因子结构，然后再将所有的测量条目进行验证性因子分析，以确定这些潜变量的组合信度和结构效度。

考虑到本研究的探索性因子分析、验证性因子分析和结构方程模型中都采用了极大似然估计方法，而该方法的前提假设是样本数据的多元正态分布。在开始因子分析和结构方程建模之前，本研究对测量指标的分布特征进行了

---

[1] Kline, Rex, B., *Principles and Practice of Structural Equation Modeling* (London: Guilford Press, 2011), p. 362.

系统检查。统计研究认为，如果指标的偏态或峰度临界比率（Critical Ratio）的绝对值高于临界值 2 以上，则认为该指标不符合正态分布。[1] 为了检查单变量的分布情况，本研究分析了每个观测变量的峰度和偏度，基于偏态系数（Skewness）、峰度系数（Kurtosis）、临界比率等评价正态分布的指标，研究发现有 8 个测量指标（UE1，UE3 ~ UE6，TI2，TT4 ~ TT5）轻度违反了单变量的正态性特征，这不可避免会导致多元非正态性分布。这使得本研究的后续统计分析不能直接使用极大似然估计法。在社会科学研究中违背正态分布假设的现象非常普遍，在一些应用统计及软件中针对非正态分布数据适用的稳健极大似然估计法不断出现。针对结构方程模型中的非正态分布样本数据的处理方法可以同样适用于探索性因子分析。[2]

当样本数据存在非正态分布时，不适合使用极大似然估计法进行统计建模。处理中度和重度非正态性的最好方法是使用稳健极大似然估计法。[3] 稳健极大似然估计方法提供了带有标准误差的参数估计以及一个均值调整的卡方统计值 χ^2，确保统计估计对于非正态数据趋于稳健。[4] 随着一些统计软件的开发和发展，稳健极大似然估计方法已经不再高深和难以实现。Mplus 7 统计包针对非正态分布数据提供了几个可行和备选的估计方法，例如 MLR（Robust Maximum Likelihood）和 MLM（Mean-Adjusted Maximum Likelihood）。先前的研究表明，当数据为小样本时（小于 1000）MLM 的估计结果会比 MLR 更优和更稳健。[5] 由于数据样本的非正态性特征，本研究所使用的因子分析与结构方程建模均采用 Mplus 提供的稳健极大似然估计方法（MLM），该方法适合非正态和没有缺失值的样本数据，本研究的样本数

① Field A. ,*Discovering Statistics Using SPSS*（Sage Publications, 2009）, p. 175.

② Yuan, K. H. , Bentler, P. M. ,"On Robustness of the Normal-theory Based Asymptotic Distributions of Three Reliability Coefficient Estimates," *Psychometrika* 27（2002）: 251 – 259.

③ Brown, T. A. ,*Confirmatory Factor Analysis for Applied Research*（Guilford Press, 2006）, p. 379.

④ Muthén, L. K. , Muthén, B. O. , *Mplus User's Guide*: *Statistical Analysis with Latent Variables*: *User's Guide*,（Muthén & Muthén, 2001）, p. 603.

⑤ Asparouhov, T. ,"Sampling Weights in Latent Variable Modeling," *Structural Equation Modeling* 3（2005）: 411 – 434.

据符合这一特征。

在 Mplus 中使用稳健极大似然估计方法时，计算的卡方值是 Satorra-Benter 校正卡方，其卡方差异不服从卡方分布。所以在模型比较中使用 Satorra-Benter χ^2 值进行卡方差异检验时，不能使用 ML 卡方差异检验直接将两个比较模型的卡方值相减，而必须将卡方值进行转换。在 Mplus 分析中，其统计结果输出在提供了 Satorra-Benter χ^2 值的同时，还提供了卡方值校正因子（Scaling Correction Factor）。通过校正因子值可以将 ML χ^2 值和 S-B χ^2 值运用如下公式进行联系和计算：ML χ^2 = 校正因子 × S-B χ^2。[①]

第二节 绩效信息使用量表检验

一 探索性因子分析

本研究首先将 12 个绩效信息使用的测量条目在其中一个数据样本 A（$n = 225$）中进行探索性因子分析。开始因子分析前，首先采用 SPSS 软件的因子分析功能对政府绩效信息使用量表进行相关性检验，检查量表与数据是否适合做探索性因子分析。分析显示，KMO 值为 0.91，表示样本数据非常适合做因子分析。

本研究采用稳健极大似然估计法和斜交旋转方法（Promax）提取政府绩效信息量表的公因子。斜交旋转允许因子之间的相关，这与本研究的数据特征相符。在不限定因子个数时，Mplus 软件提供单因子、双因子和三因子 3 个不同数量的因子模型，四因子模型并不收敛。不同因子数量模型的拟合指数如表 5 - 4 所示。从表中可以看出，绩效信息使用的单因子模型和双因子模型的拟合情况均不理想，这表明绩效信息使用不是二因子结构。相

---

① 王孟成：《潜变量建模与 Mplus 应用：基础篇》，重庆大学出版社，2014，第 24 页；Mplus 官方网站也介绍了稳健极大似然估计时的嵌套模型比较（似然比检验）的方法和步骤，参见 http://www.statmodel.com/chidiff.shtml。

反，三因子模型有较好的模型适配度。在三因子模型提供的因子载荷中，所有的内部管理使用条目载荷在因子1上，3个面向政府系统内行政上级的绩效信息使用条目载荷在因子2上，而余下的3个面向社会公众的绩效信息使用条目载荷在因子3上。

由于这些因子数量不同的模型是嵌套模型，可以采用似然比检验（Likelihood Ratio Test）去比较这些嵌套模型的差异。采用似然比检验来比较不同因子模型的优劣，结果显示三因子模型和二因子模型之间以及三因子和单因子模型间存在显著差异。[①] 这意味着绩效信息使用有着较为稳定的三因子结构。探索性因子分析的结果初步表明，政府绩效信息使用这一潜在概念有着多维度的因子结构，其中政府管理者将绩效信息用于内部管理决策不是一个稳健和独立的因子，而是一个具有子维度和多因子的潜在概念，而政府管理者将绩效信息用于外部责任并不是完整和独立的因子。探索性因子分析发现，评估对象将绩效信息用于向上级报告和负责，与面向公众的绩效信息报告和负责是两种不同的绩效信息使用途径。由于自下而上报告绩效信息使用行为发生在科层组织体系内部，可以将其定义为行政责任途径的绩效信息使用。而政府向外部公众报告绩效信息发生在科层组织与社会公众的互动关系之中，可以将其定义为公共责任途径的绩效信息使用。

表5-4 政府绩效信息使用的探索性因子分析（EFA）

模型	χ^2	df	p 值	$\Delta\chi^2$ (Δdf)	RSMEA	RMSR
三因子	78.10	33	0.00	—	0.07	0.03
二因子	207.95	43	0.00	129.84（10）**	0.13	0.06
单因子	401.37	54	0.00	323.26（21）**	0.17	0.14

$n = 225$, ** $p < 0.05$.

---

① MLM 的卡方统计量不能直接用于似然比检验。为了比较稳健估计下的模型，嵌套模型的差异可以基于极大似然估计值和调整系数进行计算，也可参考 Mplus 软件官方网址的说明，http://www.statmodel.com。

二　验证性因子分析

为了检验和确认探索性因子分析发现的政府绩效信息使用的因子数量和因子结构，本部分采用验证性因子分析检验绩效信息使用因子结构及其潜变量的信度和效度。通过使用另一个数据样本 B（$n = 225$）对绩效信息使用的测量条目进行验证性因子分析，结果也表明绩效信息使用的三因子测量模型的拟合指标较为良好，模型拟合指数如表 5 - 5 所示。这进一步证实评估对象的外部责任途径的绩效信息使用行为存在两个不同向度的子维度和子因子。为此，本研究正式将绩效信息外部使用重新分解和命名为行政责任使用和公共责任使用两种不同类型的使用方式。政府绩效信息内部使用、行政责任使用、公共责任使用三个因子的组合信度（Composite Reliability）分别为 0.92、0.91、0.91，其信度值远高于学界推荐的接受阈值 0.70,[1] 显示了每个因子均具有较高的内部一致性。

因子效度检验方面，本研究主要采用聚合效度和区分效度的检验标准。聚合效度（Convergent Validity）的判断标准是 Lambda 系数大于 0.70，并且每条路径显著（$p = 0.05$）。[2] Lambda 载荷是基于验证性因子分析的，这种因子分析方法比常用的主成分分析更加精简和有效。分析发现，所有的测量条目都显著（$p < 0.01$）地载荷在设定的潜变量或因子之上，三因子模型标准化的因子载荷总体较高（$0.80 <$ Lambda 系数 < 0.92），具体的因子载荷见表 5 - 6。验证性因子分析与探索性因子分析的因子载荷一致，这表明政府绩效信息使用的三个因子满足聚合效度标准。为了检验政府绩效信息使用三个因子的区分效度，本研究验证了一系列的竞争模型（Alternative Models），并将其与拟选择模型进行比较。本研究运行了四个不同的测量模

---

① Hair, J. F. , Anderson, R. E. , Tatham, R. L. , Black W. C. , *Multivariate Data Analysis*（Englewood Cliffs, NJ: Prentice-Hall, 1998）p. 156.

② Gefen, D. , Straub, D. , Boudreau, M. C. , "Structural Equation Modeling and Regression: Guidelines for Research Practice," *Communications of the Association for Information Systems* 1（2000）: 7.

型和验证性因子分析，每个测量模型包含不同的因子数量和因子组合排列情况。可以看出，政府绩效信息使用的三因子结构模型在一系列由不同因子数量组合的竞争模型中有最好的模型拟合指标，卡方差异检验也支持了三因子模型是最优模型。

表 5 – 5   政府绩效信息使用的验证性因子分析（CFA）

模型设定	χ^2	df	RSMEA	RMSR	CFI	TLI	$\Delta\chi^2$	Δdf
理想模型（三因子：因子 1：UI1 ~ UI6；因子 2：UE1 ~ UE3；因子 3：UE4 ~ UE6）	112.211*	51	0.07	0.04	0.96	0.95	—	
竞争模型 1（二因子：因子 1：UI1 ~ UI6；因子 2：UE1 ~ UE6）	150.037*	53	0.09	0.06	0.93	0.91	36.13*	2
竞争模型 2（二因子：因子 1：UI1 ~ UI6，UE1 ~ UE3；因子 2：UE4 ~ UE6）	335.186*	53	0.13	0.11	0.80	0.76	270.86*	2
竞争模型 3（二因子：因子 1：UI1 ~ UI6，UE4 ~ UE6；因子 2：UE1 ~ UE3）	350.073*	53	0.16	0.12	0.79	0.75	205.11*	2
竞争模型 4（单因子：所有条目载荷一个因子）	447.740*	54	0.18	0.12	0.73	0.67	307.20*	3

$n = 225$，* $p < 0.05$。

基于上述分析，本研究可以得出政府绩效信息使用概念是一个三因子结构的稳健结论，它包括内部管理使用、行政责任使用和公共责任使用三个相对独立的因子，这也表明政府绩效信息使用的方式和途径的多元化。本研究也发现绩效信息使用的三个因子之间有中度和正向的相关性，这表明政府管理者的各类绩效信息使用行为倾向具有相似性和同步性。通过探索性因子分析和验证性因子分析的检验，本研究将聚焦处于评估对象地位的政府管理者的三种绩效信息使用行为，并将其视为三个独立的潜变量和因子进行后续分析。第一个因子仍保持原始的命名和定义，政府绩效信息内部管理使用主要指政府管理者将绩效信息用于组织运作的控制和改进，这类绩效信息使用行为的作用对象是公共组织或公共项目的内部成员。第二个因子被命名为政府绩效信息行政责任使用，指政府管理者将绩效信息向公共部门系统内的利益相关者报告并与之进行沟通，以履行部门在科层体系中对上级的行政责任。第三个因子被命名为政府绩效信息公共责任使用，指政府管理者将绩效信息用于与政府体系外部的社会公众进行绩效沟通，进行绩效报告。

表 5 - 6　政府绩效信息使用的因子结构与因子载荷

因子	条目编码	测量题项	标准化因子载荷
政府绩效信息内部管理使用	UI1	我将绩效信息用于日常工作和管理决策中	0.84
	UI2	我将绩效信息用于确定要解决的问题	0.85
	UI3	我将绩效信息用于设定新的工作计划和目标	0.80
	UI4	我将绩效信息用于评估目标任务完成情况	0.80
	UI5	我将绩效信息用于绩效改进	0.85
	UI6	我将绩效信息用于内部学习和培训	0.82
政府绩效信息行政责任使用	UE1	我将绩效信息用于满足上级领导的要求	0.82
	UE2	我将绩效信息向上级部门汇报	0.92
	UE3	我将绩效信息用于树立部门在政府系统中的形象	0.88
政府绩效信息公共责任使用	UE4	我将绩效信息与新闻媒体沟通	0.90
	UE5	我将绩效信息与公众沟通和反馈	0.86
	UE6	我将绩效信息用于树立和改善部门的社会形象	0.87

$n = 225.$

第三节　组织信任量表检验

采取与政府绩效信息使用量表检验相似的因子分析方法，本研究将设计的组织信任量表在两个不同的样本数据子集中分别进行探索性因子分析和验证性因子分析。

一 探索性因子分析

首先采用 SPSS 软件对样本数据是否适合因子分析进行检验，分析发现组织信任量表样本数据的 KMO 值为 0.93，适合做因子分析。在使用 Mplus 软件进行探索性因子分析时，Mplus 提供了 1~5 个不同因子数量的备选模型。在这些模型中，单因子模型与数据的拟合最差，卡方值也最大，RMSEA 值也远偏离阈值（MLM $\chi^2_{(119)} = 384.83$，$p < 0.01$；RMSEA = 0.10）。尽管 4 因子和 5 因子模型提供了较优的模型拟合指标，本研究拒绝了这些备选模型，因为这两个模型都含有一个因子仅含有一个测量条目的情形。这对于本研究预期的组织信任四因子结构的假设模型来说是一个重要的负面信号，意味着探索性因子分析已经不支持组织信任存在 4 个独立因子数量的假设。二因子模型（MLM $\chi^2_{(103)} = 207.25$，$p < 0.05$；RMSEA = 0.07）和三因子模型（MLM $\chi^2_{(88)} = 138.82$，$p < 0.05$；RMSEA = 0.05）都有适合的模型拟合指标，但三因子模型的拟合度更优。当检查二因子和三因子模型的因子载荷时，本研究发现有一个条目有明显的跨因子载荷（"评估机构公平地对待所有的评估对象"）。为了让因子结构更为清晰，本研究删除了这一个条目，并用余下的 16 个条目重新进行探索性因子分析。因子分析结果与之前的初步分析基本相同，但是模型拟合度有所改进，并且因子载荷变得清晰。

表 5-7 呈现了组织信任不同因子数量模型的拟合指标。在二因子模型中，所有的能力信任和善意信任的测量条目载荷在一个因子上，而公正信任和公开信任测量条目载荷在另一个因子上。在三因子模型中，能力信任和善意信任各载荷在一个因子上，而余下的公正信任和公开信任测量条目载荷在第三个因子上。探索性因子分析最重要的发现在于，不论是在二因子模型还是三因子模型中，公正信任和公开信任都载荷在同一个因子之上。先前的信任文献在理论上将公开嵌入在公正维度之下。[1] 本研究的探索性因

---

[1] Mayer, R. C., Davis, J. H., Schoorman, F. D., "An Integrative Model of Organizational Trust," *Academy of Management Review* 3 (1995): 709–734.

子分析也并不支持公正信任和公开信任同时独立存在于信任概念之下。拒绝组织公开性评价作为信任的独立因子，使得经典的信任度"能力－善意－公正"框架更为稳固并有了本土经验证据的支撑，这与先前的信任文献一致。为了支持本研究对经典的三因子信任框架的偏好和选择，本研究将三个嵌套的探索性因子分析模型用似然比检验来比较模型优劣。卡方差异检验显示，三因子模型与其他一系列竞争模型在统计上存在显著差异，表明三因子模型比二因子模型和单因子模型更拟合于样本数据，能力－善意－公正的组织信任因子结构得到初步支持。

表 5 - 7 组织信任量表的探索性因子分析（EFA）

模型	χ^2	df	p 值	$\Delta\chi^2$（Δdf）	RSMEA	RMSR
三因子	87.16	62	0.00	—	0.04	0.02
二因子	188.62	75	0.00	67.15（14）**	0.05	0.03
单因子	368.16	104	0.00	246.70（29）**	0.11	0.07

$n = 225$，** $p < 0.01$。

二 验证性因子分析

为了确认和检验探索性因子发现的组织信任三个因子结构，本研究将 16 个信任测量指标在另一个样本数据子集 B（$n = 225$）中进行验证性因子分析以确认因子结构并验证因子的信度和效度。验证性因子分析的结论表明，三因子模型有良好的模型拟合指数，见表 5 - 8。测量条目分别在三个潜变量因子上的载荷普遍较高（0.76 < Lambda 系数 < 0.92），并且统计显著（$p < 0.01$），见表 5 - 9，显示组织信任量表中的三个独立因子的聚合效度得到支持。同时，将三因子模型与其他二因子和单因子模型比较，三因子的测量模型也是最优模型。因此，组织信任概念下三个因子之间的区分效度得到支持。

表 5 – 8　组织信任因子结构的验证性因子分析（CFA）

模型设定	χ^2	df	RSMEA	RMSR	CFI	TLI	$\Delta\chi^2$	Δdf
理想模型（三因子）	109.662	101	0.02	0.02	0.99	0.99		
竞争模型 1（二因子：因子 1：TC1 ~ TC4；因子 2：TB1 ~ TB4，TI2 ~ TI4，TT1 ~ TT5）；	246.086*	103	0.08	0.04	0.93	0.92	120.31*	2
竞争模型 2（二因子：因子 1：TB1 ~ TB4；因子 2：TC1 ~ TC4，TI2 ~ TI4，TT1 ~ TT5）；	199.217*	103	0.06	0.04	0.95	0.95	92.12*	2
竞争模型 3（二因子：因子 1：TC1 ~ TC4，TB1 ~ TB4；因子 2：TI2 ~ TI4 TT1 ~ TT5）；	147.613*	103	0.04	0.03	0.97	0.93	53.14*	2
竞争模型 4（单因子：所有条目载荷一个因子）	291.007*	104	0.09	0.05	0.90	0.90	173.28*	3

$n = 225$，$^* p < 0.05$.

表 5 – 9　组织信任的因子结构与因子载荷

因子	条目编码	测量题项	标准化因子载荷
组织能力信任	TA1	组织机构非常能胜任绩效评估工作	0.842
	TA2	组织机构比我们有更多的绩效评估专业知识	0.890
	TA3	组织机构给我们的绩效改进建议非常有帮助	0.747
	TA4	组织机构组织实施的绩效评估工作非常成功	0.828
组织善意信任	TB1	组织机构非常关心我们部门	0.819
	TB2	组织机构考虑了我们单位的诉求和利益	0.901
	TB3	组织机构的工作人员像我们的朋友一样	0.903
	TB4	遇到绩效问题，组织机构会尽力帮助我们解决	0.840
组织公正信任	TI2	组织机构在评估过程中不会弄虚作假	0.823
	TI3	组织机构在和我们交往的过程中非常诚实	0.883
	TI4	组织机构产生的绩效评估结果是公平公正的	0.862
	TT1	组织机构分享了绩效评估信息没有隐瞒	0.890
	TT2	组织机构向我们解释了绩效评估的制度规则	0.837

续表

因子	条目编码	测量题项	标准化因子载荷
组织公正信任	TT3	绩效考评过程对我们是非常公开的	0.889
	TT4	绩效考评原始数据是公开和透明的	0.879
	TT5	我有深入参与到绩效考评过程中	0.700

$n = 225$.

通过对组织信任量表的探索性因子分析和验证性因子分析发现，组织信任有着经典的三因子结构，将组织公开特征作为组织信任的独立因子的理论假设并不成立。梅耶尔认为，组织能力、善意和公正代表了在个人和组织背景下可信任的全面维度。本研究的实证分析也证明了这一经典结论。在本研究设计的组织信任量表中，第一个因子和第二个因子结构得到支持，保持原来的因子名称，即组织能力信任和组织善意信任。鉴于组织公正和组织公开在信任量表中载荷在同一个因子上，同时为了契合经典的组织能力、善意和公正因子，本研究第三个组织信任因子重新命名为组织公正评价。

需要指出的是，三个组织信任度因子之间仍存在较高的相关性。事实上，关于组织信任的先验研究和分析也表明了信任因子之间的相关性。戴维斯（Davis）等的实证分析表明能力、善意和公正三个信任因子存在中度和高度的相关性，相关系数在 0.68 和 0.75 之间;[1] 而费雷泽（Frazier）等的实证分析表明信任因子的相关性更高，相关系数在 0.84 和 0.89 之间。[2] 阿尔布雷克特（Albrecht）的研究也表明能力和公众之间存在较高的相关性（$r = 0.84$）。[3] 三个因子较高的相关性表明了它们从属于信任的概念范畴。

---

① Davis, J. H., Schoorman, F. D., Mayer, R. C., & Tan, H. H., "The Trusted General Manager and Business Unit Performance: Empirical Evidence of a Competitive Advantage," *Strategic Management Journal* 5 (2000): 563 – 576.

② Lance Frazier, M., Johnson, P. D., Gavin M., et al., "Organizational Justice, Trustworthiness, and Trust: A Multifoci Examination," *Group & Organization Management* 1 (2010): 156.

③ Albrecht, S. L., "Perceptions of Integrity, Competence and Trust in Senior Management as Determinants of Cynicism toward Change," *Public Administration & Management: an Interactive Journal* 2 (2002): 320 – 343.

鉴于组织信任三个一阶因子测量模型拟合较优，本研究尝试用二阶验证性因子分析从三个一阶因子中抽取一个高阶的综合信任因子。二阶模型既简单又能准确描述数据各变量的关系，可以据此提出一个更简单的模型，假设一个普遍的组织信任（二阶）因子影响各一阶信任因子的变异。然而，由于二阶模型对于三个因子是恰好识别的情形，二阶验证性因子分析模型和一阶验证性因子分析模型的拟合指标是一样的。为了验证模型的改进，需要四个及以上的一阶因子建立超识别的二阶因子结构。[①] 一阶因子和二阶因子模型的拟合指数是同样并且可接受的，这使得本研究在接下来的结构方程模型中既可以将信任作为二阶的高阶和整体因子，也可以将其视为具有子维度的一阶潜变量，这样既可以验证综合信任态度对因变量的影响，也可以验证每一个组织信任因子对因变量的影响。

通过对政府绩效信息使用以及组织信任的测量量表及其因子结构的系统检验，两个潜变量的因子数量和因子结构的理论假设部分得到验证，也部分因证伪而需进行调整。一方面，实证分析发现组织信任是一个三因子结构，包含组织能力信任、组织善意信任和组织公正信任，与经典的信任框架吻合。本研究前述理论假设认为组织公开特征是组织可信任度特征的一个独立因子，实证分析结果并不支持这一理论假设。另一方面，本研究的实证分析证实政府管理者的绩效信息使用行为是一个三因子结构的概念，本研究在政府绩效信息外部责任途径使用方式中发现了行政责任使用和公共责任使用两个子维度，由此使得政府绩效信息使用这个构念也是三因子结构。

通过探索性因子分析和验证性因子分析之后，本研究所关注的因变量和自变量的因子数量和因子结构都发生了变化。这也显示出对政府绩效信息使用量表和组织信任进行因子分析的必要性。由于政府绩效信息使用和组织信任两个潜变量的因子结构与因子数量需要根据因子分析的结论进行

---

① Wang, J. , Wang, X. , *Structural Equation Modeling*：*Applications Using Mplus* (John Wiley & Sons, 2012), p. 80.

调整，这需要同步对本研究的理论假设进行微调。本研究的因变量政府绩效信息使用变成了3个相对独立的因子，且在绩效信息外部使用发展和构建了两个独立的绩效信息使用因子，因此需要将研究假设2拆分为两个并行研究假设，同时需要将研究假设4拆分为两个并行研究假设。调整后的研究模型如图5-1和图5-2所示。

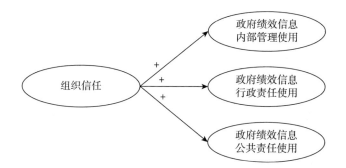

图5-1　调整后的研究假设1、研究假设2与研究假设3的模型

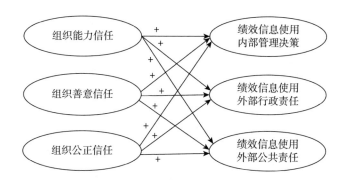

图5-2　调整后的研究假设4、研究假设5与研究假设6的模型

研究假设1：评估对象对政府绩效评估的组织机构的总体组织信任态度会对绩效信息的内部管理使用产生正向影响。

研究假设2：评估对象对政府绩效评估的组织机构的总体组织信任态度会对绩效信息的行政责任使用产生正向影响。

研究假设3：评估对象对政府绩效评估的组织机构的总体组织信任态度会对绩效信息的公共责任使用产生正向影响。

研究假设 4：评估对象对政府绩效评估的组织机构的组织能力 - 善意 - 公正信任态度将会对评估对象的绩效信息内部管理使用行为产生正向影响。

研究假设 4a：评估对象对政府绩效评估的组织机构的组织能力信任将会对评估对象的绩效信息内部管理使用行为产生正向影响。

研究假设 4b：评估对象对政府绩效评估的组织机构的组织善意信任将会对评估对象的绩效信息内部管理使用行为产生正向影响。

研究假设 4c：评估对象对政府绩效评估的组织机构的组织公正信任将会对评估对象的绩效信息内部管理使用行为产生正向影响。

研究假设 5：评估对象对政府绩效评估的组织机构的组织能力 - 善意 - 公正信任态度将会对评估对象的绩效信息行政责任使用行为产生正向影响。

研究假设 5a：评估对象对政府绩效评估的组织机构的组织能力信任将会对评估对象的绩效信息行政责任使用行为产生正向影响。

研究假设 5b：评估对象对政府绩效评估的组织机构的组织善意信任将会对评估对象的绩效信息行政责任使用行为产生正向影响。

研究假设 5c：评估对象对政府绩效评估的组织机构的组织公正信任将会对评估对象的绩效信息行政责任使用行为产生正向影响。

研究假设 6：评估对象对政府绩效评估的组织机构的组织能力 - 善意 - 公正信任态度将会对评估对象的绩效信息公共责任使用行为产生正向影响。

研究假设 6a：评估对象对政府绩效评估的组织机构的组织能力信任将会对评估对象的绩效信息公共责任使用行为产生正向影响。

研究假设 6b：评估对象对政府绩效评估的组织机构的组织善意信任将会对评估对象的绩效信息公共责任使用行为产生正向影响。

研究假设 6c：评估对象对政府绩效评估的组织机构的组织公正信任将会对评估对象的绩效信息公共责任使用行为产生正向影响。

第六章

基于结构方程模型的实证分析结果

    本研究用三个结构方程模型去检验自变量和因变量之间以及控制变量和因变量之间的关系,对政府绩效信息使用与组织信任的理论关系进行实证验证。这三个结构方程模型分别是控制变量模型、组织信任总效应模型以及组织信任三因子效应模型。控制变量模型主要检验政府管理者的个体特征与组织背景等控制变量对政府绩效信息使用的影响。组织信任总效应模型将组织信任态度视为一个基于组织能力信任-善意信任-公正信任的二阶高阶因子,用结构方程模型验证评估对象对政府绩效评估组织机构的总体组织信任度对其绩效信息使用行为的影响。组织信任三因子效应模型则细致地检验组织能力信任、组织善意信任、组织公正信任三个组织信任的潜变量分别与政府绩效信息内部管理使用、行政责任使用、公共责任使用三个绩效信息使用因子之间的因果关系。组织信任总效应模型和组织信任三因子效应模型都考虑了控制变量的影响。

    鉴于本研究问卷调查所收集的样本数据具有一定嵌套的特征,政府管理者存在于被评估部门之中,而被考评部门隶属于一个县区级政府绩效评估案例,本研究采用了县区级政府的固定效应(Fixed Effects)来处理调查样本多层数据的特征。在结构方程建模中,本研究为 4 个县区级政府绩效评估案例创设了 3 个哑变量。上述 3 个结构方程模型采用完全样本($N = 450$)

进行统计分析。三个结构方程模型都考虑了政府绩效信息使用三个因子之间的相关性、组织信任三个因子之间的相关性以及控制变量之间的相关性，这与本研究的样本数据特征及其变量关系特征相符。

第一节　组织信任的总效应检验

一　控制变量对政府绩效信息使用的影响分析

控制变量模型检验政府管理者人口统计学特征与组织背景特征对其绩效信息使用行为的直接效应。分析显示，控制变量模型的拟合指标并不十分理想，仅接近阈值（MLM $\chi^2_{(186)}$ = 652.47，$p < 0.01$；RMSEA = 0.08，CFI = 0.92，TLI = 0.89），模型结果如表 6 - 1 所示。这表明控制变量对政府绩效信息使用行为的解释力相对有限，政府管理者的绩效信息使用行为较少受个体特征与素质的影响。

从政府管理者的人口统计特征来看，政府管理者的性别、政治面貌、教育背景对政府绩效信息内部管理使用、政府绩效信息行政责任使用和政府绩效信息公共责任使用这三种绩效信息使用行为的影响均不显著。分析发现，政府管理者的年龄特征对其政府绩效信息内部管理使用行为有一定负面影响，特别是政府管理者中年龄较大（46～55岁）的公务员群体将绩效信息用于组织内部管理决策的程度显著低于参照组（18～25岁），即年轻公务员群体或入职年限较短的公务员群体。先验研究指出，随着政府管理者的工作年限的增加，其绩效信息的来源和渠道的增加，其对绩效评估的绩效效应与压力效应变得越来越不敏感，这反而会降低其对正式绩效信息的使用积极性。但是，不同年龄组的评估对象在政府绩效信息行政责任使用和政府绩效信息公共责任使用两种外部责任使用行为方面并无显著影响。根据上述分析结论可以看出，评估对象的绩效信息使用行为受其自身的人口统计特征的影响较小，这一研究结论与本书的研究预设相符。政府管理者的绩效信息使用行为是其在政府组织中的组织行为，其个体特征和个人因素的影响十分有限。

表 6 – 1　控制变量模型的结果

变量	政府绩效信息 内部管理使用	政府绩效信息 行政责任使用	政府绩效信息 公共责任使用
控制变量—人口特征			
性别—男性[a]	0.05	0.05	0.02
年龄—26～35 岁[b]	– 0.10	0.00	– 0.05
年龄—36～45 岁[b]	– 0.15	– 0.05	– 0.07
年龄—46～55 岁[b]	– 0.20*	– 0.09	– 0.06
政治面貌—党员[c]	0.07	– 0.04	0.02
教育背景—本科[d]	– 0.07	– 0.04	– 0.05
教育背景—硕士[d]	0.00	– 0.01	– 0.02
控制变量—组织背景			
案例—A[e]	0.18*	0.05	0.50**
案例—B[e]	– 0.00	– 0.12	0.29**
案例—C[e]	– 0.09	– 0.16**	0.33**
职位—科室领导[f]	0.08	0.03	0.00
职位—部门领导[f]	0.17**	0.10**	0.00
政策领域—经济发展[g]	0.24**	0.23**	0.25**
政策领域—公共服务[g]	0.10*	0.14**	0.18**
政策领域—执法监管[g]	0.04	0.04	0.03

注：a. 参照组为女性；b. 参照组为 18～25 岁；c. 参照组为非党员；d. 参照组为大专及以下；e. 参照组为案例 D；f. 参照组为一般工作人员；g. 参照组为内部职能部门。$^{**} p < 0.05$，$^* p < 0.10$。

相反，处于评估对象地位的政府管理者在被考评部门中的组织环境、组织背景与组织角色因素对其绩效信息使用具有一定解释力。本研究所选取的四个政府绩效评估案例代表了具有一定差异性的政府绩效评估实践模式。比较四个不同政府绩效评估案例中评估对象在不同绩效信息使用维度上的积极性，可以发现不同案例中的政府管理者的绩效信息使用水平存在显著差异。在政府绩效信息内部管理使用方面，A县中的评估对象将绩效信息用于内部管理决策的程度显著高于参照组D区，而B区、C区与D区之间并无显著差异。这表明A县比其他案例具有显著更高的绩效信息内部使用水平，这表示A县政府绩效评估模式在促进评估对象使用绩效信息改进组织内部运行方面的整体效果较好。在政府绩效信息行政责任使用方面，C区显著低于参照组D区，而A县、B区与D区之间并无显著差异，这表明与其他案例相比，C区的评估对象在政府系统内部的行政责任履行与汇报中较少使用绩效信息。C区是四个政府绩效评估案例中最晚导入绩效评估工具的案例，政府绩效评估实践历程较短，评估对象对绩效信息还不熟悉和认同，是其政府管理者绩效信息行政责任使用较少的潜在原因。在外部公共责任途径的绩效信息利用方面，研究发现A县、B区和C区的评估对象都比D区评估对象的使用积极性更高，这表明D区中评估对象很少将政府绩效信息向外部社会公众汇报并与之进行沟通。这和D区所采用的绩效评估模式有关。A县、B区、C区的绩效评估实践直接以绩效命名，同时A县、B区、C区都设置了社会评议或公众满意度评价指标，这些实践案例更接近绩效评估所主张的公共责任、公民满意等公共价值观。而D区采用的是传统的目标管理与目标考核，其目标评估过程缺乏公民满意度的评价指标，且缺乏外部社会力量的参与，这导致评估对象对外部社会公众没有直接的回应压力与绩效责任，也降低了政府管理者主动向外部社会公众沟通绩效和汇报绩效的可能性。这一研究结论表明，不同的绩效评估模式对评估对象的绩效信息使用行为具有影响。同时，相对于政府目标管理和目标考核，政府绩效评估在增进政府组成部门及评估对象的公共责任感方面更为有效。

政府管理者在被考评部门中所处的组织地位与他们的绩效信息使用行为部分相关。在被评估部门中，处于部门领导者地位的高级政府管理者的绩效信息使用行为与一般工作人员的绩效信息使用行为存在差异。在绩效信息用于组织内部管理决策方面，部门领导比一般工作人员有显著更高的绩效信息使用程度；在绩效信息的行政责任使用方面，部门领导的绩效信息使用行为也显著多于一般工作人员。而在外部公共责任途径的使用方面，部门领导和参照组一般工作人员之间无显著差异。这表明当政府管理者与外部公众进行绩效沟通向其公布绩效信息时，不同职位之间并没有显著差异。一个有趣的发现是被评估部门中的中层管理者，即部门内部的科室负责人与普通工作人员在政府绩效信息内部管理使用、政府绩效信息行政责任使用和政府绩效信息公共责任使用三种绩效信息利用行为上均无显著差异。政府管理的职位因素的影响关键是部门领导与非领导的区别，而不是递增的职级。在作为评估对象的政府组成部门中，政府领导者对部门的绩效负总责，其面临的绩效压力与绩效责任更大，这驱使领导者更加积极和主动地使用绩效信息。

政府管理者所在组织的政策领域与部门职能也能解释一部分绩效信息使用的差异。相对于内部职能部门的政府管理者来说，经济发展部门、公共服务部门中的政府管理者在将绩效信息用于组织内部管理、行政责任、公共责任方面有显著更高的绩效信息使用程度。然而，执法监管部门的政府管理者在三个维度的绩效信息使用行为上和内部职能部门的政府管理者之间并无显著差异。

二 组织信任态度对政府绩效信息使用的总效应

组织信任的一阶验证性因子分析和二阶验证性因子分析模型拟合良好，使得可以基于组织能力信任、善意信任、公正公开信任三个一阶因子提取一个更高阶的二阶组织信任因子，并可以据此验证总体组织信任水平对绩效信息使用的影响。以组织信任的二阶测量模型和政府绩效信息使用的一阶测量模型为基础进行结构方程建模，模型拟合指数较好（MLM $\chi^2_{(710)}$ = 1685.01，$p < 0.01$；RMSEA = 0.05，SRMR = 0.05，CFI = 0.93，TLI = 0.92），模型结果如表 6 - 2 所示。总体来看，评估对象对政府绩效评估组织机构的总体组织信任态度与评估对象的绩效信息使用行为之间的正向关系得到统计上的验证。与研究预期相符，对政府绩效评估组织机构的总体组织信任

度评价与评估对象的政府绩效信息内部管理使用行为（$\beta = 0.60$，$p < 0.01$），政府绩效信息行政责任使用行为（$\beta = 0.34$，$p < 0.01$）以及政府绩效信息公共责任使用行为（$\beta = 0.42$，$p < 0.01$）显著正相关。由此，研究假设1、研究假设2和研究假设3都得到了证实和支持。另一个研究发现是相较于政府管理者的政府绩效信息外部责任使用，评估对象对政府绩效评估组织机构的总体信任态度对政府管理者的政府绩效信息内部管理使用行为有更强的解释力。这也表明现有的绩效评估体制设计与运行机制对评估对象的影响主要集中于内部管理运行，而对于被评估部门与组织外部的利益相关者关系影响相对较小。

表 6 – 2　组织信任总效应模型结果

变量	政府绩效信息内部管理使用	政府绩效信息行政责任使用	政府绩效信息公共责任使用
控制变量—人口特征			
性别—男性[a]	– 0.04	0.00	– 0.04
年龄—26 ~ 35 岁[b]	– 0.07	0.02	– 0.03
年龄—36 ~ 45 岁[b]	– 0.11*	0.00	– 0.01
年龄—46 ~ 55 岁[b]	– 0.04	– 0.04	0.00
政治面貌—党员[c]	0.04	– 0.05	0.00
教育背景—本科[d]	– 0.05	– 0.03	– 0.04
教育背景—硕士[d]	– 0.01	– 0.01	– 0.03
控制变量—组织背景			
案例—A[e]	– 0.04	– 0.06	0.35**
案例—B[e]	– 0.14**	– 0.12**	0.20**
案例—C[e]	– 0.27**	– 0.26**	0.22**
职位—科室领导[f]	0.04	0.01	– 0.03
职位—部门领导[f]	0.05	0.04	– 0.08*
政策领域—经济发展[g]	0.20**	0.20**	0.22**
政策领域—公共服务[g]	0.06	0.11**	0.15**

续表

变量	政府绩效信息 内部管理使用	政府绩效信息 行政责任使用	政府绩效信息 公共责任使用
政策领域—执法监管[g]	0.03	0.04	0.02
潜变量—组织信任			
组织信任	0.60**	0.34**	0.42**

注：a. 参照组为女性；b. 参照组为 18~25 岁；c. 参照组为非党员；d. 参照组为大专及以下；e. 参照组为案例 D；f. 参照组为一般工作人员；g. 参照组为内部职能部门。** $p < 0.05$，* $p < 0.10$。

第二节 组织信任因子对绩效信息使用的影响

为了检验组织信任度三个因子对三个绩效信息使用因子的具体影响机制，本研究采用三个组织信任一阶因子的测量模型与三个绩效信息使用一阶因子进行潜变量建模。由于因子分析的结果显示三个绩效信息使用因子之间、三个组织信任因子之间都存在相关关系，本研究在结构方程模型中有目的地考虑并控制了这些潜变量的相关关系。在运用 Mplus 软件进行结构方程建模过程中，三个组织信任因子之间以及三个绩效信息使用因子之间被系统默认设置存在相关关系。

结构方程建模结果显示模型拟合指标良好（MLM $\chi^2_{(710)} = 1685.01$，$p < 0.01$；RMSEA $= 0.05$，SRMR $= 0.05$，CFI $= 0.93$，TLI $= 0.92$），且与以组织信任的二阶测量模型和绩效信息使用的一阶测量模型进行结构方程建模的结果一致。这主要是因为组织信任的二阶因子结构只有三个潜变量而未能建立超识别的二阶因子结构。结构方程模型的结果如表 6-3 所示。

根据上述结构方程模型的建模结果，研究假设 4、研究假设 5 和研究假设 6 中的部分理论假设得到支持，而部分研究假设则未得到统计支持。

分析表明，评估对象对政府绩效评估组织机构的组织能力信任与其绩效信息使用程度具有一定相关性。政府管理者对组织主体的能力信任程度与

表 6 - 3　组织信任度三因子效应模型结果

变量	绩效信息内部管理决策使用	绩效信息外部行政责任使用	绩效信息外部公共责任使用
控制变量一人口特征			
性别—男性ᵃ	- 0.04	0.00	- 0.04
年龄—26 ~ 35 岁ᵇ	- 0.07	0.02	- 0.03
年龄—36 ~ 45 岁ᵇ	- 0.11*	0.00	- 0.01
年龄—46 ~ 55 岁ᵇ	- 0.04	- 0.04	0.00
政治面貌—党员ᶜ	0.04	- 0.05	0.00
教育背景—本科ᵈ	- 0.05	- 0.03	- 0.04
教育背景—硕士ᵈ	- 0.01	- 0.01	- 0.03
控制变量一组织背景			
案例—Aᵉ	- 0.04	- 0.06	0.35**
案例—Bᵉ	- 0.14**	- 0.12**	0.20**
案例—Cᵉ	- 0.27**	- 0.26**	0.22**
职位—科室领导ᶠ	0.04	0.01	- 0.03
职位—部门领导ᶠ	0.05	0.04	- 0.08*
政策领域—经济发展ᵍ	0.20**	0.20**	0.22**
政策领域—公共服务ᵍ	0.06	0.11**	0.15**
政策领域—执法监管ᵍ	0.03	0.04	0.02
潜变量一组织可信任度			
组织能力信任	0.41**	0.20	0.28**
组织善意信任	- 0.06	- 0.09	- 0.11
组织公正信任	0.27**	0.25**	0.27**

注：a. 参照组为女性；b. 参照组为18 ~ 25 岁；c. 参照组为非党员；d. 参照组为大专及以下；e. 参照组为案例 D；f. 参照组为一般工作人员；g. 参照组为内部职能部门。** $p < 0.05$，* $p < 0.10$。

其政府绩效信息内部管理使用和政府绩效信息公共责任使用行为正相关，研究假设 4a 和研究假设 6a 得到经验证据支持。同时，政府管理者对组织主体的能力信任程度对其政府绩效信息内部管理使用行为的影响程度高于对政府绩效信息公共责任使用行为的影响程度。分析发现评估对象对政府绩效评估组织主体的能力信任态度对其政府绩效信息行政责任使用行为的正面影响在统计上并不显著，研究假设 5a 被拒绝，这是本研究的一个有趣的发现。

实证分析发现，评估对象对政府绩效评估组织机构的组织善意信任对政府管理者的绩效信息内部管理使用、绩效信息行政责任使用和绩效信息公共责任使用三种绩效信息使用方式都没有显著影响。本研究所期望建立的组织善意信任与政府绩效信息使用的正向关系并没有得到统计支持，研究假设 4b、5b、6b 都被拒绝，这也是本研究的一个有趣的发现。

分析表明，评估对象对政府绩效评估组织机构的组织公正信任连同组织公开性信任，对政府管理者的绩效信息内部管理使用、绩效信息行政责任使用和绩效信息公共责任使用三种绩效信息使用方式有显著正向影响。研究假设 4c、5c、6c 都得到了统计支持。同时，组织公正信任对三种政府绩效信息使用行为具有基本相同的解释力。

上述模型结果显示了评估对象对政府绩效评估组织机构的组织信任态度是预测其绩效信息使用行为的有效变量。虽然总体的信任态度对绩效信息使用有着正向和关键的影响，但并不是每一个组织信任因子都对绩效信息使用行为具有解释力。模型结果表明了评估对象对政府绩效评估组织机构能力评价与公正评价对其综合组织信任态度的形成有着主要影响，这两个因子又进而成为影响评估对象绩效信息使用行为的关键组织信任态度因子。

第七章

研究结论与政策启示

第一节　研究结论与讨论

绩效信息使用是有效政府绩效评估体系的关键成功标识。本研究基于我国地方政府绩效评估体制与运行机制，在绩效信息使用研究领域中构建了一个绩效信息供给和使用的分析框架。基于该分析框架，本研究从供给者与使用者有效合作的视角选取了组织信任因素作为绩效信息使用主体信息使用行为的解释变量。本研究系统深入地回答了处于评估对象地位和扮演绩效信息接收者、使用者角色的政府管理者对外部绩效信息供给者，即政府绩效评估机构的组织信任态度如何影响其绩效信息使用行为。本研究基于中国实践案例首次对组织信任在绩效信息使用中的作用进行了检验，增加了对绩效信息使用的本土理解和解释。

本研究发现并建立了组织信任和绩效信息使用的直接联系，并且考察了不同的组织信任度因子对政府管理者绩效信息使用行为的具体影响。除了回答上述问题，本研究的成果也有益于学界更好地理解政府管理者的绩效信息使用行为的因子结构及其使用现状，以及公共部门之间的组织信任关系的因子结构及其组织信任现状。本研究验证了一个政府绩效信息使用

三因子结构，也验证和强调了公共部门之间组织信任关系中能力 – 善意 –
公正的信任评价框架的稳定性。

一　政府绩效信息使用的因子结构与现状

基于我国政府行政体制和绩效评估体制，结合特定的研究问题与场域，
本研究设计了基于政府管理者的绩效信息使用行为的理论结构和测量量表。
通过问卷调查与实证分析，本研究对政府绩效信息使用的因子数量和因子
结构进行了系统检验，并从中获得了新的发现。

经验分析表明，政府管理者的绩效信息使用行为是三因子结构，包括
政府绩效信息内部管理使用、政府绩效信息行政责任使用和政府绩效信息
公共责任使用三种不同的使用方式。这一稳健的研究结论使得研究者可以
从三个维度观察、诊断和评估政府管理者的信息使用行为。

基于学界所构建的政府绩效信息内部使用和外部使用的理论框架，本
研究的因子分析发现政府管理者的外部责任途径绩效信息使用行为并不是
一个单一的概念，而是结构化和维度化的潜在概念。本研究发现了政府管
理者将绩效信息向政府系统内的行政上级报告和向政府系统外部的社会公
众报告是两种不同的潜在信息利用行为。政府管理者进行绩效信息的外部
责任途径使用时，其信息使用价值和使用行为因责任对象和责任属性的差
异而变化。处于评估对象地位的政府管理者向行政上级领导、上级部门报
告绩效状况，其使用动机在于满足上级的行政要求、完成上级的行政任务，
履行组织在科层体系中的责任，这种绩效信息使用可以归纳为行政责任途
径的绩效信息使用。政府绩效评估活动生产的绩效信息为社会公众观察和
监督政府部门的绩效状况提供了依据，政府管理者面向社会公众的主动披
露、公开政府绩效信息是政府组织直接向社会公众履行公共责任的有效机
制，也是一种独立的绩效信息使用方式。政府管理者的这种绩效信息使用
方式可以归纳为公共责任途径的绩效信息使用行为。政府管理者应该将反
映组织绩效状况的绩效信息及时向社会公众报告，与公众进行沟通，既可

以提升绩效信息的利用效率，也可以获得公众的支持和认同。本研究利用因子分析对绩效信息使用的因子结构进行了多重检验和确定，主要的研究新发现是行政责任途径和公共责任途径的绩效信息使用是两种独立的绩效信息使用行为。

本研究对政府绩效评估中评估对象的绩效信息使用现状和程度进行了实证测量。通过对不同省份四个县级政府绩效评估案例中的评估对象进行抽样调查，可以发现地方政府中的政府管理者对绩效信息的使用程度处于中度水平，对绩效信息的使用程度并不是很高，并且不同绩效评估案例之间的评估对象的绩效信息利用水平存在较大差异。

总体来看，在地方政府绩效评估活动中，政府内部相关主体对绩效信息的使用程度不是很高，特别是评估对象的绩效信息使用积极性和主动性尚未有效调动起来。一方面，评估对象的绩效信息使用程度不是很高。作为绩效信息使用的最重要主体，本研究主要采取了问卷调查方法对四个县区级政府系统中被考评部门的政府管理者使用绩效信息的程度进行了测量。结果显示，评估对象使用绩效信息的总体水平处于中度，如同西方学者的调查结论，并没有出现普遍和高度绩效信息利用的理想情形。评估对象在绩效信息使用方式和途径上也表现出了不同的使用策略。总体来看，评估对象将绩效信息用于内部管理的程度相对更高一些，而用于履行政府外部公共责任，特别是向公众沟通和汇报绩效信息等公共责任途径的绩效信息使用严重不足。绩效信息使用不足的现实状况使得促进绩效信息使用变得迫切。研究也发现不同政府绩效评估模式下评估对象利用绩效信息的程度存在显著差异，这意味着通过制度化的促进机制设计，绩效信息使用水平不高的绩效评估案例完全有可能实现高水平的绩效信息利用。

另一方面，政府绩效评估的组织主体本身，即绩效评估的领导机构和组织机构对绩效信息尤其是绩效评估结果信息的使用还不足。绩效评估组织主体理应充分利用绩效计划、绩效目标和绩效评估结果等信息，对评估对象实施有效的绩效领导和绩效激励，发挥强有力的绩效领导作用。然而，从本研究所深入考察的四个省的四个县区级政府绩效评估案例来看，普遍发现组织主体的绩效评估活动重结果轻过程，将绩效信息用于与评估对象的日常工作沟通不足；绩效信息面向评估对象的公开性和透明度不足；组织主体将绩效信息用于绩效激励的程度不高。这些因素都降低了评估对象对组织机构的领导力和信任度评价。政府绩效评估组织机构自身对绩效信息的不重视和不使用，也会影响到评估对象对绩效信息使用的积极性。政府绩效评估组织机构在绩效评估活动中体现的消极因素是评估对象不重视绩效评估以及不使用来自组织主体的绩效信息的重要外在原因。

二 组织信任的因子结构与现状

本研究在绩效信息供给和使用的研究框架中导入信任和组织信任的理论视角，研究政府管理者对绩效评估组织机构的组织信任态度如何决定其绩效信息使用行为。基于信任和组织信任理论，本研究从组织可信任度的视角构建了四个维度的组织信任分析框架：组织能力信任、组织善意信任、组织公正信任和组织公开信任，并将理论和实证相结合，设计了政府管理者对政府绩效评估组织机构的组织信任评价量表。本研究利用因子分析对组织信任量表的因子结构进行检验和确定，在我国政府部门系统中验证了组织间信任关系的因子结构。因子分析表明组织信任度是一个三因子的潜在概念，组织能力信任和组织善意信任是独立的组织信任因子，而针对组织公正和公开的信任态度无论是从理论上还是经验上都具有一致性。研究证实了组织信任概念是一个包含能力、善意、公正三个潜变量的稳固因子结构。尽管这三个组织可信任度因子具有相关性，但因子分析仍表明这三个因子具有独立内涵且统计上显著。本研究验证了经典的能力－善意－公正的组织可信任度评价框架的稳定性和简洁性，并建议用这个三因子的组织可信任度评估框架去研究公共组织之间的信任关系。

研究发现，评估对象对政府绩效评估组织机构的组织信任评价并不是很高，特别是对组织机构的善意信任评价较低。评估对象对组织机构的不信任态度会导致评估对象的机会主义行为，而这又会阻碍评估对象使用来自组织机构的绩效信息。为了改善评估对象对绩效评估组织机构的信任评价，需要组织机构在绩效评估活动中展现出组织能力、善意和公正等组织可信任度特征。

三　组织信任在绩效信息供给－使用框架中的总体作用

信息的生产者和使用者相对分离但又互相合作，两者之间存在依赖关系。绩效信息的使用者依赖于绩效信息供给主体提供准确的可靠的绩效信息，没有信息或者没有公共部门领导者所需要的绩效信息，绩效信息的使用以及最终的绩效改进都无法实施；而绩效信息的生产者们，又依赖于绩效信息的使用者将他们所生产的绩效信息付诸实践，去实现绩效信息本来的价值，使其不仅仅是停留在报告和文件中的绩效数据，这种价值与绩效信息使用者的价值是一致的，即绩效的改进。因此，绩效信息生产者和使用者存在互相依赖和互相交换的关系。对于绩效信息的使用者来说，他还必须承担信息不对称的风险，因为绩效信息使用者不拥有绩效信息生产过程的全部信息，他只能在有限的条件下做出使用与否的决策以及使用程度的决策。因为这种互相依赖关系和风险的存在，绩效信息使用者对生产者的信任就变得尤为重要。绩效信息使用者和生产者之间的信任，特别是使用者对生产者的信任将影响彼此间的合作行为，影响绩效信息的知识交换和最终的绩效信息使用。

本研究以县区级政府绩效评估实践案例为背景，以政府绩效评估组织机构与评估对象之间的互动关系为基础，构建了一个绩效信息生产和使用相对分离的研究框架。当绩效信息的供给和使用相分离时，研究表明使用者对外部绩效信息供给者的信任是预测他们绩效信息使用行为的关键变量。具体而言，在本研究的情景中，评估对象使用由政府绩效评估组织机构提供的绩效信息时，对组织机构的组织信任是影响其绩效信息使用行为的重要预测变量。绩效信息使用者对绩效信息生产者或者更具体的绩效评估的组织机构的信任程度越高,他们越有可能在组织内部管理和外部责任履行中使用绩效信息。

当政府管理者利用的绩效信息源于组织外部的其他绩效信息供给主体时,其绩效信息使用并不会自发和主动地进行,组织制度因素是决定其是否使用外生绩效信息的关键预测因素。当政府管理者使用组织外部的绩效信息时,本研究表明政府管理者对外部绩效信息供给者的信任态度是预测其绩效信息使用行为的关键变量。如果绩效信息使用主体对绩效信息供给主体有更强的综合组织信任态度,政府管理者更有可能将来自绩效信息生产与供给主体的绩效信息用于组织内部管理活动以及组织外部责任履行当中。这一研究发现与先前信任文献所强调的信任在双边互动合作关系以及在信息交换环境中的重要性的结论一致。

系统的实证分析不仅建立了组织信任与绩效信息使用行为总体经验关系,并且深入分析了每一个组织信任因子对管理者绩效信息使用行为的影响。基于组织能力信任、组织善意信任、组织公正信任的三维度组织可信任度评价框架,本研究也识别出了影响组织信任发挥作用的关键信任因子及其作用机制。

研究表明,虽然评估对象对政府绩效评估组织机构的总体信任与其绩效信息使用程度正相关,但是不同的组织可信任度因子对不同的绩效信息使用方式的影响存在显著差异。研究发现不同的信任因子对管理者自我报告的绩效信息使用行为有着不同程度的影响,并且不同信任因子对总体信任态度形成的贡献度存在差异。评估对象与政府绩效评估组织机构的信任关系主要是能力信任和公正信任导向的,而不是善意信任导向的,评估对象对组织机构的组织信任态度的形塑也更多的是组织能力和组织公正影响的结果。

四 组织能力信任与绩效信息使用的关系

研究表明,政府绩效评估组织机构的能力能够影响处于评估对象地位的政府官员的绩效信息使用行为。政府绩效评估组织机构的绩效领导能力、绩效评估能力等绩效能力影响评估对象的绩效信息使用程度，较高的绩效能力可以促进评估对象在内部管理和外部公共责任履行中使用绩效信息。较高的绩效评估能力意味着设置有效的绩效目标，以科学的方式收集绩效数据，并将其有效地传达给政府管理者。[①] 一个具有较高水平的绩效评估组织机构意味着其能够有效完成一系列的绩效评估活动，能够设计科学的绩效评估制度，为评估对象设置科学的绩效目标和绩效指标，开展有效的绩效监控与绩效激励，能够以科学的方式收集绩效数据并组织实施绩效评估活动，并能够及时有效地将绩效评估结果反馈给评估对象。这些绩效评估组织职责的有效履行需要组织机构具有各方面的组织能力。科学和有效的绩效评估活动能够保障绩效评估过程中产生的绩效信息的质量，政府管理者也会更加主动和实质性地使用高质量的绩效信息；相反，如果绩效评估过程低效或无效，其产生的绩效信息的质量也低，评估对象对低质量的绩效信息必然会产生机会主义的使用态度与行为，例如象征性、形式化地利用上级的考核信息。

政府绩效评估组织机构的组织能力表现在绩效评估的各个环节，例如制度设计能力、绩效目标和指标设置能力、绩效数据收集能力、评估能力、绩效激励承诺的兑现能力等。这些组织能力的不足往往降低了绩效评估目标和绩效评估结果信息的质量，影响了评估对象真实、有效利用这些绩效信息的积极性，以下两段对评估对象的访谈，显示出其对组织主体的目标设置能力和评估能力的期望：

问：您对考核我们单位的绩效指标和目标有什么改进建议？

受访者 1 答：目前存在的最大问题就是绩效考核指标的合理性、可操作性，考核操作不了、考核考不到点上就没效果，考核应该是考我

---

① Berman, E., Wang, X. H., "Performance Measurement in US Counties: Capacity for Reform," *Public Administration Review* 5 (2000): 409 – 420.

们的工作水平、工作态度、工作质量、工作人员素质这些，这才是我们需要做的。[①]

受访者 2 答：现在绩效考核材料堆积和检查很多，考核要更注重实质一些，材料检查是很形式化的，要更多回归业务和业务质量。考核还是要实质一点，现在很多的检查考核都是做材料，要求你必须要有这个方案，有通知，有总结，这都是很形式化的东西，评估更多应该回到业务这一块。[②]

问：你如何看待绩效考核结果的科学合理性？

受访者 1 答：绩效考核的生命线在于"考准"，也就是评估要准确可靠。而上级的考核，往往"考不准"，评估的结果和部门的实际工作表现"倒挂"。[③]

受访者 2 答：去年考评结果出来后，就全区来看，分数排下来大家都差不多，90 分以上的很多，80 分以下的就没有，没有达到绩效评估的目的。理想的绩效评估结果应该是橄榄形，排在首尾的较少，而排在中间的较多一点，我们现在是一个倒三角形的结构。[④]

绩效评估的目标信息和评估结果信息是政府绩效信息的关键内容。访谈显示，地方政府绩效评估实践中评估对象以及政府绩效评估组织机构本身对这些绩效信息的质量认同度较低，折射了政府绩效评估组织机构的目标设置能力和评估能力亟须提高。

提升政府绩效评估组织主体能力的关键是促进政府绩效评估的组织机构和考评机构的专业化和专职化。由于政府绩效评估领导机构一般是临时性

---

① 湖南省 A 县访谈记录，访谈编号 X-A-ZZZT-01-01。
② 福建省 B 区访谈记录，访谈编号 M-B-PGDX-04-01。
③ 福建省 B 区访谈记录，访谈编号 G-B-PGDX-01-01。
④ 广东省 C 区访谈记录，访谈编号 Y-C-ZZZT-03-01。

的由各类党政领导组成的决策机构，政府绩效评估工作的推动关键在于实施机构和考评机构的组织能力。从实践调研来看，四个县区级政府绩效评估案例的绩效评估组织机构的专职化程度较低，成为访谈对象的批评之处：

> 绩效考核队伍建设还要进一步加强，有些考核人员仅是兼职，虽然有碰头、有培训，但真正的细则他能掌握多少，尺寸把握多少是个问题。绩效考核作为长效机制应该要成立一个专业队伍。①
>
> 他们绩效办，干活的就一个人，其他都是需要时临时凑起来的。事多人少，很多工作无法做得很细，很全面。②
>
> 要让绩效考核机制运行得更好，必须有专门的机构、专门的人员。③

相关政府绩效评估案例中的绩效办工作人员构成如表 7-1 所示。

表 7-1　相关政府绩效评估案例中的绩效办工作人员构成

	湖南省 A 县	福建省 B 区	广东省 C 区	浙江省 D 区
全职人数	6	1	0	0
兼职人数	0	4	5	4
总数	6	5	5	4

建立专业化的绩效评估组织实施机构和工作人员队伍是提高组织主体的领导能力、组织实施能力的必然途径。

本研究一个非常有趣的发现是评估对象对绩效评估组织机构的组织能力信任评价并不影响其是否将绩效信息向上级报告，即组织能力信任对行政责任途径的绩效信息使用在影响统计上并不显著。这可以从我国政府科层结构及其绩效评估体制和评估目的上寻找解释原因。在科层制的政府体

---

① 福建省 B 区访谈记录，访谈编号 M-B-PGDX-01-01。
② 福建省 B 区访谈记录，访谈编号 M-B-PGDX-03-01。
③ 福建省 B 区访谈记录，访谈编号 M-B-ZZZT-01-01。

制当中，行政下级对上级承担绝对的行政责任，实践中政府绩效评估也被上级当作一种控制下级的管理方式。绩效评估的目的是控制和激励下级政府与部门，下级的评估对象或政府官员在任何情况下都必须无条件服从与接受上级的行政任务或考核任务，即需要向上级报告绩效完成状况并承担责任。因为政府绩效评估的组织主体与地方政府的领导集体的利益吻合并代表上级领导的利益，评估对象处于行政下级和绩效执行的地位，其必须接受科层组织的目标和任务分解，不管这种任务和目标本身是否合理，其都必须贯彻落实和服从执行。对 A 县的被考评部门的领导的访谈表达了评估对象在与政府绩效评估组织机构互动中的被动地位：

> 问：你认为绩效办考核我们单位的指标科学合理吗？
>
> 答：肯定有不科学、不合理的指标。
>
> 问：那不合理的指标我们还要去落实吗？
>
> 答：那肯定要啊，这关系到我们最后的绩效考核排名。虽然对部分考核指标持保留意见，但我们必须服从组织，即使我们和上面有不同意见，但我们还是要和上级保持一致，还是要有大局意识，积极推动工作。所以，即使我们对绩效考核有保留意见，我们也在积极地做一些事情。①

可见，即使政府绩效评估组织主体的绩效领导能力相对不足，提供的绩效信息质量不是很高，评估对象也必须向上级领导和组织主体负责，也就是说，被考评部门中的政府管理者在任何情况下都必须要向上级报告负责。这也表明，在政府绩效评估的组织主体和评估对象之间的科层关系较为明显。

五　组织善意信任与绩效信息使用的关系

本研究定量分析的一个预料之外的发现是对绩效评估组织机构的组织

---

① 湖南省 A 县访谈记录，访谈编号 X-A-PGDX-03-01。

善意信任对评估对象的绩效信息使用行为没有统计上的显著影响，显著偏离了我们的研究假设。先验的组织信任研究也表明善意信任在组织信任关系中的重要性相对偏低。[1] 组织善意变量的不显著可以从政府绩效评估实践中绩效评估组织机构对评估对象的善意行为缺失的角度进行解释。

三个方面可能会导致政府绩效评估组织主体对评估对象的善意缺失。首先，在实践中，政府绩效评估组织主体的主要职责是分解本级领导或上级政府的目标任务。被评估部门及其部门内部成员的利益诉求并不是绩效评估组织主体的核心关注点，评估对象的诉求和利益也最容易被忽略。其次，由于个别案例政府导入绩效评估和绩效管理工具的时间不是很长，评估对象和政府绩效评估组织机构之间的互动关系仍在发展过程中。本研究所关注的绩效评估案例都处于地方政府的试点和创新阶段，绩效评估实践的历程相对不长。梅耶尔等认为，在早期的信任关系中，信任主体对信任客体的善意行为及其善意信息知之甚少，公正是主要的信任因子。[2] 本研究的模型结果也表明政府绩效评估组织机构与处于评估对象地位的政府管理者的信任关系主要是以公正和能力为基础的，而不是善意取向的。最后，在本研究的案例中，作为政府绩效信息使用者的评估对象和作为政府绩效信息供给者的组织机构普遍缺乏直接沟通。在实践中，处于评估对象地位的政府部门及其组成人员众多，而绩效评估组织机构的人员非常有限。在这样的背景下，被考评部门特别是其中的一般工作人员与绩效评估组织机构的工作人员少有直接接触是客观现实。在对评估对象的访谈中，其普遍期望绩效评估的组织机构（绩效办）能够加强与他们的沟通和联系：

问：您对绩效办改进工作有什么建议？

---

[1] Mayer, R. C. ,Davis, J. H. ,Schoorman, F. D. ,"An Integrative Model of Organizational Trust," *Academy of Management Review* 3 (1995): 709 - 734.

[2] Schoorman, F. D. ,Mayer, R. C. ,Davis, J. H. ,"An Integrative Model of Organizational Trust: Past, Present, and Future," *Academy of Management Review* 2 (2007): 709 - 734.

答：（绩效办）多一点沟通，多一点指导，多一点提醒，特别是平时多一些交流，不要等到年底的时候才来搞这个排名。[①]

从访谈对象的反馈来看，湖南省 A 县不仅在绩效评估组织机构的专职化程度最高，评估对象对组织机构的善意动机和关心行为也持肯定评价，提供了一个理想的政府绩效评估组织主体善意行为的参考标准：

> 我觉得他们的工作比较扎实和细致，给我们开了很多次会，给我们培训了，绩效办的工作人员都亲自给我们上课，给我们讲绩效这些东西。他们也确实征求了我们的意见，有时候我们反馈给他们的意见，他们确实也接受了我们的建议，双方沟通还是比较顺畅的。他们组织部和绩效办工作起来，也不是说高高在上，包括（组织部）部长（也是绩效办主任）都是很平易近人的。[②]

梅耶尔等也指出，随着互动双方信任关系的发展，善意的影响可能会逐渐增强。[③] 如果信息供给者和使用者之间的直接联系增强了，善意的作用也许会变得重要，但这需要进一步的经验研究支持。

基于上述阐释，虽然评估对象对政府绩效评估组织机构的善意信任对绩效信息使用的影响不显著，但是政府绩效评估的组织机构还是应该充分展现其善意动机与善意行为，增强面向评估对象的深入沟通、交流，考虑评估对象的合理关切和利益诉求，增进合作信任与伙伴关系。

六　组织公正信任与绩效信息使用的关系

本研究的确表明了对政府绩效信息供给者的公正信任，连同对政府绩

---

① 广东省 C 区访谈记录，访谈编号 Y-C-PGDX-02-01。

② 湖南省 A 县访谈记录，访谈编号 X-A-PGDX-02-01。

③ Mayer, R. C., Davis, J. H., Schoorman, F. D., "An Integrative Model of Organizational Trust," *Academy of Management Review* 3 (1995): 709–734.

效信息供给主体的公开透明信任在促进政府管理者使用来自供给者的绩效信息上有着显著的正向作用。政府绩效评估组织机构的公正性直接决定绩效评估结果的公平性，也影响到了绩效信息的公正性。由于实践中政府绩效评估采取的是相对绩效评估，需要对不同的评估对象或者政府组成部门之间进行排名，绩效评估组织机构在绩效评估活动中的公正性直接影响了绩效评估结果的公正。一个公平的绩效评估结果，例如公平的绩效排名和绩效评分将会增加政府管理者对绩效评估结果的认同和接受，这反过来会促进政府管理者更加主动和积极地使用绩效信息来改进绩效。

由于地方政府普遍采取相对绩效考核和排名，评估对象对政府绩效评估组织机构的公平公正性有着强烈的期望。评估对象不仅期盼绩效管理制度执行的公正性，还期盼绩效评估内容的实质公正：

> 我认为公正就是去掉人为干涉的因素。制度已经很健全了，不要人为干涉，不管是察访核验还是平时打分，要实事求是。[1]
>
> 考评的弹性不要太大，利用第三方评价提高公正性。[2]
>
> 制度上的公正是容易实现的，包括考核的操作。但是，实质公正的核心问题是指标本身，拿出来的绩效指标，能否横向比较，如果不能横向比较，这只是停留在制度上的公正，难以做到内容实质的公正。[3]

本研究通过实证分析发现组织公正和组织公开透明二者紧密联系，评估对象对政府绩效评估组织机构的组织公开性信任连同组织公正信任一起对绩效信息使用行为产生影响。政府绩效评估组织机构的公开特征，意味着绩效评估过程及绩效信息产出面向评估对象是公开透明的。绩效信息的

---

① 福建省 B 区访谈记录，访谈编号 G-N-PGDX-01-02。
② 广东省 C 区访谈记录，访谈编号 Y-L-PGDX-03-01。
③ 广东省 C 区访谈记录，访谈编号 Y-L-PGDX-09-01。

公开透明度是促进政府官员使用外生绩效信息的有益因素。

组织公正和组织公开互为前提，紧密联系。如果政府绩效评估过程与结果不公正，政府绩效评估组织机构肯定会倾向于不公开评估过程和评估细节，通过对绩效信息的垄断而隐匿其不公正的评估过程与评估结果。如福建省 B 区绩效评估组织机构的负责人所述，绩效评估过程和绩效信息的公正性不足是政府系统内部不公开和不透明的直接原因：

问：为什么只是在政府内部公开了各个政府部门的优秀合格等次，而不向评估对象公布各个指标、各个项目的得分呢？

答：我们在弱化绩效评估结果信息公开的范围和详细程度。我们自身感觉绩效评估本身有很多不足，公开的底气还不足，评估结果还有偏差性、主观性，有些时候甚至有争议。[1]

绩效信息公开透明可以减少绩效信息的不确定性，可以增加评估对象获取绩效信息的数量，提高绩效信息的可及性与可获得性，进而增加评估对象利用绩效信息的可能性。而对于评估对象来说，绩效信息的内部公开可以增加评估对象使用外生绩效信息的可能性。使用绩效信息的前提是接收到绩效信息，这需要政府绩效评估组织主体主动向评估对象公开其掌握的绩效信息。绩效评估的透明度增加了潜在使用者的绩效信息可获得性、及时性和受益人群。这一研究结论与先前研究所证明的绩效信息可获得性与绩效信息使用正相关的结论一致。[2] 而现实中，绩效目标的信息公开容易

---

① 福建省 B 区访谈记录，访谈编号 M-B-ZZZT-01-01。

② Julnes, P. L., Holzer, M., "Promoting the Utilization of Performance Measures in Public Organizations: An Empirical Study of Factors Affecting Adoption and Implementation," *Public Administration Review* 6 (2001): 693 – 708; Moynihan, D. P., Pandey, S. K., "The Big Question for Performance Management: Why do Managers Use Performance Information?" *Journal of Public Administration Research and Theory* 4 (2010): 849 – 866.

实现，而绩效评估过程和绩效评估结果的公开透明情况仍不太理想，这也成为评估对象最想知道和最想公开透明的绩效信息内容。

> 我们不知道失分点，不知道差距在哪里，也不知道具体怎么改。绩效评价的方式要有更高的参与性，更高的透明度，到底哪些方面做得不好，我们在哪些方面扣了分，应该让我们知道。①
>
> 我们希望考评结果在一定范围之内公开，现在只公开了得分，很多细节没有公开，其他评估单位的考评结果也没向我们公开，我们扣了分，为什么扣了分，我们只清楚自己的，不清楚别人的，我们只知道别人考了多少分，排第几，其他我们不知道。我们不是想看到别人的分数，我们是想看到别的单位有哪些优点，有哪些不足，我们想要少走一些弯路，对比查找一下，形成一种比学赶超的氛围。如果公开了，我们可以对比，比如我们和民政局以及一些乡镇之间，工作是有联系的，我们可以对比。②

可以看出，评估对象不仅有全面知晓本部门绩效信息内容的动机，还有较强的绩效比较、标杆学习的愿望，并希望知晓同类绩效评估对象的绩效信息。为了提升政府绩效评估过程的公正公平性，也增进评估对象之间的相互学习，构建部门之间的绩效学习和合作网络，政府绩效评估组织主体应增加绩效信息的内部公开性、透明度和公信力，并创造被考评对象之间互相学习交流的平台。

实践当中，不仅存在政府绩效评估组织机构面向评估对象的绩效信息公开不足，也存在作为政府绩效评估组织机构和政府组成部门很少将绩效信息面向社会公众公开的情况。研究者对案例政府的深度访谈显示，这些

---

① 福建省 B 区访谈记录，访谈编号 M-B-PGDX-06-02。
② 湖南省 A 县访谈记录，访谈编号 X-S-PGDX-04-01。

地方政府相关绩效信息很少通过网络、报纸等途径向社会公众公布。这其中的原因很多，但一个共性的原因就是绩效评估结果信息的生产者，对自己生产的绩效信息的公正性和科学性心存疑虑。这从实践上印证了组织信任中的公正性和公开性是紧密联系在一起的。未来的政府绩效评估实践，应该提升绩效评估过程在政府系统内部的公开透明性，也应提升面向社会公众的公开透明性。

七 控制变量对绩效信息使用的影响

本研究的实证分析再次验证了人口统计学特征并不是绩效信息使用的重要影响因素，这一结论与先验文献的研究结论一致。通过本研究的实证分析，发现政府管理者的性别与其绩效信息使用行为并不相关，这与莫尼汉和哈默施密德等人的研究结论吻合。[①] 同时，政府管理者的受教育程度对绩效信息使用的影响也不显著，这与莫尼汉的研究结论一致。研究发现政府管理者的年龄对其绩效信息使用积极性有一定影响，在政府部门中工作年限较长的政府管理者使用来自外部的绩效考核信息的动力较小。这类政府官员一般有更多的信息来源，并且这类群体对外部绩效评估系统提供的绩效物质激励和精神激励较不敏感。

研究结论表明，政府管理者的组织背景与他们的绩效信息使用行为存在相关关系。有较高职位的政府管理者必须对组织的绩效状况负责，并且更经常地在内部管理决策中使用绩效信息。相对于普通职员，这些领导者对上级领导承担了更多、更大、更直接的行政责任和公共责任，也就有了更多的绩效信息使用的压力、动力和机会。同时，公共管理者的组织背景与他们的绩效信息使用行为存在一定相关关系。政府管理者的职位可以部

---

① Hammerschmid, G. ,Van de Walle, S. ,Stimac, V. ,"Internal and External Use of Performance Information in Public Organizations: Results from an International Survey," *Public Money & Management* 4 (2013): 261 – 268.

分解释绩效信息使用行为，级别越高的管理者对部门绩效状况越关注，并且在部门的内部管理决策中更频繁地使用绩效信息。相对于部门一般工作人员和中层领导来说，一个部门的主要领导需对部门绩效结果承担责任，并向行政上级直接负责，这是促使部门领导在内部管理决策和履行行政责任方面更多地使用绩效信息的原因所在。在本研究关注的绩效评估案例中，绩效评估组织机构收集公众对被评估部门的满意度评价信息，评估对象与公民之间的责任机制是间接的。因此，不同职位的政府管理者在将外生的绩效信息和绩效评估结果向公众报告方面并无显著差异。在本研究的案例中，绩效评估与绩效管理主要是内部导向的，并且没有硬性地规定政府官员需向公众报告绩效状况。因此，在公众面前，组织中不同职位的官员都面临相同的和间接的公众绩效压力，政府官员的职位高低并不影响绩效信息的公共责任途径的使用。

第二节　政策启示

本研究以中国本土的地方政府绩效评估实践案例为背景，重点关注了处于评估对象地位的政府管理者的绩效信息使用问题，增加了对绩效信息使用主题的本土理解。本研究所构建的理论分析框架、实证测量与研究结果对于促进地方政府绩效评估实践中利益相关主体对于绩效信息的高效利用有直接的指导价值，对于系统提升我国地方政府绩效评估的有效性和科学性有积极的实践指导意义。

虽然本研究所有的调查和研究都是针对处于评估对象地位的政府管理者，但研究结果的实践价值也指向绩效信息的供给者，即地方政府绩效评估实践中的绩效评估组织机构。本研究的一个重要目的就在于回答绩效评估组织机构如何通过提升评估对象对其的组织信任态度进而促进评估对象的绩效信息使用行为。换句话说，本研究的结论不论对于政府绩效评估中的评估对象，还是对于政府绩效评估中的组织机构都具有实践指导意义。

对于政府绩效评估中的评估对象来说，其绩效信息使用程度并不是很高。评估对象对绩效信息的使用受到一系列外部环境因素的影响，处于评估对象地位的政府管理者应该增强绩效信息使用的积极性和主动性，全面提升对外生绩效信息的注意力，弥补绩效信息使用不足的现实问题。对于政府绩效评估中的组织机构来说，其应提升自身的组织可信任度。根据研究结论，绩效信息供给主体应该展现自身的可信任度特征，并以此来获取绩效信息接收主体的积极信任评价。为了促使评估对象等潜在绩效信息接收者对由组织机构生产和加工的绩效信息的利用，绩效评估组织机构应从加强组织能力建设、提升绩效评估过程的公正性等角度出发，提升自身的可信任度。为了获取评估对象的组织信任，绩效评估组织主体首先应增强政府绩效评估过程与评估结果的公正性与公开性，加强组织机构的绩效评估能力建设，增进与评估对象的直接互动和沟通交流，培养评估对象对其善意行为的感知，进而全面提升组织机构的可信任度。通过政府绩效评估组织机构的基于组织信任的组织变革，实现评估对象对组织机构的高度认同和信任，进而增强评估对象对政府绩效评估组织机构生产的绩效信息认同度，以此提升评估对象的绩效信息使用程度。

一 构建绩效信息使用驱动的政府绩效评估系统

在现代行政改革中，公共组织广泛采用了各种以结果为导向的管理工具，并加强了对公共组织、公共项目以及公共人力资源绩效产出的监控测量。随着目标考核、目标管理、绩效管理、绩效评估、绩效审计以及其他正式和非正式的结果评估活动在公共部门中的开展，现今的公共管理过程被大量的绩效指标、绩效数据、绩效报告包围。所有的这些绩效相关的数据都可以纳入绩效信息的范畴。绩效信息承载了组织、项目及其成员应该实现什么样的绩效目标、是否实现了绩效目标的信息内容，绩效信息在组织和项目管理决策中有着重要作用。政府绩效评估是一个以绩效评估为核心的由诸多管理环节组成的循环往复的系统。在管理循环和绩效管理循环中，绩效信息使用是这一管理循环闭合、改进、螺旋上升的关键组织行为。如果仅仅以绩效信息生产本身作为目标，而不是以绩效信息使用为根本结果，绩效管理改革必然是失败的。

政府绩效评估与绩效管理作为一种管理创新，在我国地方政府间备受推崇，然而也备受形式化的诟病。绩效评估是"目标－结果"导向的管理工具，用绩效证据支持管理决策和绩效改进是其核心的管理假设，如果绩效信息没有融入组织管理决策，意味着绩效评估是多余和不必要的。实践当中，政府组织的绩效常常被外部的组织机构评价和监控，例如政府内部的独立机构的绩效评估，以及政府系统外部第三方机构开展的绩效测量。当政府组织的绩效目标、绩效指标、绩效评估结果等关键绩效信息源于组织外部时，政府组织中的管理者对外部绩效信息的使用需要制度化的促进机制设计与制度安排。否则，处于评估对象地位的政府管理部门对外生的绩效信息会出现重视不够和使用不够的问题，这都会导致绩效评估的形式化问题。绩效评估的形式化问题直接关系到绩效评估体系的有效性和可持续性。

未来的政府绩效评估系统设计与变革，应以绩效实现和绩效改进为根本目的，以绩效信息使用为实现目的的工具，提升政府绩效评估所有利益相关者，特别是评估对象对政府绩效信息的利用效率。构建绩效信息使用导向的绩效评估系统，倒逼绩效信息的生产者和供给者注重提升绩效评估与绩效管理体系的有效性，提升绩效信息质量。已有的政府绩效评估实践需要系统反思地方政府绩效中的各类主体是否使用绩效评估系统产生的绩效信息，精准把握绩效信息的使用水平，分析影响因素，并据此设计绩效信息使用的促进机制，促进利益相关者在政府绩效评估与绩效信息生产使用中的责任履行，进而提升绩效评估系统的有效性。

一个系统性地提升政府绩效评估系统中利益相关主体的绩效信息使用的框架如图 7 - 1 所示。

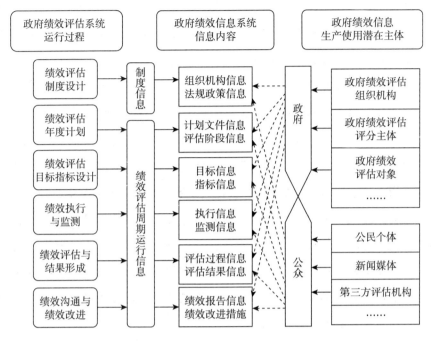

图 7 – 1　绩效信息使用导向的政府绩效评估系统设计

二　绩效评估组织机构组织信任度的提升策略

本研究的实证分析已经表明在政府绩效信息供给 – 使用的互动关系中，绩效信息使用者是否使用外部绩效信息取决于其对外部绩效信息供给主体的信任态度。当政府管理者所在组织与项目的绩效被外部的绩效评估组织机构评定时，政府管理者使用的绩效信息主要来自部门外部独立的绩效评估机构，政府管理者是否使用外生绩效信息取决于对独立绩效评估机构的组织信任。虽然本研究问卷调查和实证研究是从处于评估对象地位的政府管理者出发的，但研究结果实践价值也指向绩效信息的供给者，即地方政府中的绩效评估组织机构。

在政府绩效评估组织机构和评估对象相对分离的体制背景下，两者的合作信任关系是解释评估对象绩效信息使用行为的有效视角。提升绩效信息使用者对绩效信息生产者与供给者的组织信任，关键在于供给者本身要增强其组织可信任度。对于本研究来说，需要政府绩效评估组织机构具有并展示出一系列可以提升其组织信任度的特征与行为。研究结论预示地方政府中的政府绩效评估组织机构应增强绩效信息使用者对绩效信息及其生产者的信任，并提升绩效信息和绩效评估的公信力，提高绩效信息的质量，以此促进评估对象等利益相关主体对其生产和供给的绩效信息的使用。

鉴于组织信任在绩效信息使用中的重要性，在绩效信息使用者和生产者之间构建组织信任关系，或者弥补和修复组织信任关系对于提升绩效信息的使用效率至关重要。鉴于绩效信息供给－使用二元关系中，使用者对供给者的信任关系最为重要，改变绩效信息使用者的态度需要绩效信息供给者展现自身的可信任度特征。本研究证实评估对象对组织主体的总体信任与其绩效信息使用程度正相关，但是不同的组织可信任度因子对不同的绩效信息使用方式的影响存在差异，这为绩效评估的组织机构如何提升其组织信任水平具有如下政策启示。

第一，提升政府绩效评估组织机构的组织能力。政府绩效评估组织机构在政府绩效评估活动中发挥着领导作用，其组织能力的高低决定了政府绩效评估的有效性以及绩效信息的质量，也影响着利益相关者对其的信任评价。本研究的实证分析也表明对绩效评估组织主体能力的信任对政府管理者将绩效信息用于内部管理和外部公共责任有正向影响。为此，政府绩效评估组织机构应增强其自身专业性，着重提升以下几方面的组织能力。首先，提升绩效评估制度设计能力。绩效评估组织机构在评估制度设计、评估目标与指标体系设计方面具有最终的决策权力。评估制度与体系的科学性与合理性直接关系到绩效信息的质量。政府绩效评估的制度体系如果没有很好地进行设计，就会导致绩效评估的目标偏差与结果偏差，进而导致绩效评估产生误导性的绩效信息。在政府体系内盛行的绩效竞赛下，高强度的绩效激励有助于显著提高被考评的政府部门对目标的重视程度和使用程度。这种较强的绩效执行力，使得使用这种管理工具时必须非常谨慎，作为制定绩效目标的上级或者一级政府领导，应确保输入的绩效目标的科学性、合理性和质量。其次，提升评估能力。绩效评估活动具有较强的技术性和专业性。绩效评估组织机构的成员应该加强对绩效评估方法与技能的学习，提升其在制度设计、目标设置、指标设计、数据收集、数据分析、信息沟通等方面的能力。通过这些能力的提升，改善评估活动的运行质量，确保绩效评估的科学性。最后，提升绩效激励能力，特别是绩效激励承诺的兑现能力。绩效管理与绩效评估作为地方政府管理方式的创新，需要在既有制度安排下的增量激励，以此提高地方政府部门的绩效执行力和绩效目标达成的积极性，进而提升其绩效信息利用效率。

第二，增强政府绩效评估工作的公正性和透明度。绩效评估活动是制度化和规则导向的组织行为，绩效评估组织机构应该完善绩效评估立法与制度建设，提升绩效评估决策的科学性与民主性，增强评估对象对绩效评估制度与规则的认同，提升绩效评估工作的合法性。相对绩效评估是我国政府绩效评估的主要模式，评估对象之间在绩效能力、绩效职责职能、绩效责任方面存在差异，评估活动应保护弱势评估对象的绩效权利，采取分类评估或客观评估增强绩效竞争的公平性。在绩效评估制度运行与执行中，组织机构应该以制度为最高准则，减少绩效评估的自由裁量权活动，避免评估结果确定中的暗箱操作行为，进而保障绩效评估执行和绩效评估结果的科学性。

第三，增强政府绩效评估工作的公开与透明性。政府绩效信息公开透明是政府内外部的利益相关者监督政府组织行为、产出和结果的途径，是政府组织履行责任的最佳方式。未来的政府绩效管理评估和政府绩效信息的促进机制设计应该将透明作为基本的治理目标，加大绩效信息公开的力度，增强政府内部的潜在的绩效信息接收者与使用者的信息可及性，增强政府系统外部社会公众对政府绩效信息的知晓度。政府组织向外部公众公开和报告绩效信息是政府面向公众的绩效责任实现机制。政府绩效信息公开可以克服传统绩效评估和绩效管理内部驱动、技术主义和工具理性的弊端，可以吸引公众参与并创设公众驱动绩效测量系统，是促进政府绩效治理范式转型的可行途径。

加强政府绩效信息公开应该放在政府信息公开和透明政府建设的背景下予以高度重视。政府绩效信息公开作为政府信息公开的重要组成部分日益成为中央和各级地方政府管理改革的重点内容。党的十八大以来，中央高度重视政府信息公开工作，并在党的十八届三中、四中全会明确提出和设计了决策公开、执行公开、管理公开、服务公开和结果公开（"五公开"）的政府信息公开体系，确立了结果公开在政府信息公开内容体系建设中的重要地位。政府绩效是政府结果最集中和最浓缩的体现，政府绩效信息属于政府信息和政府结果信息的范畴，理应纳入政府信息公开体系。2016年2月中共中央办公厅和国务院办公厅印发的《关于全面推进政务公开工作的意见》，2016年11月由国务院办公厅印发的《〈关于全面推进政务公开工作的意见〉实施细则》，更加深化和明确了政府结果信息公开的细则，要求增强政策效果、评价结果的公开力度，拓展结果公开的范围和内容。随后，在北京市、贵州省、河南省、四川省、重庆市等多个省市地方政府颁布的推进政务公开工作的贯彻实施意见中，针对政府结果信息公开则更加明确和具体地指出要推进政府绩效管理情况公开和政府绩效评估结果公开，提升绩效管理和绩效评估工作的透明度。政府绩效信息公开成为政府信息公开体系的重要组成部分，加大绩效信息公开的力度已经成为实践的迫切需求。未来的政府绩效评估实践变革应将公开和透明作为绩效评估的基本原则，增强绩效评估的公开性和开放性，以此提升绩效评估的合法性。

第四，尊重评估对象在政府绩效评估中的地位与价值，赋予其应有的治理地位与治理权力。本研究的实证分析证明了政府绩效评估组织机构与评估对象之间不平等的科层关系，这也对评估对象的绩效信息使用行为造成了负面影响。基于信任的绩效评估与绩效管理是不同于传统科层管理的绩效评估，其描绘了基于平等信任合作的政府绩效治理途径。要实现政府绩效的内部合作治理，政府绩效评估的组织机构应变革其传统的科层管理方式，尊重评估对象的治理主体资格，赋予评估对象充分的绩效治理权力，提高评估对象在政府绩效评估活动中的积极性与参与度，促进两者间平等信任与合作关系的建立。

第五，政府绩效评估组织机构应该获取政府绩效评估所有利益相关主体对其的信任评价，并需要组织机构为此展现出综合和全面的组织可信任度特征。政府绩效评估组织机构所生产的绩效信息的利益相关者中，除了评估对象之外还有其他主体，例如立法机构、司法机构、党委部门、上级领导、外部社会公众等。政府组织的绩效信息作为一种公共产品，上述利益相关主体也是潜在的政府绩效信息接收者与使用者。为了提升政府绩效评估最广泛利益相关者对组织机构生产的绩效信息的使用程度，政府绩效评估组织机构需要获得上述组织与群体的组织信任，这同样也需要绩效评估组织机构对这些组织展现其组织领导能力、组织善意动机、组织公平性以及组织公开透明性等一系列组织信任特征。

三　评估对象绩效信息使用程度的提升策略

在任何绩效评估体制设计与运行机制中，评估对象都处于绩效执行、绩效改进的重要地位。评估对象有效使用绩效信息关系到绩效目标实现以及组织绩效的持续改进。实现绩效并持续改进绩效是绩效管理与绩效评估的根本使命，促进评估对象绩效信息的有效利用应该成为政府绩效评估制度设计予以重点考虑的问题。除了应增加评估对象绩效信息使用的外部有利因素，并去除阻碍评估对象绩效信息使用的外部不利因素之外，评估对象还应从自身出发，消除阻碍绩效信息使用的自身管理因素，提升评估对象绩效信息使用的积极性、主动性和真实性。

本研究对多个绩效评估实践案例的实证分析表明，处于评估对象地位的政府管理者的绩效信息使用的程度还不是很高，不同地域和不同群体的政府管理者对待政府绩效信息的使用程度存在较大差异。可见，全面提升被评估部门及其组织成员对绩效信息的使用程度还有较大空间。根据本研究的发现，可以从以下几个方面提升评估对象的绩效信息使用程度。

第一，评估对象要对绩效信息的使用价值有全面认知，发挥政府绩效信息的多元使用价值，增进绩效信息在组织内部管理决策以及组织外部责任履行中的使用。绩效测量与评估活动的目的并不是生产绩效数据，而应该是让绩效信息发挥其使用价值。绩效信息的本质使用价值在于决策与责任两个维度。对于处于评估对象地位的政府组织来说，绩效信息可以为组织目标设定、组织计划设定、组织资源分配、组织绩效监控、组织问题诊断、组织激励实施等一系列的组织内部管理活动提供决策依据。评估对象应该通过对绩效信息的深入组织学习，发现绩效信息的决策价值，将绩效信息实质性地融入组织管理决策。绩效信息除了可以用于组织内部管理决策之外，还可以用于政府组织外部行政责任和公共责任的履行过程。现代行政改革的核心理念是组织以其绩效状况和绩效产出对其行为负责。组织绩效信任的履行需要组织绩效信息的报告。目前地方政府中的被评估部门将绩效信息用于外部责任的履行力度普遍较小。被评估部门应将绩效评估赋予的组织绩效目标信息、绩效执行信息、绩效评估结果信息、绩效改进信息及时向政府系统内部的行政上级汇报并与其进行沟通，提升政府组织的绩效执行力与行政责任履行力度；同时，政府组织作为实体政府的组成部分，其还直接承担政府面向公众的社会责任，政府则应该将组织绩效信息系统全面地向社会公众公开汇报并与其进行沟通，让公众对政府组织的绩效状况知情，赋予公众进行绩效监督所必需的绩效知识与信息能力。

第二，转变评估对象绩效信息利用的被动态度，调动评估对象自身绩效信息使用的积极性。在绩效评估实践中，评估对象对外部的绩效评估表现出不同程度的被动态度，评估抵触与不合作心理严重，认为外部绩效评估给组织增加了额外的工作任务与绩效压力。评估对象的被动态度导致了一些评估对象在绩效评估过程中的"应付"、"绩效造假"等机会主义行为，降低了评估对象真实有效地利用绩效信息的可能性。处于评估对象地位的政府管理者应当转变对外部绩效评估的观念态度，认识到外部绩效评估对于组织绩效管控的价值，将外部绩效考核的压力转化为组织绩效执行与改进的动力，真实有效地利用外生绩效信息改进工作。

　　第三，提升被评估部门中领导者的绩效领导与绩效信息使用示范作用。在组织化的评估对象构成中，被评估部门的关键领导者对外部绩效评估与外生绩效信息的态度及其行为会直接影响被评估组织中其他下属成员的态度与行为。政府组织的领导者在组织管理决策中拥有直接的领导权与决策权，组织领导者在行使管理权力时最有可能将外生的绩效信息融入组织的管理运行。如果组织的核心领导者对外部的绩效评估不够重视，对外生的绩效信息置若罔闻不予使用，将使得外部的绩效评估难以实质性地影响组织内部管理运行，也难以有效影响组织一般成员的绩效信息使用行为。因此，提升政府组织领导者对绩效信息的重视程度和使用程度，可以提升组织整体成员对绩效信息的重视程度与使用程度。

　　第四，提升组织一般成员对外部绩效信息的注意力与利用程度。作为科层制的评估对象组织，外部的绩效评估目标与指标最终会通过组织科层体系进一步分解到组织的一线成员与一般工作人员。本研究的实证分析表明，相对组织领导者，组织一般成员的外部绩效信息的注意力不高并且使用程度偏低。在行政首长负责的体制下，政府组织的领导对组织的绩效承担全面和综合的责任。组织的绩效责任是整体组织的集体物品，这使得组织一般成员对组织绩效的利益关切显著低于组织的核心领导者，从而降低了其积极使用外生绩效信息的动力。为此，组织的一般成员应该增强组织绩效责任感与荣誉感，积极分担组织整体绩效的责任，积极将组织绩效信息融入具体的行政活动。同时，被评估部门的领导者也应建立制度化的组织绩效责任分解、监督和激励机制，调动全体组织成员的绩效执行和绩效改进的积极性。

四　走向政府绩效信息的合作生产与使用

　　本研究从合作与信任的视角对政府绩效评估中的核心主体之间的信息关系与信任关系进行了实证分析与实证检测。本书的实证研究验证了信任机制在政府绩效评估组织主体与评估对象之间有效合作中的重要性，识别了两者合作的关键组织信任度因子和组织信任水平提升与实现路径。本研究的结论并不意味着政府绩效评估的利益相关主体之间已经实现了高水平的信任与合作关系。相反，实践领域的政府绩效评估利益相关主体之间围绕政府绩效这一公共事务的高度信任关系与有效合作还有较长的路要走，还需要破除一系列文化、制度、管理、机制以及技术上的障碍，积累有助于促进两者之间合作的社会资本，建构信任机制。

公共性是政府事务、公共事务的核心精神，也是政府绩效的本质特征，这决定了政府绩效生产过程中利益相关者的多元性，应该让政府内部和外部的相关主体都参与到公共治理的过程中来，并让相关行动主体有效互动和合作。合作治理和政府绩效合作治理的关键在于赋予政府系统内部和外部每一个治理主体充分的治理资格，建立治理机制促进每个治理主体积极、主动地履行各自的治理责任。政府系统内部的围绕政府绩效生产的合作治理改革的关键是如何处理好绩效评估组织主体和评估对象之间的关系，其关系现状的本质是科层体系中的上下级管理关系，包括个体、岗位和组织等不同形式主体的上下级管理关系。上下级关系是科层制组织结构模式的核心，也是我国公共部门结构体系的主要特点。在政府绩效评估中，政府绩效评估组织主体与评估对象的关系也是一种典型的上下级关系，不同级别的政府间、部门间的考核与被考核关系都是一种上下级关系。能力评价和善意评价对评估对象绩效信息使用影响均不显著，这表明组织主体和评估对象的科层关系明显。

实现政府系统内部绩效评估组织机构与评估对象的绩效合作共治，关键是要变革上下级的从属关系为平等合作关系，实现公共部门系统中上下级的合法性从科层权威转向组织间的信任评价。上下级的合法性应源于上下级在沟通合作中的共同建构。上级的合法性应从科层结构赋予的等级、命令、权力和权威转移到下级对上级的认同和信任评价，特别是下级对上级领导方式、领导能力与领导结果的信任认同；而下级的合法性标准，不完全是下级毫无保留地服从，而是下级的执行能力和执行效果，以及下级自发、自主和忠诚地承担和履行绩效治理职责。这需要对上下级的权责关系与互动机制进行渐进改革。实现政府绩效生产的合作治理，以及政府绩效信息使用的合作治理，需要政府系统内部改革上下级的互动关系和合法性标准，建立以授权、激励、信任和认同为导向的绩效管理机制。

实现政府绩效评估组织机构与评估对象的内部政府绩效合作治理，需要对两者的权责关系进行变革，其权责关系改革的关键是向下级和评估对象增强治理授权，赋予下级治理的资格并增强其治理能力。在科层的上下级关系中，治理资源的配置不均衡，下级的评估对象承担直接的任务执行责任并生产绩效，但对下级的治理资源和治理权力的配置不足，导致其治理的自主性和能动性不足，也使其缺乏与上级的协商和讨价还价的资格。在本研究中，作为政府组成部门的评估对象，在接受上级的绩效任务的同时，其并未完全获得相关的自主治理权力，例如评估对象并不具有执行任务的人力、物力和财力资源保障以及对这些资源的灵活配置的权力。一个典型的例子就是作为部门领导，不能对部门成员的人事晋升、物质奖励、资金使用做出自主和实质性决策，因为其资源调配权力掌握在上级领导以及组织人事、财政等部门的手中，而这些部门的领导正是政府绩效评估领导小组中的核心成员。只有赋予下级充分的治理权力，并使其与下级承担的治理职责、功能和责任相匹配，才能使下级具有完整的治理主体资质。

激励是改变上下级科层管理方式的有效治理机制，应在公共部门系统内部得到重视和利用。相对于命令－强制－服从的科层机制，激励机制是一种契约－柔性－驱动的治理工具。激励机制不仅在上下级的绩效任务的委托－代理关系中至关重要，也在上下级的其他行政任务的分解－执行、委托－代理关系中至关重要。无论是作为组织还是作为个体的下级都有其利益诉求，包括物质的和精神的。治理机制的构建需要上级在向下级分配任务时，正视下级的正当利益需求和诉求，建立与治理职责和治理效果相匹配的激励举措，包括物质激励和精神激励等。激励会将行政强制性转化为柔性的积极性调动，容易促成下级的主动和支持性行为。由于政府系统内部存在多重的委托和代理关系，激励的权力和激励的资源也需要层层下放和配置，让每个相对的上级都具有相应的领导能力和激励能力，并通过有效和真实的激励改善与下级的互动关系，这也将有助于构建平等合作的绩效关系。

实现政府绩效合作生产，实现政府绩效信息合作生产与合作使用，还需要考虑外部社会公众的角色与地位，需要政府与外部公众的精诚合作，积累政府和公众双向信任合作的社会资本。在政府绩效评估与政府绩效信息使用主题中，政府与公众不合作的现实困境是两个方面造成的。一方面政府对非政府力量参与治理的欢迎诚意、制度安排、渠道机会和权利保障总体还比较谨慎和保守；另一方面，公众对一些公共问题和公共事务的参与热情不高、参与能力有限、权利意识也比较淡薄，社会公众的参与力量非常分散，结构化程度不高，难以对政府的公共决策和公共管理形成实质性的影响。这两个方面的问题现状互为因果，相互制约，导致一些政府和政府管理者尚未形成高度信任公众、聆听公众、依靠公众的有助于吸纳公众参与治理的社会资本；而社会公众也尚未形成高度信任政府、认同政府和帮助政府共同解决公共问题的社会资本。政府和公众之间社会资本的缺乏，阻碍了政府和社会公众的有效合作和互动。实现政府绩效的合作生产和建构，实现公共事务的合作善治，需要政府走近公众，公众走进政府，让政府和公众形成更加紧密的命运共同体。政府和公众对政府绩效和公共事务都应承担治理责任，两者是休戚相关、荣辱与共的关系，需要双方的精诚合作与相互信任。

第三节　研究展望

一　研究创新

在绩效信息使用的学术主题领域，系统和直接讨论信息供给者的文献较少见。本研究基于我国地方政府绩效评估的体制设计与运行机制，构建了一个绩效信息供给和使用相对分离的研究框架，并导入组织信任的理论来解释绩效信息使用主体的信息使用行为。本研究是立足于我国县区级政府绩效评估实践案例，对上述研究问题和研究假设进行了探索性的实证研究，在理论视角和研究方法上具有一定的创新和探索价值。

第一，本研究基于我国政府绩效评估体制设计与运行机制的特点，建构了政府绩效信息供给－使用的分析框架，并从信任与合作的视角来分析和阐述绩效信息供给者与使用者的关系。本研究从政府绩效评估的政府内部行动主体以及主体间合作的视角，对地方政府实践中的绩效评估体制和运行机制进行了理论性的概括和设计，建构了评估对象与政府绩效评估组织机构的二元主体框架，并基于这一主体框架构建了政府绩效信息供给－使用的分析框架，对这两个主体间的绩效权责关系以及绩效信息生产使用权责进行了剖析，建构了一个通用和简明的政府绩效评估系统内部利益主体及其主体合作关系的分析框架，该框架具有完整性和解释力。

本研究特别强调在政府绩效评估组织主体和评估对象之间建立合作信任关系，识别影响合作和促进合作的关键因素，以改善政府绩效评估的内部运行过程及运行结果。本研究应用政府绩效信息供给－使用的分析框架，从组织间信任的视角探讨评估对象对组织主体的信任态度如何影响其绩效信息使用，这一研究问题与研究结论可以回应如何在绩效信息使用中促进政府绩效评估组织主体和评估对象合作。

第二，本研究从评估对象和政府管理者的角度对政府绩效信息使用和政府组织之间的组织信任这两个概念的因子结构进行了实证检验。研究表明，政府管理者的绩效信息使用方式可以从三个维度进行考察，包括政府绩效信息内部管理使用、政府绩效信息行政责任使用和政府绩效信息公共责任使用。首先，政府管理者可以将外生绩效信息用于组织内部的日常管理决策中，以改善组织内部的运作；其次，政府管理者必须将绩效信息向政府系统中的行政上级汇报，例如上级领导或上级部门，本研究将这种绩效信息使用途径定义为行政责任或科层责任使用；最后，当政府管理者和公众沟通、向公众公开和传播绩效信息时，可将其称之为绩效信息的公共责任使用。本研究所确立的政府绩效信息使用的三个因子结构对于理解政府绩效评估中的组织主体、评估对象及其他利益相关主体的绩效信息行为具有参考价值。

同时，通过本研究的实证分析确立了政府组织之间的组织信任概念包括组织能力信任、组织善意信任和组织公正信任三个因子，这为学术界开展后续的公共组织间信任关系研究，以及实践领域如何提升组织信任水平提供了参考。本研究所确定的绩效信息使用和组织可信任度的因子结构，将有益于更好地理解政府管理者绩效信息使用行为的结构以及公共部门之间信任关系的结构。

第三，本研究在研究方法上具有一定的创新性。本研究采用了潜变量的定量分析，采用因子分析与结构方程模型这一高级定量分析方法，对变量的结构及其影响机理进行的系统分析和论证，显著提升了实证分析结论的有效性、可靠性与科学性。同时，不同于一般的定性分析，本研究的定量调查与实证分析基于国内典型的政府绩效评估案例开展，调查问卷的样本针对性强，实证分析更具现实观照与实践呼应。除了定量的问卷数据，本研究还融合了来自定性的访谈或文献资料证据，对研究问题与研究结论进行了交叉验证。

第四，本研究立足于本土政府绩效评估实践，并尝试将理论研究与实践进展紧密结合，相互印证。对实践的观照是本研究理论模型建构和影响因素阐述的主要立足点。如前文所述，我国政府绩效评估的体制和机制背景与西方国家有所不同。与西方国家公共部门的绩效评估多由部门内部自身组织实施不同，绩效评估的组织主体和评估对象的相对分离是我国地方政府绩效管理的实践特色。为此，本研究在进行政府绩效评估与绩效信息使用的分析框架建构以及影响因素的聚焦和定位时，都以本土的绩效评估实践为背景，以组织主体和评估对象的分离和合作关系为背景。本研究主要采取了实证研究方法，立足于本土的绩效评估案例或具体的政府管理者收集经验数据，使得本研究的结论能够对我国的政府绩效评估实践具有一定的参考价值。

二　研究局限

作为一项基于国内政府绩效评估实践案例的绩效信息使用主题探索性研究，本研究也不可避免地存在以下不足。

第一，本研究主要关注了政府绩效评估利益相关主体中评估对象的绩效信息使用行为，而对绩效评估组织主体，以及政府系统外部的其他利益相关主体（例如公众）的绩效信息使用行为尚未关注。政府绩效信息是公共管理过程中的公共产品，有着多元的利益相关者，政府绩效信息对政府系统内部的各类组织及其成员，对政府系统外部的公民个体、群体及公众组织都有潜在的使用价值，这些利益相关者都是潜在的政府组织绩效信息的接收者和使用者。理想的情景下，政府绩效信息的所有利益相关者都应该充分地使用绩效信息，以实现政府绩效信息使用水平的整体提升，并实现政府绩效的共治和善治。本研究为了研究聚焦并突出重点，主要关注了评估对象的绩效信息使用及其影响因素，而组织主体的绩效信息使用则主要从定性角度考察了其将绩效评估结果信息用于绩效激励和绩效信息公开这一使用行为。事实上，除了这些绩效信息使用方式，组织主体还有其他潜在的绩效信息使用方式和途径，例如用于绩效监测、绩效沟通等。显然本研究对组织主体的绩效信息使用及其背后的影响因素的分析还不够系统全面。同时，本研究在政府绩效信息供给－使用的分析框架中尚未嵌入公众这一重要角色。

第二，在研究案例与样本选择上，存在一定局限性。由于研究资源和条件的限制，本研究定量调查的研究对象主要集中于县区级的政府公务员，并未涉及省、市级的政府管理者样本。本研究的结论是否能在更高层次的评估对象中推广有待验证。同时，本研究对一级政府党政核心领导者的问卷调查和访谈调研还不够全面深入。在行政管理权力相对集中的体制下，绩效评估作为一把手工程，政府部门的领导对于绩效信息的使用有着关键作用。政府领导的因素对绩效信息使用的影响在本研究已有的调研基础上尚不能完全阐明。本研究的另一个缺陷是样本数据中包括了大量一般工作人员，其占到了总体样本数据的一半左右。尽管本研究在理论假设、问卷题目设计过程中考虑到了这一因素，并尝试设计通用的绩效信息使用模型和测量条目以适用于不同的岗位，但是一般工作人员对于一些绩效信息使用方式不一定有使用权力。和部门领导者相比，越往组织下级，一般工作人员的管理决策权力就越小，其对绩效信息使用的自由裁量权也越小。未来的研究可以选取更加精准的样本，并设计更加有针对性的测量条目对本研究的假设进行交叉验证。本研究在实证分析中将职位因素作为控制变量，以此弥补这一研究缺陷。稳健起见，本研究分别采用部门领导者样本（$n = 194$）和一般工作人员样本（$n = 256$）来逐一运行前文的三个结构方程模型，实证分析发现模型拟合情况、变量系数及显著性水平基本一样。

第三，在研究变量测量与数据来源上存在一定局限性。由于本研究对调查对象同时收集了自我报告的信任态度调查和绩效信息使用程度调查数据，自变量和因变量具有相同的数据来源，本研究有存在共同方法偏差（Common Method Bias）的可能性。自我报告的问卷调查是研究评估个体感觉、工作满意度、个体观点以及其他私人事务的最好方法。[①] 当对于自变量和因变量我们都同时采取调查对象的自我报告的测量方法时最有可能产生共同方法偏差。[②] 尽管自我报告的数据很适合测量个体态度，而对于绩效信息使用来说如果能采取其他途径进行测量则会更好。在问卷设计与问卷调查过程中，研究者将组织信任的测量量表与绩效信息使用量表分开设计，并设置了不同的问卷填写说明与导语，以增强两者之间的独立性。为了保

---

① Chan, D., "So Why Ask me? Are Self-Report Data Really that Bad," *Statistical and Methodological Myths and Urban Legends: Doctrine, Verity and Fable in the Organizational and Social Sciences* (2009): 309 – 336.

② Chang, S. J., A. V. Witteloostuijn, and L. Eden., "From the Editors: Common Method Variance in International Business Research," *Journal of International Business Studies* 41 (2010): 178 – 184.

证结论的稳健性，本研究采用了流行的 Harman 单一因子检验法（Harman's Single-factor Test）对潜在的共同方法偏差问题进行检查。[1] 当使用验证性因子分析并让所有的绩效信息使用和可信任度测量条目载荷在同一个因子上时，本研究发现单因子模型的拟合指标非常不理想。这一检验结果以及本研究前述的效度检验表明本研究中的共同方法偏差问题并不严重。共同方法偏差检验，以及本研究前文的建构检验都表明共同方法偏差问题在本研究中并不明显。尽管自我报告被认为是评价个体态度的最好途径，但是对于本研究的因变量绩效信息使用也可以采用其他途径收集数据，例如采取实地观察与访谈法，以及文献资料法等。

第四，绩效信息使用影响因素的理论视角选择与变量选取具有局限性。绩效信息使用是一个复杂的公共管理行为和绩效管理活动。尽管本研究构建了绩效信息供给 – 使用的分析框架，并据此论证了组织信任态度对评估对象显性的正向影响，但仍有诸多环境因素、组织因素、个体因素尚未完全控制和解释。如文献综述所示，国外学者针对绩效信息使用影响因素从环境、组织以及管理者个体因素等不同层面提出和验证了诸多影响变量，这些影响变量在我国政府绩效评估实践的背景与体制下对绩效信息使用有何影响尚未进行本土验证。

三 研究倡议

本研究的潜在的不足以及结论，为政府绩效管理和政府绩效信息使用的未来研究提供了如下研究方向建议。

第一，从不同学科视角和理论视角继续深入探讨政府绩效评估多元主体之间的互动关系，深入挖掘绩效信息使用的影响因子，探寻绩效信息使

---

[1] Jakobsen, M. ,Jensen, R. ,"Common Method Bias in Public Management Studies," *International Public Management Journal* 1 （2015）: 3 – 30; Podsakoff, P. M. , MacKenzie, S. B. , Lee, J. Y. ,et al. ,"Common Method Biases in Behavioral Research: a Critical Review of the Literature and Recommended Remedies," *Journal of Applied Psychology* 5 （2003）: 879.

用的促进机制。首先，可以从其他学科视角开展政府绩效信息使用的研究。本研究主要是基于管理学、组织学和公共行政学相结合的学科背景，适当使用了部分经济学的知识开展研究。未来的研究可以考虑从经济学的角度特别是从信息经济学、制度经济学的角度来研究政府绩效信息使用问题，多元的政府绩效治理主体之间的委托代理关系非常适合用经济学的理论和知识来分析，为促进政府绩效信息使用提供新的解决思路。其次，可以从不同的理论视角来研究政府绩效信息使用的影响因素和促进机制。本研究主要是从治理和合作视角，从促进多元治理主体合作的思路来研究绩效信息使用的促进机制。诚如本研究发现，政府绩效管理的实践离合作治理的标准和愿景还有较大的距离，政府绩效评估多元治理主体间的平等合作伙伴关系尚未建立起来。为此，传统公共行政学和新公共管理的相关理论也有可能为解释绩效信息使用的影响因素提供思路，例如官僚制理论、锦标赛理论等。最后，可以继续围绕本研究的相关理论进一步拓展相关研究。态度是解释管理者绩效信息使用影响机理的较好理论视角。积极的态度促进人们的目的性行为而消极的态度阻碍人们的行动，这是相关理论研究和人类社会生活经验的共识。然而，态度主体、对象、程度是随情景而不断变化的，需要在具体主题领域进行具体分析。本研究所采用的信任这一积极态度视角，仅仅是态度理论体系的一个分支，组织行为学、社会心理学中其他的态度理论都可以用来剖析特定绩效信息使用主体的态度类型、内容、对象以及积极态度形成的原因，可以通过采纳系统化和结构化的相关态度理论，进一步深入剖析绩效信息使用行为的影响机理。

第二，拓展政府绩效信息使用的研究主题。政府绩效评估系统较为复杂，有着多个环节和多个行动主体；政府管理者使用绩效信息也是一个复杂的公共管理决策行为，有着多元的使用主体、使用方式及影响因素。本研究为了研究聚焦，主要关注了评估对象和组织主体的绩效信息使用行为。未来的研究可以进一步关注细化的绩效信息使用主体及其具体的绩效信息使用方式、现状和影响因素。具体来说，可以关注如下组织或群体的绩效信息使用问题：①研究政府绩效管理中领导机构的绩效信息使用及其影响因素，特别是关注绩效领导者的绩效管理决策、绩效激励决策等绩效信息使用行为及其影响机理；②关注政府绩效管理组织主体中组织机构的绩效信息行为，关注其绩效信息的生产方式、生产质量以及在监控评估对象过程中的绩效信息使用；③关注作为评估对象的下级整体政府是如何使用来自上级的绩效管理信息的，又受哪些因素影响；④人大和政协是我国政府重要的外部利益相关主体，对政府具有监督功能，政府部门的绩效信息是否向这些机构汇报，以及这些机构是否在对政府监督中使用了政府绩效信息值得研究和考察；⑤关注社会公众，包括公民个体和公民组织，其对辖区政府绩效信息的感知情况，以及潜在的使用机会和使用方式以及影响因素。政府绩效评估利益相关主体与潜在绩效信息使用者如图7-2所示。

图7-2　政府绩效评估利益相关主体与潜在绩效信息使用者

第三，创新政府绩效信息使用的研究方法，采用多样性的研究方法论证研究问题。采取定量研究来分析绩效信息使用的相关问题和主题，应进一步扩大调查的省域、市域或县域范围和案例来源，增加对高级别政府管理者的调查；采用案例研究来分析绩效信息使用，如采用多案例研究，可以进一步增加案例的多样性和案例数量；采用单一案例研究，应增强单一案例的研究深度。未来研究可以考虑在调查对象方面进一步增强针对性，对其绩效信息使用方式的测量也更有针对性，更加具体化。特别是在采取案例研究等定性研究方法时，应增加对访谈法及访谈资料的挖掘和利用，可以尝试采用扎根理论等方法对访谈文本进行系统分析，建构本土的政府绩效管理和绩效信息使用的扎根理论。

第四，完善政府绩效合作生产与合作治理的理论框架，深化政府绩效相关问题合作解决的应用研究。本研究建构的政府绩效信息供给与使用框架可以用于分析其他政府绩效评估相关问题，也可以进一步检验和验证理论框架本身。走向合作、治理和善治是公共管理和政府绩效管理的目标，政府绩效合作治理是实现途径。本研究表明实践中政府绩效管理相关主体间的权责关系不对称、平等自主的合作关系尚未形成。未来的研究可以关注如何建立政府绩效治理多元主体间的平等合作关系，并引领政府内部和政府外部的科层管理向合作共治转型，进一步完善政府绩效合作治理的主体，识别影响政府绩效管理的利益相关主体之间平等合作关系的关键变量，进而不断改善主体间的信任关系与合作效果，实现政府绩效善治。

第五，本研究呼吁未来的研究继续在绩效信息供给、使用相分离的背景下跟进探讨绩效信息使用的影响因素。在此框架下可以分析和验证一系列的有趣研究问题：一方面，可以关注绩效评估组织机构对评估对象的组织信任状况，及其对两者绩效信息使用行为的影响；另一方面，可以在此框架下，选择不同的态度对象和态度理论，进一步分析和展现使用者的态度形成机制，以及使用者对绩效信息使用行为的影响过程，例如，可以分析绩效信息使用者对绩效信息的态度形成及其影响机制。

第六，关注政府系统外部的绩效信息使用主体、使用方式与影响因素，研究公众的绩效信息使用行为。除了关注政府内部的绩效信息使用主体，还应关注政府外部的潜在绩效信息接收者和使用者，例如社会公众。不论是在西方国家还是在我国，公众直接使用绩效信息的渠道和机会相对较少，已有研究也并未将公众的绩效信息使用行为作为重点，这是理论研究和实践应改进之处。本研究认为，公众也是政府绩效信息的潜在使用者，而且政府的绩效信息使用行为归根到底应该面向社会公众。政府绩效信息系统应考虑到社会公众的信息使用角色和权利，并据此研究公众对政府绩效信息的使用价值、使用方式、使用现状、影响因素和提升机制等重大问题。

参考文献

一　英文文献

Albrecht, S. L. ,"Perceptions of Integrity, Competence and Trust in Senior Management as Determinants of Cynicism toward Change," *Public Administration & Management: an Interactive Journal* 2 (2002).

Ammons, D. N. ,Rivenbark, W. C. ,"Factors Influencing the Use of Performance Data to Improve Municipal Services: Evidence from the North Carolina Benchmarking Project," *Public Administration Review* 2 (2008).

Anderson, J. C. ,Gerbing, D. W. ,"Structural Equation Modeling in Practice: A Review and Recommended Two-step Approach," *Psychological Bulletin* 3 (1988).

Ansell, C. , Gash, A. , "Collaborative Governance in Theory and Practice," *Journal of Public Administration Research and Theory* 4 (2008).

Asparouhov, T. ,"Sampling Weights in Latent Variable Modeling," *Structural Equation Modeling* 3 (2005).

Askim, J. ,Johnsen, A. ,Christophersen, K. A. , "Factors Behind Organizational Learning from Benchmarking: Experiences from Norwegian Municipal Benchmarking Networks," *Journal of Public Administration Research and Theory* 2

（2008）.

Askim, J. ,"How do Politicians Use Performance Information? An Analysis of the Norwegian Local Government Experience," *International Review of Administrative Sciences* 3 （2007）.

Askim, J. , "The Demand Side of Performance Measurement: Explaining Councillors' Utilization of Performance Information in Policymaking," *International Public Management Journal* 1 （2009）.

Bannister, B. D. ,"Performance Outcome Feedback and Attributional Feedback: Interactive Effects on Recipient Responses," *Journal of Applied Psychology* 2 （1986）.

Behn, R. D. ,Rethinking Democratic Accountability （Washionton, D. C. : Brookings Institution Press, 2004）.

Behn, R. D. ,"Why Measure Performance? Different Purposes Require Different Measures," *Public Administration Review* 5 （2003）.

Berends, H. ,Boersma, K. ,Weggeman, M. ,"The Structuration of Organizational Learning," *Human Relations* 9 （2003）.

Berman, E. ,Wang, X. H. , "Performance Measurement in U. S. Counties: Capacity for Reform," *Public Administration Review* 5 （2000）.

Blatter, J. ,Blume, T. ,"In Search of Co-variance, Causal Mechanisms or Congruence? Towards a Plural Understanding of Case Studies," *Swiss Political Science Review* 2 （2008）.

Blatter, J. , Haverland, M. ,*Designing Case Studies: Explanatory Approaches in Small-N Research* （Palgrave Macmillan, 2012）.

Bentler, P. M. ,Kano, Y. ,"On the Equivalence of Factors and Components," *Multivariate Behavioral Research* 1 （1990）.

Bosin, M. ,"Making Performance Information More Useful," *Public Manager* 2 （2012）.

Day, P. , Klein, R. , *Accountabilities: Five Public Services* (Taylor & Francis, 1987).

De Bruijn, H. ,*Managing Performance in the Public Sector* (Routledge, 2007).

De Lancer Julnes, P. , & Holzer, M. , "Promoting the Utilization of Performance Measures in Public Organizations: An Empirical Study of Factors Affecting Adoption and Implementation," *Public Administration Review* 6 (2001).

Dirks, K. T. ,Ferrin, D. L. , "The Role of Trust in Organizational Settings," *Organization Science* 4 (2001).

Doney, P. M. ,Cannon, J. P. , "An Examination of the Nature of Trust in Buyer-Seller Relationships," *The Journal of Marketing* (1997).

Dubnick, M. , "Accountability and the Promise of Performance: In Search of the Mechanisms," *Public Performance & Management Review* 3 (2005).

Dull, M. , "Results-Model Reform Leadership: Questions of Credible Commitment," *Journal of Public Administration Research and Theory* 2 (2009).

Dyer, J. H. , Chu, W. , "The Role of Trustworthiness in Reducing Transaction Costs and Improving Performance: Empirical Evidence from the United States, Japan, and Korea," *Organization Science* 1 (2003).

Dyer, J. H. ,Chu, W. , "The Determinants of Trust in Supplier-automaker Relationships in the US, Japan and Korea," *Journal of International Business Studies* 2 (2000).

Eisenberger, R. , Aselage, J. , "Incremental Effects of Reward on Experienced Performance Pressure: Positive Outcomes for Intrinsic Interest and Creativity," *Journal of Organizational Behavior* 1 (2009).

Emerson, K. ,Nabatchi, T. ,Balogh, S. , "An integrative Framework for Collaborative Governance," *Journal of Public Administration Research and Theory* 1 (2012).

Fabrigar, L. R. ,Wegener, D. T. ,MacCallum, R. C. ,& Strahan, E. J. , "Evaluating the Use of Exploratory Factor Analysis in Psychological Research," *Psy-

chological Methods 3（1999）.

Field, A. ,*Discovering Statistics Using SPSS*（Sage Publications, 2009）.

Folz, D. H. ,Abdelrazek R. ,Chung Y. ,"The Adoption, Use, and Impacts of Performance Measures in Medium-Size Cities: Progress toward Performance Management," *Public Performance & Management Review* 1（2009）.

Fudge, M. An Examination of the Factors that Influence Municipalities to Report Performance Measures Online, Dissertations & Theses-Gradworks, 2011.

Gao, J. ,"Governing by Goals and Numbers: a Case Study in the Use of Performance Measurement to Build State Capacity in China," *Public Administration & Development* 1（2009）.

Gefen, D. ,Straub, D. ,Boudreau M. C. ,"Structural Equation Modeling and Regression: Guidelines for Research Practice," *Communications of the Association for Information Systems* 1（2000）.

Ganesan, S. , "Determinants of Long-term Orientation in Buyer-seller Relationships," *Journal of Marketing* 2（1994）.

Ganesan, S. ,Hess, R. ,"Dimensions and Levels of Trust: Implications for Commitment to a Relationship," *Marketing Letters* 4（1997）.

Giffin, K. ,"The Contribution of Studies of Source Credibility to a Theory of Interpersonal Trust in the Communication Process," *Psychological Bulletin* 2（1967）.

Grimmelikhuijsen, S. G. ,Transparency and Trust. An Experimental Study of Online Disclosure and Trust in Government, Utrect Universtiy, 2012.

Jakobsen, M. ,Jensen, R. ,"Common Method Bias in Public Management Studies," *International Public Management Journal* 1（2014）.

Gupta, S. ,Vajic, M. ,"The Contextual and Dialectical Nature of Experiences," *New Service Development: Creating Memorable Experiences*（2000）.

Haig, B. D. , "Exploratory Factor Analysis, Theory Generation, and Scientific Method," *Multivariate Behavioral Research* 3（2005）.

Hair, J. F. ,Black, W. C. ,Babin, B. J. ,et al. ,*Multivariate Data Analysis* (Upper Saddle River, NJ: Pearson Prentice Hall, 2006).

Hammerschmid, G. ,Van de Walle, S. ,Stimac, V. ,"Internal and External Use of Performance Information in Public Organizations: Results from an International Survey," *Public Money & Management* 4 (2013).

Hardin, R. ,*Trust and Trustworthiness* (Russell Sage Foundation, 2002).

Harrington, D. ,*Confirmatory Factor Analysis* (Oxford University Press, 2009).

Hatry, H. ,"Epilogue: The Many Faces of Use," in Van Dooren, Wouter, and Steven Van de Walle, eds. ,*Performance Information in the Public Sector: How it is Used* (Basingstoke: Palgrave Macmillan, 2008).

Hatry, H. P. , *Performance Measurement: Getting Results* (Washington, D. C. : The Urban Institute Press, 2006).

Heald, David, "Varieties of Transparency," in C. Hood and D. A. Heald, eds. , *Transparency: The Key to Better Governance?* (Oxford: Oxford University Press, 2006).

Hertzum, M. , Andersen, H. H-K. , Andersen, V. , "Trust in Information Sources: Seeking Information from People, Documents, and Virtual Agents," *Interacting with Computers* 5 (2002).

Ho, A. T-K. ,"Accounting for the Value of Performance Measurement from the Perspective of Midwestern Mayors," *Journal of Public Administration Research and Theory* 2 (2006).

Ho, A. T-K. ,*Reporting Public Performance Information: The Promise and Challenges of Citizen Involvement Performance Information in the Public Sector* (Palgrave Macmillan UK, 2008).

Hosmer, L. T. ,"Trust: The Connecting Link between Organizational Theory and Philosophical Ethics," *Academy of Management Review* 2 (1995) .

Hood, C. , "A Public Management for All Seasons?" *Public Administration* 1

（1991）.

Hovland, C. I. , "Changes in Attitude through Communication," *Journal of Abnormal Psychology* 3 （1951）.

Hu, L. , Bentler, P. M. , "Cutoff Criteria for Fit Indexes in Covariance Structure Analysis: Conventional Criteria versus New Alternatives," *Structural Equation Modeling: a Multidisciplinary Journal* 1 （1991）.

Hu, L. T. , Bentler, P. M. , Hoyle, R. H. , "Structural Equation Modeling: Concepts, Issues, and Applications," *Evaluating Model Fit* （1995）.

Hughes, O. , *Does Governance Exist? In The New Public Governance: Emerging Perspectives on the Theory and Practice of Public Governance* （*Routledge*, 2010）.

Hyndman, N. S. , Anderson, R. , "The Use of Performance Information in External Reporting: an Empirical Study of UK Executive Agencies," *Financial Accountability & Management* 1 （1995）.

Jakobsen, M. , Jensen, R. , "Common Method Bias in Public Management Studies," *International Public Management Journal* 1 （2015）.

James, O. , "Performance Measures and Democracy: Information Effects on Citizens in Field and Laboratory Experiments," *Journal of Public Administration Research and Theory* 21 （2010）.

Jansen, E. P. , "New Public Management: Perspectives on Performance and the Use of Performance Information," *Financial Accountability & Management* 2 （2008）.

Johansson, T. , Siverbo, S. , "Explaining the Utilization of Relative Performance Evaluation In Local Government: A Multi-Theoretical Study Using Data From Sweden," *Financial Accountability & Management* 2 （2009）.

Johnston, E. W. , Hicks, D. , Nan N. , et al. , "Managing the Inclusion Process in Collaborative Governance," *Journal of Public Administration Research and Theory* 4 （2011）.

Julnes, P. L. , Holzer, M. , "Promoting the Utilization of Performance Measures in

Public Organizations: An Empirical Study of Factors Affecting Adoption and Implementation," *Public Administration Review* 6 (2001).

Kelton, K. , Fleischmann, K. R. , Wallace, W. A. , "Trust in Digital Information," *Journal of the American Society for Information Science and Technology* 3 (2008).

Kjaer, A. M. ,*Governance* (Cambridge, Polity, 2004).

Klijn, E. H. , Koppenjan, J. , "Governance Network Theory: Past, Present and Future," *Policy & Politics* 4 (2012).

Kline, R. B. ,*Principles and Practice of Structural Equation Modeling* (London: Guilford Press, 2011).

Koppell, J. G. S. ,Pathologies of Accountability: ICANN and the Challenge of "Multiple Accountabilities Disorder," *Public Administration Review* 1 (2005).

Kramer, R. M. ,Isen, A. M. , "Trust and Distrust: Its Psychological and Social Dimensions," *Motivation and Emotion* 2 (1994).

Kramer, R. M. , "Divergent Realities and Convergent Disappointments in the Hierarchic Relation," *Trust in Organizations: Frontiers of Theory and Research* (1996).

Kroll, A. , Vogel, D. , "The PSM-Leadership Fit: A Model of Performance Information Use," *Public Administration* 4 (2014).

Kroll, A. ,Why Public Managers Use Performance Information, University of Potsdam, 2012.

Kroll, A. , "Drivers of Performance Information Use: Systematic Literature Review and Directions for Future Research," *Public Performance & Management Review* 3 (2015).

Kroll, A. ,& Vogel, D. , "The PSM-Leadership Fit: A Model of Performance Information Use," *Public Administration* 4 (2014).

Kroll, A. , "The Other Type of Performance Information: Nonroutine Feedback, its Relevance and Use," *Public Administration Review* 2 （2013）.

Kumar, N. ,Scheer, L. K. ,"The Effects of Perceived Interdependence on Dealer Attitudes," *Journal of Marketing Research* 3 （1995）.

Laegreid, P. ,Roness, P. G. and Rubecksen, K. , "Performance Management in Practice: The Norwegian Way," *Financial Accountability and Management* 3 （2006）.

Lance Frazier, M. , Johnson, P. D. , Gavin, M. , et al. , "Organizational Justice, Trustworthiness, and Trust: A Multifoci Examination," *Group & Organization Management* 1 （2010）.

Landuyt, N. , Moynihan, D. P. , "How do Public Organizations Learn? Bridging Structural and Cultural Divides," *Public Administration Review* 6 （2009）.

Li-tze Hu, Peter, M. Bentler, "Cutoff Criteria for Fit Indexes in Covariance Structure Anaysis: Conventional Criteria Versus New Alternatives," *Structural Equation Modeling A Multidisciplinary Journal* 1 （1999）.

Liu, X. , Dooren, W. V. , "Use of Performance Information as an Organizational Routine in Management Control," *Performance Improvement* 10 （2013）.

Locke, E. A. ,Latham, G. P. ,"Building a Practically Useful Theory of Goal Setting and Task Motivation: A 35-Year Odyssey," *American Psychologist* 9 （2002）.

Luhmann, N. ,"Familiarity, Confidence, Trust: Problems and Alternatives," in Gambetta, D. edited *Trust: Making and Breaking Cooperative Relationships* （New York: Basil Blackwell, 1988）.

Malka, A. ,Krosnick, J. A. , Langer, G. , "The Association of Knowledge with Concern about Global Warming: Trusted Information Sources Shape Public Thinking," *Risk Analysis* 5 （2009）.

Mayer, R. C. ,Davis, J. H. ,Schoorman, F. D. , "An Integrative Model of Organizational Trust," *Academy of Management Review* 3 （1995）.

Mayer, R. C. , Davis, J. H. , "The Effect of Performance Appraisal System on

Trust for Management: A Field Quasi-Experiment," *Journal of Applied Psychology* 1 (1999).

McEvily, B. ,Tortoriello, M. , "Measuring Trust in Organisational Research: Review and Recommendations," *Journal of Trust Research* 1 (2011).

Meijer, A. , "Understanding the Complex Dynamics of Transparency," *Public Administration Review* 3 (2013).

Meijer, A. J. , "Publishing Public Performance Results on the Internet: Do Stakeholders Use the Internet to Hold Dutch Public Service Organizations to Account?" *Government Information Quarterly* 1 (2007).

Melkers, J. ,Willoughby, K. , "Models of Performance-Measurement Use in Local Governments: Understanding Budgeting, Communication, and Lasting Effects," *Public Administration Review* (2005).

Mimba, N. P. S. H. ,Helden, G. J. ,Tillema, S. , "The Design and Use of Performance Information in Indonesian Local Governments under Diverging Stakeholder Pressures," *Public Administration and Development* 1 (2013).

Mishra, A. K. , "Organizational Responses to Crisis," *Trust in Organizations. Frontiers of Theory and Research* (1996).

Moynihan, D. P. ,Hawes, D. P. , "Responsiveness to Reform Values: The Influence of the Environment on Performance Information Use," *Public Administration Reviews* 1 (2012).

Moynihan, D. P. ,Ingraham, P. W. , "Integrative Leadership in the Public Sector A Model of Performance-Information Use," *Administration & Society* 4 (2004).

Moynihan, D. P. , Lavertu, S. , "Does Involvement in Performance Management Routines Encourage Performance Information Use? Evaluating GPRA and PART," *Public Administration Review* 4 (2012).

Moynihan, D. P. ,Pandey, S. K. ,Wright B. E. , "Prosocial Values and Performance Management Theory: Linking Perceived Social Impact and Performance

Information Use," *Governance* 3 （2012）.

Moynihan, D. P. , Pandey, S. K. , "The Big Question for Performance Manage-
ment: Why do Managers Use Performance Information?" *Journal of Public
Administration Research and Theory* 4 （2010）.

Moynihan, D. P. , Pandey, S. K. , Wright B. E. , "Setting the Table: How Trans-
formational Leadership Fosters Performance Information Use," *Journal of
Public Administration Research and Theory* 1 （2012）.

Moynihan, D. P. , "Goal-Based Learning and the Future of Performance Manage-
ment," Public Administration Review 2 （2005）.

Moynihan, D. P. , "The Big Question for Performance Management: Why do Man-
agers Use Performance Information?" *Journal of Public Administration Re-
search & Theory* 4 （2010）.

Moynihan, D. P. , "What do we Talk about When we Talk about Performance? Dia-
logue Theory and Performance Budgeting," *Journal of Public Administration
Research and Theory* 2 （2006）: 151 – 168.

Moynihan, D. P. , & Hawes, D. P. , "Responsiveness to Reform Values: The In-
fluence of the Environment on Performance Information Use," *Public Admin-
istration Review* S1 （2012）.

Moynihan, D. P. , & Landuyt, N. , "How do Public Organizations Learn? Bridging
Cultural and Structural Perspectives," *Public Administration Review* 6 （2009）.

Muthén, L. K. , Muthén, B. O. , *Mplus User's Guide: Statistical Analysis with La-
tent Variables: User'ss Guide* （Muthén & Muthén, 2010）.

Mwita, John Isaac, "Performance Management Model: A Systems-based Approach
to Public Service Quality," *The International Journal of Public Sector Manage-
ment* 1 （2000）.

Nicolaou, A. I. , Mcknight, D. H. , "Perceived Information Quality in Data Exchan-
ges: Effects on Risk, Trust, and Intention to Use," *Information Systems Re-*

search 4 (2006).

Nielsen, P. A. , Baekgaard, M. , "Performance Information, Blame Avoidance, and Politicians' Attitudes to Spending and Reform: Evidence from an Experiment," *Journal of Public Administration Research and Theory* 2 (2015) .

Osborne, S. P. , "The New Public Governance?" *Public Management Review* 3 (2006).

Osborne, S. , *The (New) Public Governance: a Suitable Case for Treatment. In The New Public Governance: Emerging Perspectives on the Theory and Practice of Public Governance* (Routledge, 2010).

Özer Ö, Zheng, Y. , Chen, K. Y. , "Trust in Forecast Information Sharing," *Management Science* 6 (2011).

Piotrowski, S. J. , Van Ryzin, G. G. , "Citizen Attitudes toward Transparency in Local Government," *The American Review of Public Administration* 3 (2007).

Pirson, M. , Malhotra, D. , "Foundations of Organizational Trust: What Matters to Different Stakeholders?" *Organization Science* 4 (2011).

Podsakoff, P. M. , MacKenzie, S. B. , Lee, J. Y. , et al. , "Common Method Biases in Behavioral Research: a Critical Review of the Literature and Recommended Remedies," *Journal of Applied Psychology* 5 (2003).

Pollitt, C. , Harrison, S. , Dowswell, G. , et al. , "Performance Regimes in Health Care: Institutions, Critical Junctures and the Logic of Escalation in England and the Netherlands," *Evaluation* 1 (2010).

Pollitt, C. , "Integrating Financial Management and Performance Management," *OECD Journal on Budgeting* 2 (2001).

Pollitt, C. "Performance Information for Democracy the Missing Link?" *Evaluation* 1 (2006).

Pornpitakpan, C. , "The Persuasiveness of Source Credibility: A Critical Review of Five Decades' Evidence," *Journal of Applied Social Psychology* 2 (2004).

Pirson, M. ,Malhotra, D. ,"Foundations of Organizational Trust: What Matters to Different Stakeholders?" *Organization Science* 4（2011）.

Raudla, R. ,"The Use of Performance Information In Budgetary Decision-Making By Legislators: Is Estonia Any Different? " *Public Administration* 4（2012）.

Rhodes, R. A. W. , "The New Governance: Governing Without Government1," *Political Studies* 4（1996）.

Rhodes, R. A. W. , "Understanding Governance: Ten Years on," *Organization studies* 8（2007）.

Rich, R. F. ,Oh, C. H. ,"Rationality and Use of Information in Policy Decisions a Search for Alternatives," *Science Communication* 2（2000）.

Rime, B. , "Capital Requirements and Bank Behaviour: Empirical Evidence for Switzerland," *Journal of Banking & Finance* 4（2001）.

Rousseau, D. M. ,Sitkin, S. B. ,Burt, R. S. ,et al. ,"Not So Different After All: A Cross-Discipline View of Trust," *Academy of Management Review* 3（1998）.

Russ-Eft, D. ,& Preskill, H. ,*Evaluation in Organizations a Systematic Approach: A Systematic Approach to Enhancing learning, Performance, and Change* （New York: Basic Books, 2009）.

Russell, D. W. ,"In Search of Underlying Dimensions: The Use（and Abuse）of Factor Analysis in Personality and Social Psychology Bulletin," *Personality and Social Psychology Bulletin* 12（2002）.

Saliterer, I. ,Korac, S. ,"Performance Information Use by Politicians and Public Managers for Internal Control and External Accountability Purposes," *Critical Perspectives on Accounting* 7（2013）.

Sako, M. ,Helper, S. , "Determinants of Trust in Supplier Relations: Evidence from the Automotive Industry in Japan and the United States," *Journal of Economic Behavior & Organization* 3（1998）.

Schmitt, T. A. , "Current Methodological Considerations in Exploratory and Confirmatory Factor Analysis," *Journal of Psychoeducational Assessment* 4 (2001).

Schoorman, F. D. ,Mayer, R. C. ,Davis, J. H. , "An Integrative Model of Organizational Trust: Past, Present, and Future," *Academy of Management Review* 2 (2007).

Seppänen, R. , Blomqvist, K. , Sundqvist, S. , "Measuring Inter-Organizational Trust—a Critical Review of the Empirical Research in 1990 – 2003 ," *Industrial Marketing Management* 2 (2007).

Simon, H. ,The New Science of Management Decision (New York: Harper&Row, 1960).

Sydow, J. , Windeler, A. , Sydow, J. , et al. , "Knowledge, Trust, and Control: Managing Tensions and Contradictions in a Regional Network of Service Firms," *International Studies of Management & Organization* 2 (2003).

Taylor, J. , "Strengthening the Link between Performance Measurement and Decision Making," *Public Administration* 4 (2009).

Taylor, J. , "Factors Influencing the Use of Performance Information for Decision Making in Australian State Agencies," *Public Administration* 4 (2001).

Ter Bogt, H. J. , "Politicians in Search of Performance Information? Survey Research on Dutch Aldermen's Use of Performance Information," *Financial Accountability & Management* 3 (2004).

Tucker, L. R. , Lewis, C. , "A Reliability Coefficient for Maximum Likelihood Factor Analysis," *Psychometrika* 1 (1973).

Tuomii. , "Data is More Than Knowledge: Implications of the Reversed Knowledge Hierarchy for Knowledge Management and Organizational Memory," *Journal of Management Information Systems* 3 (1999).

Van Dooren, W. Performance Measurement in the Flemish Public Sector: a Supply and Demand Approach (University of Bergen, 2006).

Van Dooren，W.，"Supply and Demand of Policy Indicators，" *Public Management Review* 4（2004）.

Van Dooren，W.，&Van de Walle，S.，*Performance Information in the Public Sector：How It Is Used*（Basingstoke：Palgrave Macmillan，2008）.

Van Dooren，W.，Bouckaert，G.，& Halligan，J.，*Performance Management in the Public Sector*（Abingdon：Routledge，2010）.

Van Dooren，W.，and Van de Walle，S.，" Performance Information in the Public Sector：How it is Used，" *Basingstoke：Palgrave Macmillan* 2（2008）.

Vangen，S.，Huxham，C.，"Nurturing Collaborative Relations Building Trust in Interorganizational Collaboration，" *The Journal of Applied Behavioral Science* 1（2003）.

Vlaar，P. W. L.，Van den Bosch，F. A. J.，Volberda，H. W.，"On the Evolution of Trust，Distrust，and Formal Coordination and Control in Interorganizational Relationships toward an Integrative Framework，" *Group & Organization Management* 4（2007）.

Wachbroit，R.，"Reliance and Reliability：The Problem of Information on the Internet，" *Philosophy & Public Policy Quarterly* 4（2000）.

Wang，J.，Wang，X.，*Structural Equation Modeling：Applications Using Mplus*（John Wiley & Sons，2012）.

Weber，E. P.，Khademian，A. M.，"Wicked Problems，Knowledge Challenges，and Collaborative Capacity Builders in Network Settings，" *Public Administration Review* 2（2008）.

Whitener，E. M.，"The Impact of Human Resource Activities on Employee Trust，" Human *Resource Management Review* 4（1998）.

Wholey，J. S.，" Performance-based Management：Responding to the Challenges，" *Public Productivity & Management Review* 3（1999）.

Wiesel，F.，Modell，S.，"From New Public Management to New Public Governance? Hybridization and Implications for Public Sector Consumerism," *Financial Accountability & Management* 2 (2014).

Yang, K., Hsieh, J. Y., "Managerial Effectiveness of Government Performance Measurement: Testing a Middle-Range Model," *Public Administration Review* 5 (2007).

Yuan, K. H., Bentler, P. M., "On Robusiness of the Normal-theory Based Asymptotic Distributions of Three Reliability Coefficient Estimates," *Psychometrika* 27 (2002).

Zaheer, A., McEvily, B., Perrone, V., "Does Trust Matter? Exploring the Effects of Interorganizational and Interpersonal Trust on Performance," *Organization Science* 2 (1998).

二 中文文献

(一) 著作

〔澳〕凯思·麦基:《建设更好的政府:建立监控与评估系统》,丁煌译,中国人民大学出版社,2009。

〔澳〕欧文·休斯:《公共管理导论》,张成福等译,中国人民大学出版社,2007。

〔德〕卢曼:《信任:一个社会复杂性的简化机制》,瞿铁鹏、李强译,上海人民出版社,2005。

〔德〕阿特斯兰德:《经验性社会研究方法》,李路路译,中央文献出版社,1995。

〔德〕哈贝马斯:《交往与社会进化》,张博树译,重庆出版社,1989。

〔美〕埃莉诺·奥斯特罗姆:《公共事物的治理之道》,余逊达译,上海译文出版社,2012。

〔美〕肯尼斯·C. 劳顿、简·P. 劳顿:《管理信息系统》,薛华成译,机械工业出版社,2011。

〔美〕罗伯特·阿格拉诺夫、迈克尔·麦圭尔：《协作性公共管理：地方政府新战略》，北京大学出版社，2007。

〔美〕罗德里克·克雷默、汤姆·泰勒：《组织中的信任》，管兵、刘穗琴等译，中国城市出版社，2003。

〔美〕乔恩·埃尔斯特：《心灵炼金术：理性与情感》，郭忠华、潘华凌译，中国人民大学出版社，2009。

〔美〕乔治·费雷德里克森：《公共行政的精神》，中国人民大学出版社，2003。

〔美〕斯蒂芬·戈德史密斯、威廉·埃格斯：《网络化治理：公共部门的新形态》，孙迎春等译，北京大学出版社，2008。

〔美〕斯蒂芬·P·罗宾斯、玛丽·库尔特：《管理学》，孙健敏译，中国人民大学出版社，2003。

〔美〕西奥多·H·波伊斯特：《公共与非营利组织绩效考评：方法与运用》，肖鸣政译，中国人民大学出版社，2005。

〔美〕尤金·巴达赫：《跨部门合作》，周志忍、张弦译，北京大学出版社，2011。

〔美〕詹姆斯·N·罗西瑙：《没有政府的治理》，张志新等译，江西人民出版社，2001。

〔美〕珍妮特·V.登哈特、罗伯特·B.登哈特：《新公共服务：服务而不是掌舵》，方兴、丁煌译，中国人民大学出版社，2004。

Moynihan，D. P.：《结果管理》，载 The Maxwell School of Citizenship and Public Affairs 编《政府绩效评估之路》，邓淑莲等译，复旦大学出版社，2008。

〔英〕克里斯托夫·鲍利特：《重要的公共管理者》，孙迎春译，北京大学出版社，2011。

包国宪、〔美〕道格拉斯·摩根：《政府绩效管理学：以公共价值为基础的政府绩效治理理论与方法》，高等教育出版社，2015。

鲍静：《政府绩效管理理论与实践》，社会科学文献出版社，2012。

陈国权：《责任政府：从权力本位到责任本位》，浙江大学出版社，2009。

陈汉宣、马骏、包国宪：《中国政府绩效评估30年》，中央编译出版社，2011。

陈天祥：《政府绩效评估与管理》，中山大学出版社，2015。

陈向明：《质的研究方法与社会科学研究》，教育科学出版社，2000。

陈振明：《公共管理学：一种不同于传统行政学的研究途径》，中国人民大学出版社，2005。

陈钊：《信息与激励经济学》，上海人民出版社，2010。

董保民：《信息经济学讲义》，中国人民大学出版社，2005。

段尧清、汪银霞：《政府信息公开机制研究》，高等教育出版社，2014。

傅泽田：《管理信息系统》，清华大学出版社，2009。

范柏乃：《政府绩效管理》，复旦大学出版社，2012。

何文盛：《中国政府绩效评估责任问题研究》，中国社会科学出版社，2013。

侯杰泰、温忠麟、成子娟：《结构方程模型及其应用》，教育科学出版社，2004。

胡宁生：《公共部门绩效评估》，复旦大学出版社，2008。

胡税根：《公共部门绩效管理》，浙江大学出版社，2005。

黄梯云、李一军：《管理信息系统》，高等教育出版社，2009。

黄新华：《公共部门经济学》，福建人民出版社，2003。

蒋劲松：《责任政府新论》，社会科学文献出版社，2005。

敬乂嘉：《合作治理：再造公共服务的逻辑》，天津人民出版社，2009。

孔繁斌：《公共性的再生产：多中心治理的合作机制建构》，江苏人民出版社，2012。

赖茂生、王芳：《信息经济学》，北京大学出版社，2006。

李业昆：《绩效管理系统》，华夏出版社，2011。

陆益龙：《定性社会研究方法》，商务印书馆，2011。

麻宝斌：《公共治理理论与实践》，社会科学文献出版社，2013。

马费成：《信息经济学》，武汉大学出版社，2012。

孟广均等：《信息资源管理导论》，科学出版社，2008。

倪星：《中国地方政府绩效评估创新研究》，人民出版社，2013。

荣敬本等：《从压力型体制向民主合作体制的转变：县乡两级政治体制改革》，中央编译出版社，1998。

孙柏瑛：《当代地方治理——面向 21 世纪的挑战》，中国人民大学出版社，2004。

汪伟全：《地方政府合作》，中央编译出版社，2013。

王爱冬：《政府绩效评估概论》，高等教育出版社，2010。

王济川、王小倩、姜宝法：《结构方程模型：方法与应用》，高等教育出版社，2011。

王孟成：《潜变量建模与 Mplus 应用·基础篇》，重庆大学出版社，2014。

王诗宗：《治理理论及其中国适用性》，浙江大学出版社，2009。

王延飞、秦铁辉：《信息分析与决策》，北京大学出版社，2010。

王义：《困境与变革：政府绩效评估发展论纲》，湖南人民出版社，2007。

王周户：《公众参与的理论与实践》，法律出版社，2011。

邬焜、布伦纳、王哲：《中国的信息哲学研究》，中国社会科学出版社，2012。

吴建南：《公共管理研究方法导论》，科学出版社，2006。

吴明隆：《结构方程模型：AMOS 的操作与应用》，重庆大学出版社，2009。

肖筱南：《现代信息决策方法》，北京大学出版社，2006。

薛华成：《管理信息系统》，清华大学出版社，2013。

杨善林、胡笑旋：《管理信息学》，高等教育出版社，2010。

姚琦、马华维：《社会心理学视角下的当代信任研究》，中国法制出版社，2013。

俞可平：《治理与善治》，社会科学文献出版社，2000。

袁方、王汉生：《社会研究方法教程》，北京大学出版社，1997。

张定安：《基于平衡计分卡的公共部门绩效管理》，中国社会科学出版社，2009。

张康之：《公共管理伦理学》，中国人民大学出版社，2003。

张康之：《合作的社会及其治理》，上海人民出版社，2014。

郑方辉、尚虎平：《中国地方政府绩效评价红皮书》，新华出版社，2011。

郑也夫：《信任——合作关系的建立与破坏》，中国城市出版社，2003。

郑也夫：《信任论》，中国广播电视出版社，2001。

中国社会科学院：《现代汉语词典》，商务印书馆，2006。

周黎安：《转型中的地方政府：官员激励与治理》，格致出版社、上海人民出版社，2008。

周平：《当代中国地方政府》，人民出版社，2008。

朱春奎：《公共部门绩效评估方法与应用》，中国财政经济出版社，2007。

朱星宇、陈勇强：《SPSS多元统计分析方法及应用》，清华大学出版社，2011。

卓越：《公共部门绩效管理》，福建人民出版社，2004。

卓越：《公共部门绩效评估》，中国人民大学出版社，2011。

卓越：《政府绩效管理概论》，清华大学出版社，2007。

邹志仁：《信息学概论》，南京大学出版社，2007。

（二）期刊论文

包国宪：《政府绩效管理专栏导语》，《公共管理学报》2012年第2期。

包国宪、曹惠民、王学军：《地方政府绩效研究视角的转变：从管理到治理》，《东北大学学报》（社会科学版）2012年第5期。

包国宪、曹西安：《论政府绩效管理中的绩效沟通》，《经济体制改革》2007年第1期。

包国宪、曹西安：《我国地方政府绩效评价的回顾与模式分析》，《兰州大学学报》（社会科学版）2007年第1期。

包国宪、董静：《政府绩效评价结果管理问题的几点思考》，《中国行政管理》2006年第8期。

包国宪、王学军：《我国政府绩效治理体系构建及其对策建议》，《行政论坛》2013年第6期。

包国宪、王学军：《以公共价值为基础的政府绩效治理——源起、架构与研究问题》，《公共管理学报》2012年第2期。

包国宪、文宏、王学军：《基于公共价值的政府绩效管理学科体系构建》，

《中国行政管理》2012 年第 5 期。

包国宪、周云飞：《中国政府绩效评价：回顾与展望》，《科学学与科学技术管理》2010 年第 7 期。

薄贵利：《构建服务型政府绩效管理体制》，《中国行政管理》2012 年第 10 期。

薄贵利：《中国行政学：问题、挑战与对策》，《中国行政管理》1998 年第 12 期。

毕瑞峰：《论合作治理与地方政府间的关系重建》，《广东行政学院学报》2010 年第 1 期。

蔡红英：《政府绩效评估与绩效预算》，《中南财经政法大学学报》2007 年第 2 期。

蔡立辉、吴旭红、包国宪：《政府绩效管理理论及其实践研究》，《学术研究》2013 年第 5 期。

蔡立辉：《政府绩效评估：现状与发展前景》，《中山大学学报》（社会科学版）2007 年第 5 期。

蔡立辉：《政府绩效评估的理念与方法分析》，《中国人民大学学报》2002 年第 5 期。

蔡立辉、赵永清：《嵌入性控制：政府绩效管理控制取向实现路径的一种解释——基于 T 局的个案研究》，《学术研究》2016 年第 4 期。

曹科岩、龙君伟、杨玉浩：《组织信任、知识分享与组织绩效关系的实证研究》，《科研管理》2008 年第 5 期。

陈国权、李志伟：《从利益相关者的视角看政府绩效内涵与评估主体选择》，《理论与改革》2005 年第 3 期。

陈辉：《中国公共行政学研究的评估与反思》，《行政论坛》2008 年第 6 期。

陈天祥：《论治理范式转型中的政府绩效评估》，《广东行政学院学报》2007 年第 4 期。

陈天祥：《不仅仅是"评估"：治理范式转型下的政府绩效评估》，《公共管理研究》2008 年。

陈天祥：《基于治理过程变革的政府绩效管理框架——以福建省永定县为例》，《中国人民大学学报》2009 年第 5 期。

陈巍：《以政府绩效评估推进行政责任机制建设的内容与途径》，《湖南社会科学》2012 年第 3 期。

陈小华：《异化与复归：政府绩效评估的反思性研究》，《中共浙江省委党校学报》2012 年第 1 期。

楚德江：《我国地方政府绩效评估的实践：成效、问题与改进》，《中州学刊》2008 年第 3 期。

董静：《绩效信息得到有效使用了吗？——对各国政府绩效管理效果的审视》，《兰州大学学报》（社会科学版）2014 年第 3 期。

杜娟：《我国地方政府绩效评估实践回顾与展望》，《黑龙江社会科学》2009 年第 2 期。

董建新、白锐、梁茂春：《中国行政学方法论分析：2000～2004》，《上海行政学院学报》2005 年第 2 期。

董静：《中国地方政府绩效评估模式研究——基于对 24 个实践案例的分析》，《东北大学学报》（社会科学版）2013 年第 5 期。

董礼胜、刘选会：《政府绩效管理过程反思》，《中国行政管理》2012 年第 12 期。

高小平、盛明科、刘杰：《中国绩效管理的实践与理论》，《中国社会科学》2011 年第 6 期。

耿曙、陈玮：《比较政治的案例研究：反思几项方法论上的迷思》，《社会科学》2013 年第 5 期。

郭小聪、肖生福：《中国行政学学科建设：科学化与中国化》，《中山大学学报》（社会科学版）2007 年第 3 期。

何文盛、廖玲玲、王焱：《中国地方政府绩效评估的可持续性问题研究——基于"甘肃模式"的理论反思》，《公共管理学报》2012 年第 2 期。

何文盛、唐辰龙、郭栋林：《国家治理体系与治理能力现代化背景下政府绩效管理的定位重塑与功能解析》，《兰州大学学报》（社会科学版）2016年第4期。

何艳玲：《问题与方法：近十年来中国行政学研究评估（1995～2005）》，《政治学研究》2007年第1期。

何玉、唐清亮：《公共服务、政府透明度与公众对政府的信任：影响机理与经验证据》，《华东经济管理》2012年第4期。

胡春萍、孟凡蓉、Richard Walker：《中国地方政府绩效评估信息来源的现状——基于德尔菲法的研究》，《情报杂志》2009年第10期。

胡春萍、吴建南、杨宇谦：《地方政府绩效评估信息来源的未来使用趋势——基于德尔菲法的研究》，《行政论坛》2011年第3期。

胡卫卫、施生旭：《我国政府绩效管理研究综述——基于2000—2014年288篇期刊文献》，《天水行政学院学报》2016年第3期。

蒋雪丽、郝英奇：《KPI引导员工积极性的作用机理研究》，《科技管理研究》2011年第11期。

蓝志、胡税根：《中国政府绩效评估：理论与实践》，《政治学研究》2008年第3期。

李建州、范秀成：《三维度服务体验实证研究》，《旅游科学》2006年第2期。

李民、麻三山：《双因素理论在政府部门人力资源激励中的应用》，《河南社会科学》2009年第6期。

李阳：《从绩效评估到绩效管理：地方政府管理的转向》，《江苏行政学院学报》2007年第5期。

刘蕊、刘佳、吴建南：《中国地方政府绩效评估结果使用现状——基于德尔菲法的研究》，《情报杂志》2009年第10期。

刘晓峰、刘祖云：《我国行政学质性和量性研究方法的评价与反思》，《甘肃行政学院学报》2010年第3期。

楼苏萍：《治理理论分析路径的差异与比较》，《中国行政管理》2005年第

4 期。

龙凤钊：《技术理性、政治理性和法律理性：政府绩效管理的理论取向》，《中共天津市委党校学报》2017 年第 1 期。

卢海燕：《我国服务型政府绩效评估的探索——基于 F 市服务型政府绩效评估的实践》，《行政论坛》2013 年第 5 期。

马骏：《中国公共行政学研究的反思：面对问题的勇气》，《中山大学学报》（社会科学版）2006 年第 3 期。

马可一：《组织信任的最新研究进展和未来研究展望》，《心理科学》2004 年第 3 期。

马亮：《官员晋升激励与政府绩效目标设置——中国省级面板数据的实证研究》，《公共管理学报》2013 年第 2 期。

马亮：《政府绩效信息使用：理论整合、文献述评与研究展望》，《电子科技大学学报》（社科版）2014 年第 5 期。

马媛、卓越：《政府绩效预算中的绩效信息使用探析》，《北京交通大学学报》（社会科学版）2013 年第 1 期。

倪星：《反思中国政府绩效评估实践》，《中山大学学报》（社会科学版）2008 年第 3 期。

彭国甫：《地方政府绩效评估程序的制度安排》，《求索》2004 年第 10 期。

彭国甫：《中国政府绩效评估研究的现状及展望》，《中国行政管理》2006 年第 11 期。

彭时平、吴建瓴：《地方政府相对绩效考核的逻辑与问题》，《经济体制改革》2010 年第 6 期。

闫丙金：《政府绩效内部主观评价有效性检验——基于安徽省 85 个乡镇的经验研究》，《公共管理学报》2013 年第 4 期。

尚虎平、赵盼盼：《我国政府服务绩效的尝试性评价——一个面向省级城市政府的网络实地体验评估》，《公共管理学报》2014 年第 1 期。

尚虎平：《从治理到政府治理绩效：数据挖掘视域下的政府治理绩效评估》，

《辽宁师范大学学报》（社会科学版）2009 年第 1 期。

尚虎平：《大国崛起的地方政府激励与效率之路——我国改革 30 年地方政府绩效评估厘清、反思与展望》，《经济体制改革》2008 年第 3 期。

尚虎平、雷于萱：《政府绩效评估：他国启示与引申》，《改革》2015 年第 11 期。

尚虎平、张怡梦、钱夫中：《我国政府绩效问责的成就、不足与改进之路——面向 20 个改革案例的矩阵分析》，《中国行政管理》2016 年第 2 期。

尚虎平、王春婷：《政府绩效评估中"第三方评估"的适用范围与限度——以先行国家为标杆的探索》，《理论探讨》2016 年第 3 期。

盛明科：《中国政府绩效管理的研究热点与前沿解析——基于科学知识图谱的方法》，《行政论坛》2017 年第 2 期。

唐铁汉：《我国开展行政问责制的理论与实践》，《中国行政管理》2007 年第 1 期。

唐文玉：《合作治理：权威型合作与民主型合作》，《武汉大学学报》（哲学社会科学版）2011 年第 6 期。

唐志军、谢沛善：《试论激励和约束地方政府评估对象的制度安排》，《首都师范大学学报》（社会科学版）2010 年第 2 期。

滕世华：《公共治理理论及其引发的变革》，《国家行政学院学报》2003 年第 1 期。

王汉生、王一鸽：《目标管理责任制：农村基层政权的实践逻辑》，《社会学研究》2009 年第 2 期。

王怀明：《消费者自我一致性和功能一致性对购买决策的影响》，《商业研究》1999 年第 2 期。

王璟璇、杨道玲：《基于用户体验的政府网站绩效评估：探索与实践》，《电子政务》2014 年第 5 期。

王丽萍：《比较政治研究中的案例、方法与策略》，《北京大学学报》（哲学社会科学版）2013 年第 6 期。

王学军、张弘：《政府绩效管理研究：范式重构、理论思考与实践回应——"公共绩效治理：国际学术前沿与全球实践经验高端论坛"综述》，《中国行政管理》2013 年第 3 期。

魏四新、郭立宏：《晋升激励下地方政府虚假绩效信息产生与治理》，《科技管理研究》2011 年第 6 期。

吴建南、马亮、杨宇谦：《比较视角下的效能建设：绩效改进、创新与服务型政府》，《中国行政管理》2011 年第 3 期。

吴建南、张萌、黄加伟：《公众参与、绩效评价与公众信任——基于某市政府官员的实证分析》，《武汉大学学报》（哲学社会科学版）2007 年第 2 期。

吴建南、章磊、孟凡蓉：《政府绩效信息失真的博弈分析》，《统计与决策》2008 年第 19 期。

吴建南：《公共部门绩效评估：理论与实践》，《中国科学基金》2009 年第 3 期。

吴建南、胡春萍、张攀等：《效能建设能改进政府绩效吗？——基于 30 省面板数据的实证研究》，《公共管理学报》2015 年第 3 期。

吴志成：《西方治理理论述评》，《教学与研究》2004 年第 6 期。

薛刚、薄贵利、刘小康等：《服务型政府绩效评估结果运用研究：现状、问题与对策》，《国家行政学院学报》2013 年第 2 期。

颜海娜：《地方政府绩效评估结果使用现状的实证探索——基于公职人员感知的视角》，《新视野》2014 年第 6 期。

颜佳华、盛明科：《基于网络技术的政府绩效信息资源开发》，《电子政务》2006 年第 6 期。

杨华锋：《协同治理的行动者结构及其动力机制》，《学海》2014 年第 5 期。

杨雪冬：《近 30 年中国地方政府的改革与变化：治理的视角》，《社会科学》2008 年第 12 期。

杨雪冬：《社会变革中的政府责任：中国的经验》，《中国人民大学学报》2009 年第 1 期。

殷杰：《当代社会科学哲学：背景、理论和意义》，《哲学研究》2008 年第 6 期。

鄞益奋：《网络治理：公共管理的新框架》，《公共管理学报》2007 年第 1 期。

于文轩：《政府透明度与政治信任：基于 2011 中国城市服务型政府调查的分析》，《中国行政管理》2013 年第 2 期。

俞可平：《全球治理引论》，《马克思主义与现实》2002 年第 1 期。

俞可平：《治理和善治：一种新的政治分析框架》，《南京社会科学》2001 年第 9 期。

郁建兴、刘大志：《治理理论的现代性与后现代性》，《浙江大学学报》（人文社会科学版）2003 年第 2 期。

臧乃康：《政府绩效评估及其系统分析》，《江苏社会科学》2004 年第 2 期。

曾明：《基层副职官员的晋升激励：官员晋升的激励相容》，《南昌大学学报》（人文社会科学版）2012 年第 3 期。

战旭英：《我国政府绩效评估的回顾、反思与改进》，《山东社会科学》2010 年第 2 期。

战旭英：《地方政府绩效评估的悖论解析》，《中国行政管理》2015 年第 11 期。

张成福：《发展、问题与重建——论面向 21 世纪的中国行政科学》，《政治学研究》1996 年第 1 期。

张创新、芦刚：《地方政府绩效评估信息失真的成因及其治理》，《学术探索》2006 年第 6 期。

张康之：《合作治理是社会治理变革的归宿》，《社会科学研究》2008 年第 1 期。

张康之：《论合作》，《南京大学学报》（哲学·人文科学·社会科学）2007 年第 5 期。

郑方辉、廖鹏洲：《政府绩效管理：目标、定位与顶层设计》，《中国行政管理》2013 年第 5 期。

郑吉萍：《地方政府绩效评估机制探析》，《长白学刊》2007 年第 4 期。

郑文强、刘滢：《政府间合作研究的评述》，《公共行政评论》2014 年第 6 期。

郑云峰、卓越：《21 世纪行政发展的新亮点——福建省厦门市思明区开展公共部门绩效评估的探索》，《中国行政管理》2003 年第 2 期。

钟义信：《论信息：它的定义与测度》，《自然辩证法研究》1986 年第 5 期。

周红云：《新公共服务视野下公务员声誉激励研究》，《新视野》2010 年第 1 期。

周云飞：《基于 PDCA 循环的政府绩效管理流程模式研究》，《情报杂志》2009 年第 10 期。

周志忍：《公共组织绩效评估：中国实践的回顾与反思》，《兰州大学学报》（社会科学版）2007 年第 1 期。

周志忍：《我国政府绩效管理研究的回顾与反思》，《公共行政评论》2009 年第 1 期。

周志忍：《政府绩效评估中的公民参与：我国的实践历程与前景》，《中国行政管理》2008 年第 1 期。

周志忍：《效能建设：绩效管理的福建模式及其启示》，《中国行政管理》2008 年第 11 期。

周志忍、徐艳晴：《政府绩效管理的推进机制：中美比较的启示》，《中国行政管理》2016 年第 4 期。

朱国玮、黄珺、汪浩：《政府绩效信息的获取、使用与公开制度研究》，《情报科学》2005 年第 4 期。

朱孟才：《360 度考核与政府绩效管理》，《行政论坛》2008 年第 6 期。

卓萍、卓越：《政府创新的前沿路向：从目标考核走向绩效评估》，《中国行政管理》2013 年第 1 期。

卓越、孟蕾、林敏娟：《构建整体性绩效管理框架：西方政府绩效管理的新视点》，《中国行政管理》2011 年第 4 期。

卓越：《公共部门绩效评估的主体建构》，《中国行政管理》2004 年第 5 期。

卓越、张红春：《绩效激励对评估对象绩效信息使用的影响》，《公共行政评论》2016 年第 2 期。

卓越、张红春：《政府绩效信息透明度的标准构建与体验式评价》，《中国行政管理》2016 年第 7 期。

附录一

调查问卷

问卷编号□□□□□

政府绩效评估中的绩效信息使用问题调查

尊敬的领导和相关工作人员：

您好。为了全面了解地方政府绩效评估的现状以及绩效信息使用问题，特展开此项课题调研。这是一份学术中立的问卷，不代表任何一方的利益，采取匿名方式填写，您无需有任何顾虑。问卷共三个小部分。填写时，请您在符合您的选项上用"√"标注。您的意见对于提出改进政府绩效评估质量的决策咨询建议，有重要参考价值，谢谢您的支持！

第一部分　基本情况调查

1. 您的性别：

A. 男　　　　　　　B. 女

2. 您的年龄：

A. 25 岁以下　　　B. 26～35 岁　　　C. 36～45 岁

D. 46～55 岁　　　E. 56 岁以上

3. 您的政治面貌

A. 中共党员　　　B. 民主党派　　　C. 无党派

4. 您的职位

A. 单位领导（含正/副职及其他部门领导）

B. 科室负责人（含正/副职）

C. 一般工作人员

D. 其他

5. 您的最高学历

A. 中专、高中及以下　　　　　　B. 大专

C. 本科　　　　　　　　　　　　D. 硕士及以上

第二部分　绩效信息使用程度调查

术语界定：政府绩效信息，指上级考核并反映您所在单位（部门）绩效状况的组织信息，主要包括绩效目标、绩效评估结果等具体信息内容，不指公务员或岗位绩效考核信息。

下面是一些关于绩效信息具体使用方式和使用程度的陈述，请根据您及您所了解的实际情况，勾选出与工作实际最匹配的绩效信息使用程度选项。

1. 我将绩效信息用于日常工作和管理决策中

A. 基本不使用　　　　B. 较低程度的使用　　　　C. 中度使用

D. 高度使用　　　　　E. 使用程度非常高

2. 我将绩效信息用于确定要解决的问题

A. 基本不使用　　　　B. 较低程度的使用　　　　C. 中度使用

D. 高度使用　　　　　E. 使用程度非常高

3. 我将绩效信息用于设定新的工作计划和目标

A. 基本不使用　　　　B. 较低程度的使用　　　　C. 中度使用

D. 高度使用　　　　　E. 使用程度非常高

4. 我将绩效信息用于评估目标任务完成情况

A. 基本不使用　　　　B. 较低程度的使用　　　　C. 中度使用

D. 高度使用　　　　　　　E. 使用程度非常高

5. 我将绩效信息用于绩效改进

A. 基本不使用　　　　B. 较低程度的使用　　　　C. 中度使用

D. 高度使用　　　　　　　E. 使用程度非常高

6. 我将绩效信息用于内部学习和培训

A. 基本不使用　　　　B. 较低程度的使用　　　　C. 中度使用

D. 高度使用　　　　　　　E. 使用程度非常高

7. 我将绩效信息用于满足上级领导的要求

A. 基本不使用　　　　B. 较低程度的使用　　　　C. 中度使用

D. 高度使用　　　　　　　E. 使用程度非常高

8. 我将绩效信息向上级部门汇报

A. 基本不使用　　　　B. 较低程度的使用　　　　C. 中度使用

D. 高度使用　　　　　　　E. 使用程度非常高

9. 我将绩效信息用于树立部门在政府系统中的形象

A. 基本不使用　　　　B. 较低程度的使用　　　　C. 中度使用

D. 高度使用　　　　　　　E. 使用程度非常高

10. 我将绩效信息向新闻媒体沟通

A. 基本不使用　　　　B. 较低程度的使用　　　　C. 中度使用

D. 高度使用　　　　　　　E. 使用程度非常高

11. 我将绩效信息向公众沟通和反馈

A. 基本不使用　　　　B. 较低程度的使用　　　　C. 中度使用

D. 高度使用　　　　　　　E. 使用程度非常高

12. 我将绩效信息用于树立和改善部门的社会形象

A. 基本不使用　　　　B. 较低程度的使用　　　　C. 中度使用

D. 高度使用　　　　　　　E. 使用程度非常高

第三部分　对政府绩效评估组织机构信任态度调查

术语界定：政府绩效评估组织机构（组织主体），指领导和组织开展绩效评估活动并评估您所在单位（部门）组织绩效的机构与人员的综合体，包括政府绩效评估领导小组（绩效评估委员会）、政府绩效评估办公室（绩效办、考评办、效能办）等的综合。

下面是一些关于绩效评估组织机构（组织主体）的正面或负面陈述，请勾选出与您的态度和看法最匹配的选项。

1. 组织机构非常能胜任绩效评估工作

A. 非常不同意   B. 不同意   C. 中性

D. 同意   E. 非常同意

2. 组织机构比我们有更多绩效评估专业知识

A. 非常不同意   B. 不同意   C. 中性

D. 同意   E. 非常同意

3. 组织机构给我们的绩效改进建议非常有帮助

A. 非常不同意   B. 不同意   C. 中性

D. 同意   E. 非常同意

4. 组织机构组织实施的绩效评估工作非常成功

A. 非常不同意   B. 不同意   C. 中性

D. 同意   E. 非常同意

5. 组织机构非常关心我们部门

A. 非常不同意   B. 不同意   C. 中性

D. 同意   E. 非常同意

6. 组织机构考虑了我们单位的诉求和利益

A. 非常不同意   B. 不同意   C. 中性

D. 同意   E. 非常同意

7. 组织机构的工作人员像我们的朋友一样

A. 非常不同意   B. 不同意   C. 中性

D. 同意   E. 非常同意

8. 遇到绩效问题，组织机构会尽力帮助我们解决

A. 非常不同意　　　　　B. 不同意　　　　　C. 中性

D. 同意　　　　　　　　E. 非常同意

9. 组织主体会公平地对待所有被考核单位

A. 非常不同意　　　　　B. 不同意　　　　　C. 中性

D. 同意　　　　　　　　E. 非常同意

10. 组织机构在评估过程中不会弄虚作假

A. 非常不同意　　　　　B. 不同意　　　　　C. 中性

D. 同意　　　　　　　　E. 非常同意

11. 组织机构在和我们交往的过程中非常诚实

A. 非常不同意　　　　　B. 不同意　　　　　C. 中性

D. 同意　　　　　　　　E. 非常同意

12. 组织机构产生的绩效评估结果是公平公正的

A. 非常不同意　　　　　B. 不同意　　　　　C. 中性

D. 同意　　　　　　　　E. 非常同意

13. 组织机构分享了绩效评估信息，没有隐瞒

A. 非常不同意　　　　　B. 不同意　　　　　C. 中性

D. 同意　　　　　　　　E. 非常同意

14. 组织机构向我们解释了绩效评估的制度规则

A. 非常不同意　　　　　B. 不同意　　　　　C. 中性

D. 同意　　　　　　　　E. 非常同意

15. 绩效评估过程对我们是非常公开的

A. 非常不同意　　　　　B. 不同意　　　　　C. 中性

D. 同意　　　　　　　　E. 非常同意

16. 绩效评估原始数据是向我们公开和透明的

A. 非常不同意　　　　　B. 不同意　　　　　C. 中性

D. 同意　　　　　　　　E. 非常同意

17. 我有深入参与到绩效评估过程中

A. 非常不同意　　　　　B. 不同意　　　　　C. 中性

D. 同意　　　　　E. 非常同意

您对于政府绩效评估工作有何意见和建议？您对于绩效评估组织机构（组织主体）以后改进绩效评估工作，有何建议？

调查至此结束，再次感谢您的支持！

附录二

访谈提纲

一　针对评估对象部门成员的访谈提纲

1. 你们单位的职责是什么，有多少工作人员，内部有多少科室？

2. 县（区）里是哪个机构在考评你们单位的绩效？你对绩效评估组织机构的基本情况的了解情况？绩效评估经历了哪些管理流程和管理步骤？

3. 你们是如何执行上级的考核任务和目标的，有什么基本模式和经验？

4. 你们单位内部有开展科室和岗位的绩效评估工作吗？

5. 上级考核你们单位的绩效评估目标和绩效评估结果等绩效信息（目标和结果），对你们的日常工作和管理决策是否有帮助？你们重视上级绩效评估目标和绩效评估结果等绩效信息吗？有什么表现？为什么？

6. 你们如何向上级汇报你们单位的绩效状况？是否会使用绩效评估目标和绩效评估结果等绩效信息内容？

7. 你们会将上级制定的绩效评估目标和绩效评估结果等绩效信息向媒体和公众沟通交流吗？为什么？

8. 你们认同上级制定的绩效评估目标和绩效评估结果吗？为什么？

9. 你认为政府绩效评估的组织机构（绩效评估领导小组和绩效评估办公室）值得信赖吗？它们在你们心目中的地位和形象如何？为什么？

10. 你认可政府绩效评估的组织机构的组织能力吗？你认为他们能胜任绩效评估的领导和组织工作吗？为什么？

11. 你认为政府绩效评估的组织机构对你们部门关心和友善吗？它们是否考虑了你们部门的特殊关切和利益？

12. 你认为政府绩效评估活动公平公正吗？你认可绩效评估过程及其绩效评估结果吗？

13. 你认为绩效评估的决策过程、评估实施过程、数据采集过程、评估结果形成过程透明与公开吗？为什么？有何种影响？

14. 你如何看待你们部门和组织机构的关系？双方合作中存在哪些问题？通过哪些方式、方法可以增进你们与考评主体的合作、互信关系？

15. 你对于政府绩效管理和评估工作还有什么意见？你对于政府绩效评估的组织机构以后改进绩效评估工作，有何建议？

二 针对政府绩效评估组织机构的访谈提纲

1. 开展政府绩效评估实践的历史和历程是什么？

2. 绩效评估方面的政策和制度规定有哪些？

3. 政府绩效评估领导小组和绩效评估办公室的组织职能、人员构成情况是怎样的？

4. 评估对象包括哪些单位，分为哪些类型？

5. 政府绩效评估的管理流程和管理步骤是什么？政府绩效评估有哪些基本特征和经验？

6. 作为组织机构，你认同你们生产的绩效评估目标、绩效评估结果等绩效信息内容吗？你认为这些信息质量如何？

7. 作为组织机构，你认同你们的绩效评估能力吗？

8. 作为组织机构，你认为你们听取了评估对象的意见和诉求吗？

9. 你认为政府绩效评估活动是公平公正的吗？你认可绩效评估过程及其绩效评估结果吗？

10. 你认为绩效评估的决策过程、评估实施过程、数据采集过程、评估结果形成过程面向评估对象是透明与公开的吗？为什么？有何种影响？

11. 你如何看待你们与评估对象的关系？双方合作中存在哪些问题？通过哪些方式、方法，可以增进你们与评估对象的合作、互信关系？

12. 政府绩效管理和评估工作还存在哪些问题和不足？你对于继续改进和提升绩效评估工作有何意见和建议？

后　记

从 2009 年硕士研究生入学，到 2012 年攻读博士研究生，再到 2016 年博士毕业并走上教学科研的工作岗位，政府绩效评估和政府绩效管理一直是我最关注的学术领域。这本书也是我这九年来持续关注政府绩效主题所形成的第一部学术著作。

政府绩效评估一直是公共管理中的热点主题。通过对国内外政府绩效改革理论与实践进展的持续关注，我感觉到政府绩效主题面临如下研究背景和转型趋势。第一，政府绩效评估主题的学术研究从数量上来看已走向稳定和成熟期，未来的政府绩效主题研究需要高质量的研究成果；第二，国内政府绩效评估的实践也从初期大面积扩散传播，逐渐走向制度化的实践及转型时期，政府绩效评估的实践研究面临新的实践背景；第三，学术界对政府绩效改革持续性的理论反思正在达成一种共识，那就是用治理的相关理论再造政府绩效评估的理论与实践，从绩效评估或绩效管理走向政府绩效治理。

作为政府绩效评估和绩效管理主题领域的研究新人，选择政府绩效这样一个热点领域作为自身的研究方向既面临机遇，也更具挑战。政府组织绩效是公共管理中的一个永恒命题。鉴于政府绩效主题的研究处于成熟阶段，无论是理论界还是实践界都对该领域学术知识生产的原创性、新颖性和深入性等提出了更高的要求。这些年我对政府绩效主题的持续关注就是一个聚焦研究主题和确定研究问题的过程，这个过程也是从宏观到微观、从表面到深入、从迷茫到清晰的学习过程，这一学习过程在自己找到政府绩效信息使用这一研究主题时发生了质的变化。

政府绩效信息使用主题是在 2013 年走进我的研究视野的，刚接触这一主题我就感觉到一种强烈的研究兴趣和潜在的重大研究价值，并做出了在这一主题开展深入研究的决定。后来，随着围绕绩效信息使用主题的大量国内文献的系统收集、整理和阅读，我真正意义上地走进了政府绩效评估和绩效管理主题的学术领域，通过不断地文献学习和阅读，以及文献学习和阅读过程的累积效应和扩散效应，我感受到了"大处着眼，小处着手"、"触类旁通"、"由点及面"的学习魅力。

政府绩效信息使用主题领域的国外研究相对较多，诸多潜在影响因素已经被学界所验证或讨论，这对寻找新的解释视角和影响变量提出挑战。同时，国内相关实证研究较少，契合本土政府绩效评估实践的研究成果也偏少。如何围绕中国本土政府绩效评估和绩效管理的实践，建构适合本土实践背景的分析框架与解释变量是我一直思索的关键问题。

我国政府绩效生产过程中的委托-代理关系促使我从两者关系的视角寻找绩效信息使用的主体、方式及其影响因素。在政府绩效评估体制设计中，行政上级是政府绩效生产中的委托者，也是绩效评估活动的发起者、领导者、组织者和关键考评者；行政下级是政府绩效生产中的代理人，也是绩效评估活动的评估对象，是绩效目标和绩效任务的执行者。传统的绩效评估体制设计和运行机制设计，决定了行政上级在绩效评估中的强势地位和主导话语权，行政上级在绩效信息生产、加工和供给方面处于优势地位；评估对象扮演配合、执行、服从的管理角色，接收来自组织机构的绩效信息并需要积极使用外生绩效信息。传统的绩效评估体制设计和运行机制具有保持行政效率的运行优势，但也造成了行政上级和行政下级不一致的利益动机及其机会主义行为，两者低效的合作制约了政府绩效评估的效果实现，也制约了绩效信息的有效利用。

治理与合作治理理论为再造政府绩效评估的体制设计和运行机制提供了一种不同的理论路径。治理强调多元利益相关主体围绕公共事务、公共问题、公共产品的平等有效合作。不同于传统的科层管理依靠权威－命令－服从的运作机制，合作治理强调依靠认同－协商－信任的合作机制。走向政府绩效的合作生产与合作评估，应该是政府绩效评估与政府绩效管理主题的未来方向。围绕政府绩效合作治理这一理论，政府绩效信息使用这一具体主题和研究问题应该按照治理的体制、治理的机制以及善治的标准进行理论剖析和重构。

本研究是将合作治理的分析框架与合作治理机制用于政府绩效评估理论研究与实践转型的一个积极尝试，也为本书选取绩效信息的解释因素提供了理论源泉。具体来说，本书重点关注了政府绩效评估组织机构与评估对象之间的组织信任关系，以及组织信任关系对评估对象绩效信息使用行为的影响。在科层式的绩效评估实践中，评估对象的诉求、意见和评价最容易被忽视。而在合作治理导向的政府绩效评估中，应该增强评估对象的话语权，赋予其平等的治理主体资格。本书重点关注了评估对象对组织机构的组织信任评价，赋予了处于弱势地位的评估对象平等的治理资格和治理权力。通过系统的研究发现，评估对象对组织机构信任与否是决定评估对象是否认真使用组织机构加工、生产和供给的绩效信息的关键因素。研究结论也指出，为了提升评估对象在绩效信息使用中的积极性和主动性，需要绩效评估组织机构改变其组织特征及其运行方式，需要组织机构对评估对象展现出组织能力、组织善意、组织公正和组织公开等特征与行为，要求政府绩效评估的组织机构提供一种有助于增进评估对象对其信任程度与合作意愿的新型绩效评估体制设计、运行机制与管理方式，而这种新型的绩效领导方式的核心就是信任机制。建立评估对象对政府绩效评估组织机构的信任意味着处于行政上级地位的政府绩效评估组织机构的合法性不再是行政权威和命令，而是处于行政下级地位的评估对象对其的组织认同和组织信任评价。构建评估对象与政府绩效评估组织机构之间的信任关系对于实现政府绩效的合作生产、合作评估与合作治理至关重要。

本书的研究成果是基于我博士阶段的研究方向和科研积累的进一步发展和延伸研究。而上述研究方向和科研积累又离不开我硕士阶段和博士阶段的导师卓越教授对我的辛勤指导。卓越教授学者风范、大智大慧、敬业勤业并富有远见卓识，在攻读硕士学位和博士学位期间给我悉心的指导和严格的训练，为我开展独立研究打下了扎实的基础。毕业后参加工作以来，恩师仍时常关心我的工作和生活，并对这本书的选题、理论框架和分析论证等给予了高屋建瓴的指导。恩师和师母的教诲、关爱和鼓励是我前进的动力。

毕业后，我有幸加入贵州大学公共管理学院这个温馨的大家庭继续开展我的科研工作，并走向教学岗位传道授业解惑，这个宝贵的教学科研工作岗位也促使我不断学习和成长。感谢学院提供的优良软硬件环境和发展平台，感谢学院各位领导和相关同事在工作中给予我的关心和指导。

最后，要感谢社会科学文献出版社曹义恒、单远举、岳梦夏编辑认真、负责和有效的编辑出版工作。

张红春

2017 年 5 月 22 日

图书在版编目（CIP）数据

政府绩效信息使用：理论与实证／张红春著. --

北京：社会科学文献出版社，2017.12

（格致丛书）

ISBN 978 - 7 - 5201 - 1376 - 2

Ⅰ.①政…　Ⅱ.①张…　Ⅲ.①地方政府 - 行政管理 -

评价 - 研究 - 中国　Ⅳ.①D625

中国版本图书馆 CIP 数据核字（2017）第 222117 号

格致丛书

政府绩效信息使用：理论与实证

著　　者／张红春

出 版 人／谢寿光

项目统筹／曹义恒

责任编辑／单远举　岳梦夏

出　　版／社会科学文献出版社·社会政法分社（010）59367156

　　　　　地址：北京市北三环中路甲 29 号院华龙大厦　邮编：100029

　　　　　网址：www. ssap. com. cn

发　　行／市场营销中心（010）59367081　59367018

印　　装／三河市尚艺印装有限公司

规　　格／开 本：787mm × 1092mm　1/16

　　　　　印 张：16.75　字 数：238 千字

版　　次／2017 年 12 月第 1 版　2017 年 12 月第 1 次印刷

书　　号／ISBN 978 - 7 - 5201 - 1376 - 2

定　　价／79.00 元